绿色可持续发展

彭文斌 李勇辉 等⊙著

GREEN SUSTAINABLE DEVELOPMENT

图书在版编目（CIP）数据

绿色可持续发展/彭文斌等著．—北京：经济管理出版社，2022.10
ISBN 978-7-5096-8815-1

Ⅰ.①绿…　Ⅱ.①彭…　Ⅲ.①城市经济—绿色经济—可持续性发展—研究—中国　Ⅳ.①F299.21

中国版本图书馆 CIP 数据核字(2022)第 215051 号

组稿编辑：高　娅
责任编辑：高　娅
责任印制：黄章平
责任校对：董杉珊

出版发行：经济管理出版社
（北京市海淀区北蜂窝 8 号中雅大厦 A 座 11 层　100038）
网　　址：www.E-mp.com.cn
电　　话：(010) 51915602
印　　刷：北京晨旭印刷厂
经　　销：新华书店
开　　本：787mm×1092mm/16
印　　张：12.75
字　　数：250 千字
版　　次：2022 年 10 月第 1 版　　2022 年 10 月第 1 次印刷
书　　号：ISBN 978-7-5096-8815-1
定　　价：98.00 元

主要作者简介

彭文斌,湖南郴州人，复旦大学经济学博士、教授、博士生导师，湖南财政经济学院工程管理学院院长，湖南省经济地理研究所副所长，湖南省“121”创新人才工程二层次人才，湖南省青年骨干教师。任湖南省人大财经委员会咨询专家，湖南省外国经济学会副理事长。主要研究方向为环境经济与创新战略。主持国家项目 4 项，省部级项目 10 余项；发表学术论文 30 多篇，出版著作 6 部；获省哲学社会科学成果奖 4 项。

李勇辉，湖南永州人，上海财经大学经济学博士、教授、博士生导师，湖南财政经济学院科研处处长，湖南省“121”人才工程首批人选。任湖南省工商管理学会副理事长、湖南省公共经济学会理事、湖南省财政学会研究会理事。主要研究方向为区域经济理论与政策、城市经济与城乡开发。主持国家项目 5 项，省部级重点课题 9 项；发表学术论文 50 余篇，出版著作 5 部；获省哲学社会科学成果奖、省教学成果奖 4 项。

欧阳宁相，湖南永州人，湖南农业大学农业资源与环境学博士、讲师，湖南财政经济学院工程管理学院教师。任湖南省自然资源学会理事。主要研究方向为土壤调查与评价、土地修复与整治、土地利用与管理。主持和参与国家和省部级项目 5 项；发表学术论文 18 篇，出版专著 2 部。

汤洋，湖南长沙人，中南大学经济学博士、讲师，现为湖南财政经济学院工程管理学院教师。主要研究方向为绿色经济与可持续发展、新型城镇化与房地产经济、博弈论及其应用。参与国家自然科学基金课题1项，各类横向课题5项；以第一作者的身份公开发表学术论文3篇。

许骏，湖南长沙人，湖南师范大学人文地理学博士、讲师，湖南财政经济学院工程管理学院教师。主要研究方向为区域经济与区域发展战略。参与国家和省部级项目3项，多次参与地方国民经济与社会发展五年规划编制工作，参与地方各类社会经济专项规划30余个；发表高水平学术论文6篇，省级智库文章1篇。

姚欣，湖南邵阳人，湖南农业大学理学博士，湖南财政经济学院工程管理学院教师。主要研究方向为湿地生态与环境研究、退化湿地生态恢复、湿地污染物生态风险。主持和参与国家与省部级项目5项；发表学术论文10余篇。

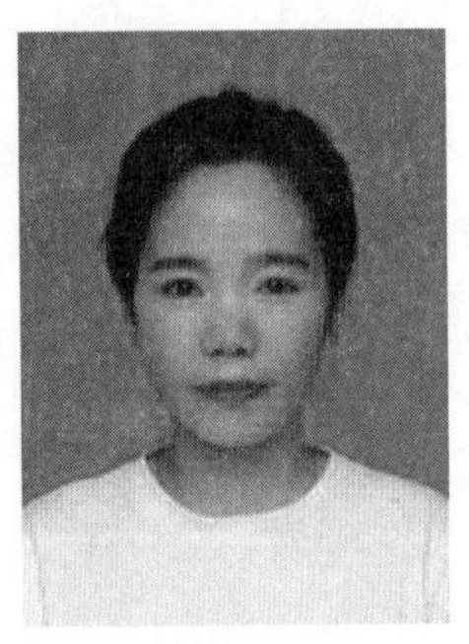

郑晶晶，湖南津市人，中南大学应用经济学博士、讲师，湖南财政经济学院工程管理学院教师。主要研究方向为环境政策和产业政策评估、技术创新和劳动力需求。主持和参与国家和省部级项目4项；发表学术论文18篇，出版专著1部。

陈四云，江西九江人，华中师范大学人文地理学博士、讲师，湖南财政经济学院经济地理学院（湖南省经济地理研究所）教师。主要研究方向为区域发展与城乡规划、乡村地理。参与国家项目 5 项；发表学术论文 6 篇，出版专著 3 部。

邝嫦娥，湖南郴州人，应用经济学博士。任中国技术经济学会环境技术经济分会理事。主要研究方向为污染减排与绿色发展。主持和参与完成国家与省部级项目 8 项；发表学术论文 30 余篇，出版专著 2 部；获省级哲学社会科学成果奖 4 项。

尹勇，湖南邵阳人，应用经济学博士研究生。主要研究方向为环境经济与绿色创新。主持和参与国家和省部级项目 6 项，各类横向课题 3 项；发表学术论文 4 篇，省级智库文章 1 篇，参与出版专著 3 部。

前　言

党的二十大报告中多次提到“绿色发展”，以及“构建以国内大循环为主体、国内国际双循环相互促进的新发展格局”，面对生态环境的挑战，人类是一荣俱荣、一损俱损的命运共同体，唯有携手合作，共同应对气候变化这一全球性发展问题，走绿色低碳发展之路，人类文明才能繁荣永续。绿色可持续发展有利于推动我国经济结构、能源结构和产业结构转型升级，有助于培育新产业、新业态、新模式，让我国在全球新一轮可持续发展竞争合作中更具先发优势。“绿水青山就是金山银山”，其内涵不仅是一种高质量经济发展模式，也是切实增强人民获得感、幸福感和安全感的物质保障。彭文斌教授及其研究团队倾力合作，撰写出《绿色可持续发展》一书，此书立足新发展阶段，贯彻新发展理念，紧扣时代脉搏，深入浅出地向读者展示了我国绿色可持续发展的理论、现状及意义。作为老师，我谨以此前言向彭文斌教授及其研究团队表示祝贺，并向广大读者推荐此书。

该书以“绿色可持续发展”为研究主题，分为“绿色发展”和“可持续利用”两大篇，共八章内容。其中“绿色发展篇”从中国重点城市的绿色创新、可持续发展以及绿色金融三个维度系统建立了评价体系，并运用博弈论理论深入分析了城市绿色发展转型的行为演化，为实现社会经济绿色发展提供了切实路径；“可持续利用篇”主要针对湖南红壤资源和公共服务资源的可持续利用、洞庭湖区疫情风险的预警防控和生态环境的绿色发展进行机制探索，为践行资源环境可持续利用提供了理论指导。作为研究绿色可持续发展的专门著作，本书不仅展现了学术的特色和创新，还具有实践价值。经济从高速增长转向高质量发展是新时代中国特色社会主义的一个重要标志，经济高质量发展需要处理好经济增长与生态环境可持续性之间的关系，开展城市绿色可持续发展研究是实现区域经济、社会和生态可持续发展的重要环节。本书在加快发展方式绿色转型、深入推进环境污染防治、提升生态系统多样性、积极稳妥推进碳达峰碳中和等方面提供了参考。此外，对绿色可持续发展理念的宣传有利于加强公众的环保意识，使人民群众深入了解打好蓝天、碧水、净土保卫战的内涵所在，主动树立绿色消费观念，进而推动全社会形成绿色低碳的生产、生活方式，高质量、高效实现绿色可持续发展。

人类活动对整个环境的影响是综合性的，而环境系统也是从各个方面反作用于人类，其效应也是综合性的。经过一段时间的经济高速发展，我国面临资源短缺、环境污染、生态系统退化等一系列问题，绿色可持续发展注重解决的是人与自然和谐的问题。基于此，全书立足于我国城市绿色可持续发展的现状，从土壤利用、公共服务、生态预警等方面深刻阐释了实现绿色可持续发展的必要条件，同时对限制我国城市绿色可持续发展的障碍因素提出了相应的对策建议。绿色可持续发展是构建新发展格局、实现高质量发展的必由之路。要解决我国当前发展不平衡不充分问题，推进生态文明、实现绿色可持续发展是关键一招。作为研究绿色可持续发展的高品质著作，本书对推动高质量发展和生态文明建设具有重要参考价值和借鉴作用，相信读者也能和我一样从书中受到不少有益启发。

通观全书，我感叹彭文斌教授及其研究团队对这部专著的心血之巨，也从中受到不少有益启发，希望在这一研究领域我们能够进一步交流、探讨与合作。尽管书中的某些方法和数据还有待进一步完善和检验，但全书充分体现了彭文斌教授及其团队严谨的治学态度和对经济学锲而不舍的钻研精神，是一部研究绿色可持续发展领域的高品质学术著作，值得相关研究领域的专家和学者一读。

目　录

上篇　绿色发展

下篇　可持续利用

上篇　绿色发展

中国重点城市绿色创新评价*

内容提要：经济从高速增长转向高质量发展是新时代中国特色社会主义的一个重要标志，经济高质量发展需要处理好经济增长与生态环境可持续性之间的关系。开展绿色创新评价是实现区域经济、社会和生态可持续发展的重要环节。本章对中国绿色创新的基本情况进行了介绍，通过构建中国省份、重点城市绿色创新评价指标体系，运用熵权法进行测度并对测度结果进行评价，提出有助于提升绿色创新的政策建议。旨在帮助政府等主体更好掌握区域绿色创新水平，推动产业优化、技术创新、绿色环保，为实现经济高质量发展助力，同时也为服务湖南“三高四新”战略提供理论支撑和智力支持。

关键词：31 个省份；119 个重点城市；湖南省 14 个城市；绿色创新

核心观点：

（1）规模以上工业企业技术改造经费支出额、高新技术产业消化吸收经费支出额、高新技术产业新产品销售收入、R&D 内部经费支出额、R&D 外部经费支出额、规模以上工业企业 R&D 项目数、博士生毕业人数 7 个指标是影响省级绿色创新综合得分的重要因素。

（2）财政教育投入占地方财政支出比重、人均地区生产总值、建成区绿化覆盖率、每万人拥有公共汽车数、一般工业固体废物综合利用率、生活垃圾无害化处理率、SCI 和 EI 工程发文量、专利申请数、工业废水排放量、工业氮氧化物排放量、工业二氧化硫排放量、工业烟尘排放量以及 PM2.5 年平均浓度 13 个指标是影响重点城市绿色创新

* 本文是湖南省自然科学基金面上项目（2021JJ30282）、教育部人文社科青年基金项目（16YJC790018）、湖南省哲学社会科学规划一般项目（XSP20YBC051）的阶段性成果。

综合得分的重要因素。

(3) 2020年，湖南省除财政教育投入占地方财政支出比重、R&D内部经费支出额、规模以上工业企业技术改造经费支出额、高新技术产业消化吸收经费支出额、规模以上工业企业新产品销售收入等指标外，绿色创新指标二级得分变化均为正向。

一、引言

工业革命以来，创新就一直被视为推动各国经济持续增长和发展的关键力量。随着创新成为国家和社会的推动力，我国城市想通过绿色发展实现弯道超车，绿色创新是必经之路。而城市作为创新活动集聚的空间载体，汇集了大量人口、资本、产业等优质生产要素，兼具信息交流和资源配置的双重优势，在优化经济空间布局过程中扮演着不可替代的重要角色。尤其是伴随着工业化和城市化的快速推进，我国城市建设取得了令世人瞩目的伟大成就，截至2021年我国城市化率达到64.7%。然而，长期以重量轻质为主的城市规模的无序扩张，也诱致了一系列诸如资源紧缺、交通拥挤、环境污染、生态恶化等“城市病”，以及城市竞争力低下、不平衡不充分等种种棘手难题，这也成为城市绿色可持续发展和转型升级过程中的障碍，与社会主义新时代满足人们对绿水青山等美好生态环境需求的目标相悖。因此，“要加强创新引领发展作用，构建市场为导向的绿色技术创新体系，更加自觉地推行绿色循环低碳发展，处理好绿水青山与金山银山之间的关系”。而绿色创新作为新常态发展理念中“绿色”和“创新”两大要素的有机契合，其效率的提升无疑是破解当前城市发展难题、提升城市竞争力、促进落后城市弯道超车的重要抓手。

从国家政策方面来看，我国对环境保护的意识逐渐上升到国家的政治任务，我国的环境保护历程从2006年3月开始，这一年我国将建设资源节约型、环境友好型社会列为中长期规划内容和战略目标并写入了“十一五”规划纲要中；2012年党的十八大报告将生态文明建设纳入“五位一体”的总体规划，指出建设生态文明是中国发展的关键，要求以绿色创新实现绿色发展；2020年，习近平主席在第75届联合国大会上正式提出：中国将提高国家自主贡献力度，采取更加有力的政策和措施，二氧化碳排放力争于2030年前达到峰值、努力争取于2060年前实现碳中和。这些目标和纲领都要求城市在快速发展的同时必须考虑资源环境的约束，城市发展必须遵循绿色可持续性的原则。中科院研究显示，从环境污染的发展成本上看，我国的发展成本高于世界平均水平，高出了7%；生态破坏和环境污染导致的经济损失居然占到我国GDP的15%。

事实给了我们深刻的启示：经济快速增长和城市化的推进过程中不仅会给资源环境带来巨大压力，而且由于环境遭到破坏和资源不节制利用反过来也阻碍了经济的发展，这些问题是我国处于经济结构转型关键时期的许多城市所暴露出的“城市病”。我们目前面临的问题是如何处理经济增长和绿色发展之间的协调和平衡。在能否实现经济发展的良性循环上，我国重点城市被寄予了厚望。

中国重点城市不再只考虑经济因素，除了考虑经济总量 GDP 之外，还包括城市的吸引度、资源集聚度、未来成长性等，这些城市之间未来的较量无疑将以可持续发展的绿色创新作为竞争的重要前提，唯有提高绿色创新，才能更好地吸引资源并树立城市的全新品牌；顺应生态文明的潮流，才能在汇聚优化资源、重新整合城市要素和开发城市潜力中发挥自己独特的优势。绿色发展的重要内容就是绿色创新，绿色是可持续发展的方向，创新是可持续发展的动力。因此，绿色创新是实现快速追赶超越的最好方法，通过绿色创新战略来推进城市可持续发展是必要的。

创新是驱动经济长期繁荣发展的根本动力，但忽视绿色理念的传统创新很可能会给环境带来严重的负外部性，由此促进环境友好型经济增长的绿色创新便成为国内外学者日益关注的话题。学术界对绿色创新的研究发端于 1996 年 Fussler 和 James 合著的《驱动绿色创新》，他们将绿色创新视为一种以避免和减少环境破坏为目的，并能满足企业、消费者经济价值需要的新产品和新工艺。之后其他学者从生态学、可持续发展、战略管理等角度对其内涵进行了广泛探讨（张钢、张小军，2011），但囿于绿色创新本身所固有的复杂性和抽象性，目前学界对此仍未达成统一共识。但由于相关概念均侧重于减少环境负担和经济可持续发展，普遍认为绿色创新与生态创新、环境驱动创新、可持续创新等概念一脉相承（Schiederig，2011），并无本质差别，因而在很大程度上可替换使用。具体而言，随后学者是从不同视角切入，就绿色创新的内涵给出了各自的理解，进而引申出了不同定义形式和实践应用。如从务实角度看，Driessen（2002）认为绿色创新不仅关注环境污染物的减少，还考虑如何通过改进创新过程中的各环节来提升环境效益。从降低环境影响看，Beise（2005）将绿色创新界定为经济组织为减少和降低环境负担以促进经济可持续发展，进而在技术、流程和产品等方面所采取的革新。但 Chen 等（2006）认为绿色创新应涵盖更广泛的内容，不仅包含产品、工艺及流程在内的硬件、软件创新，还包含节能减排、污染防治、绿色产品设计等企业环境管理方面的技术创新。从目标导向看，OECD（2008）更加强调人们追求环境效益的动机，即企业在创新过程中采取相应措施来减少资源消耗、废弃物排放和生态污染。但与国外相比，国内学者更多的是基于广义视角来理解绿色创新。杨庆义（2003）将其解析为在创新活动中，对设计、过程、目标和成果等有关创新的内容实施绿色化，以达到生态、经济和社会可持续发展的目标。张钢（2013）将绿色创新的概念内涵归纳为三个方面：其一是降低环境影响；其二是环境绩效引入；其三是环境（生态）创新或环境绩效的改善。但从总体上看，上述概念的界定都是从微观角度展开的，主要关注将绿色理念贯穿于企业生产全过程的创新。此外，李旭、于娟（2015）则强调只要在产品、流程、工艺等生产环节体现了资源节约、环境友好等“绿色”属性的一切创造性实践均可看作绿色创新。然而，随着绿色创新实践及其内涵的不断推进和完善，曹霞、于娟（2015）开始意识到走低碳环保的绿色创新发展道路对于区域经济社会发展的重要性，相应地，对绿色创新的理解也由之前的微观视角逐渐转向区域范畴。基于区域视角，曹慧等（2016）在遵循创新性、能力和可持续发展三项原则的前提下，对绿色创新能力进行了界定，认为它是指相关利益主体在区域创新活动过程中，通过增加劳动、资本等方面的创新要素投入，来换取产品、技术、知识等创新产出，最终达到经济、社会、环境可持续发展的目标。李金滟（2016）基于城市这一空间系统，从投入产出视角出发，将其解析为在基础设施建设、城市化及政府支持等因素共同驱动下，以尽可能少的人力、资本和能源资源消耗，来换取尽可能多的环境效益、科技进步和经济效益。尽管学者对绿色创新内涵的理解各有侧重，但就其具体的定义而言，通常大都强调创新和环境收益这两种特质，认为绿色创新是以实现经济增长、环境友好及社会进步三者和谐共赢为目标，同时兼顾技术创新和生态环保双重收益，借助新的技术手段和理念，以降低环境污染、减少生态破坏、提高资源利用效率，进而促进经济绿色可持续发展的创新型活动之总称。

现阶段，国内外学者已经对绿色创新形成较为完善的研究体系，相关研究主要集中在以下几个方面：①区域绿色创新效率测度。Oltra（2009）以绿色创新产出作为衡量绿色创新效率的指标，其中常用指标是使用绿色专利产出来表示绿色创新效率；滕堂伟等（2019）考虑绿色创新具有多维特征，从创新投入、创新产出、环境绩效等方面选取指标构成综合评价指数来衡量绿色创新效率；吕岩威等（2020）的研究使用DEA-SBM模型测度中国各省的绿色创新效率。②绿色创新效率的影响因素。一是技术创新能力，企业自身的创新能力是提高创新效率的重要因素，但相关研究发现，由于绿色创新技术具有公共产品性质，因此，具有技术优势的企业，一般会倾向于提高传统的创新效率，而不是绿色创新效率（Albort-Morant，2016）；二是市场需求因素，消费者对环境友好型产品和清洁技术的需求是驱动企业进行绿色创新的重要动力，当前全球市场需求正朝着低污染、低能耗产品和工艺的方向发展，环保意识的提高是促进绿色创新效率提升的重要驱动力（庄芹芹等，2020）；三是制度因素，由于环境问题的负外部性，绿色创新作为一种公共产品，其市场驱动性相对较弱，这使环境规制成为绿色创新的主要因素之一（彭文斌等，2017；谢荣辉，2017）。

二、绿色创新指标体系构建

中国重点城市绿色创新评价指标选择与构建除了依据绿色创新内涵及特征以外，还遵循以下几点原则：

（1）全面。尽可能包含从各个方面、各个角度反映绿色创新的指标。

（2）科学。无论是从指标名称、统计口径上，还是从计算方法上，都力求科学合理并符合统计规范。

（3）真实。指标的选择与国内城市发展水平相适应，符合新时代中国城市发展特色。

（4）公开。生成评价指标的基础数据主要来源于《中国统计年鉴》《中国城市统计年鉴》《中国科技统计年鉴》及《中国火炬统计年鉴》等国家、地区、城市政府公布的统计年鉴、统计公报等官方公开出版物，部分缺失数据采用插值法进行填补。除官方公布的统计数据外，也从中国知网、CSMAR 经济金融研究数据库等公开网站进行查找。

（一）中国 31 个省份绿色创新评价指标体系

为了保持研究结果的连续性和可比性，本书大部分沿用了《2020 湖南创新发展研究院智库研究报告》中的绿色创新评价指标体系。评价指标体系由两个层次指标构成，在中国 31 个省绿色创新评价指标体系中（见表 1），一级指标共 3 个，主要包括绿色创新投入、期望产出、非期望产出（见图 1）。

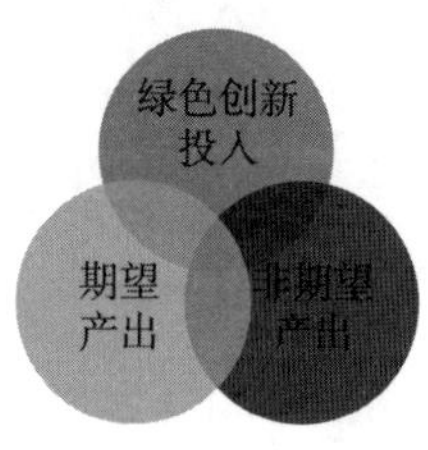

图 1　绿色创新评价指标体系一级指标

二级指标共 37 个，主要包括绿色创新投入二级指标 17 个、期望产出二级指标 15 个、非期望产出二级指标 5 个。

表 1　中国 31 个省份绿色创新评价指标体系

一级指标	序号	二级指标
绿色创新投入（17 个）	1	科技活动人员数（人）
	2	规模以上工业企业 R&D 项目数（项）
	3	R&D 人员数（人）
	4	财政科技投入占地方财政支出比重（%）
	5	财政教育投入占地方财政支出比重（%）
	6	R&D 内部经费支出额（万元）
	7	R&D 外部经费支出额（万元）
	8	规模以上工业企业新产品开发经费支出额（万元）
	9	规模以上工业企业技术改造经费支出额（万元）
	10	高新技术产业消化吸收经费支出额（万元）
	11	国家自然科学基金面上项目数（个）
	12	国家自然科学基金面上项目经费（万元）
	13	国家社会科学基金项目数（个）
	14	国家实验室数量（个）
	15	博士生毕业人数（个）
	16	高等学校数（个）
	17	能源消耗总量（万吨标准煤）
期望产出（15 个）	18	技术市场成交额（万元）
	19	规模以上工业企业新产品销售收入（万元）
	20	高新技术产业新产品销售收入（万元）
	21	人均地区生产总值（元）
	22	市辖区绿地面积（公顷）
	23	建成区绿化覆盖率（%）
	24	每万人拥有公共汽车数（辆/万人）
	25	一般工业固体废物综合利用量（万吨）
	26	生活垃圾无害化处理率（%）
	27	“新三板”上市公司数量（个）
	28	高新技术产业工业总产值（千元）
	29	SCI 和 EI 工程发文量（篇）
	30	绿色专利申请数（件）
	31	专利申请数（件）
	32	专利申请授权数（件）
非期望产出（5 个）	33	工业废水排放量（万吨）
	34	工业氮氧化物排放量（吨）
	35	工业二氧化硫排放量（吨）
	36	工业烟尘排放量（吨）
	37	PM2.5 年平均浓度（微克/立方米）

（二）中国 119 个重点城市绿色创新评价指标体系

与中国省份绿色创新评价指标体系相同，119 个重点城市绿色创新评价指标体系也主要沿用了《2020 湖南创新发展研究院智库研究报告》中的绿色创新评价指标体系。在重点城市绿色创新评价指标体系中，鉴于数据的最终可得性，“中国重点城市绿色创新评价指标体系”的指标数量比“中国 31 个省绿色创新评价指标体系”要少，由 37 个二级指标减少为 23 个二级指标，其中绿色创新投入二级指标 6 个、期望产出二级指标 11 个、非期望产出二级指标 5 个（见图 2）。其中，二级指标中的“一般工业固体废物综合利用量”替换为“一般工业固体废物综合利用率”①。

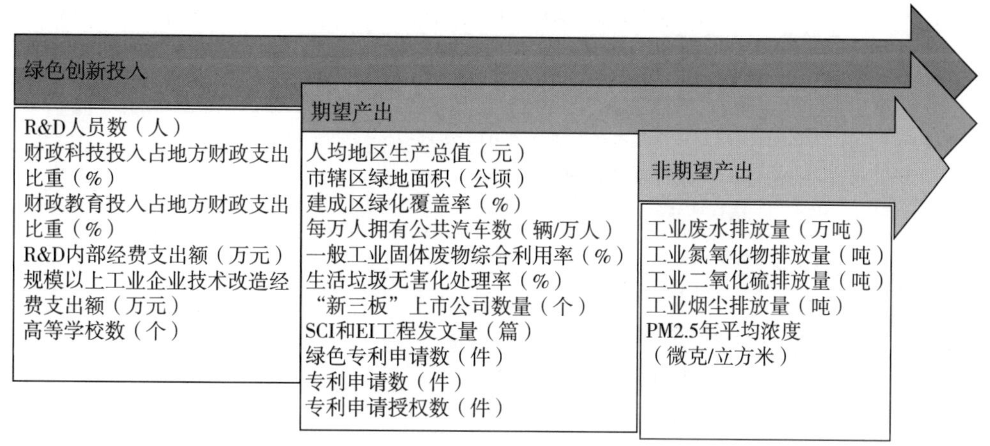

图 2　中国 119 个重点城市绿色创新评价指标体系

本书采用熵权法（Entropy Weight Method，EWM）综合评价中国大陆 31 个省份和 119 个重点城市的绿色创新水平。其中，在熵权法第一步“原始数据 x_{ij} 标准化处理”中对“绿色创新投入”第 17 项指标和“非期望产出”指标数据进行负向处理：

$$x'_{ij}=\frac{\max x_{ij}-x_{ij}}{\max x_{ij}-\min x_{ij}} \tag{1}$$

式（1）中，x_{ij} 为原始数据，x'_{ij} 为标准化后的数据，$\max x_{ij}$ 为原始数据的最大值，$\min x_{ij}$ 为原始数据的最小值。

① “一般工业固体废物综合利用率”是指一般工业固体废物综合利用量占一般固体废物产生量与综合利用往年贮存量之和的百分率。

三、中国省份绿色创新情况

通过运用熵权法对中国31个省份的绿色创新进行测度，各指标的权重结果及中国31个省份2020年绿色创新综合得分如表2、图3所示。

表2　中国31个省份绿色创新评价指标体系及权重

一级指标	序号	二级指标	权重
绿色创新投入（17个）	1	科技活动人员数（人）	0.0271
	2	规模以上工业企业R&D项目数（项）	0.0412
	3	R&D人员数（人）	0.0337
	4	财政科技投入占地方财政支出比重（%）	0.0185
	5	财政教育投入占地方财政支出比重（%）	0.0074
	6	R&D内部经费支出额（万元）	0.0478
	7	R&D外部经费支出额（万元）	0.0427
	8	规模以上工业企业新产品开发经费支出额（万元）	0.0363
	9	规模以上工业企业技术改造经费支出额（万元）	0.0645
	10	高新技术产业消化吸收经费支出额（万元）	0.0574
	11	国家自然科学基金面上项目数（个）	0.0324
	12	国家自然科学基金面上项目经费（万元）	0.0311
	13	国家社会科学基金项目数（个）	0.0195
	14	国家实验室数量（个）	0.0344
	15	博士生毕业人数（个）	0.0402
	16	高等学校数（个）	0.0086
	17	能源消耗总量（万吨标准煤）	0.0141
期望产出（15个）	18	技术市场成交额（万元）	0.0390
	19	规模以上工业企业新产品销售收入（万元）	0.0362
	20	高新技术产业新产品销售收入（万元）	0.0546
	21	人均地区生产总值（元）	0.0170
	22	市辖区绿地面积（公顷）	0.0195
	23	建成区绿化覆盖率（%）	0.0081
	24	每万人拥有公共汽车数（辆/万人）	0.0156
	25	一般工业固体废物综合利用量（万吨）	0.0171
	26	生活垃圾无害化处理率（%）	0.0018
	27	“新三板”上市公司数量（个）	0.0366
	28	高新技术产业工业总产值（千元）	0.0385
	29	SCI和EI工程发文量（篇）	0.0257

续表

一级指标	序号	二级指标	权重
期望产出（15个）	30	绿色专利申请数（件）	0.0311
	31	专利申请数（件）	0.0323
	32	专利申请授权数（件）	0.0341
非期望产出（5个）	33	工业废水排放量（万吨）	0.0180
	34	工业氮氧化物排放量（吨）	0.0125
	35	工业二氧化硫排放量（吨）	0.0129
	36	工业烟尘排放量（吨）	0.0183
	37	PM2.5年平均浓度（微克/立方米）	0.0054

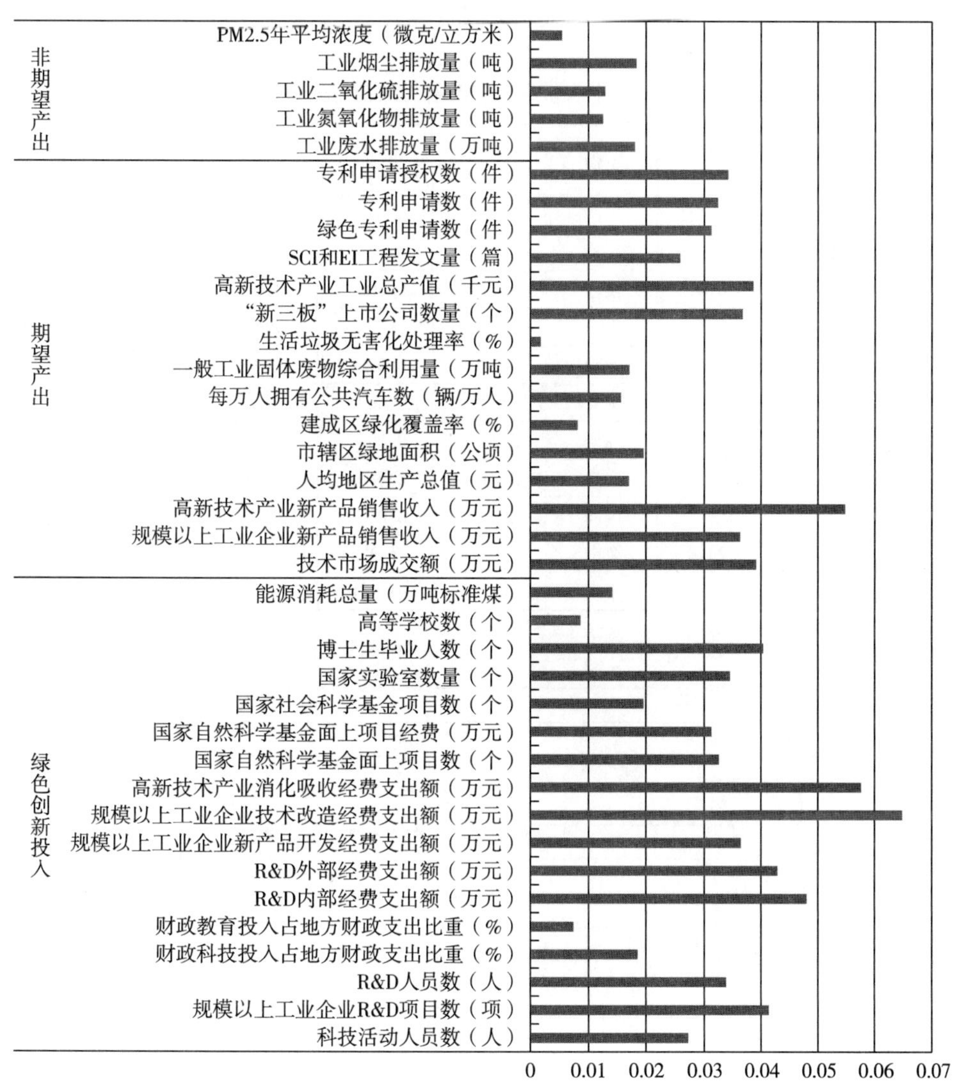

图3　中国31个省份绿色创新评价指标体系及权重

如表 2 所示，相较于非期望产出，绿色创新投入及期望产出的指标权重较大。通过对表 2 数据进行进一步分析可知，权重超过 0.04 的指标有 7 个，分别为规模以上工业企业技术改造经费支出额、高新技术产业消化吸收经费支出额、高新技术产业新产品销售收入、R&D 内部经费支出额、R&D 外部经费支出额、规模以上工业企业 R&D 项目数、博士生毕业人数。根据信息熵的概念，这 7 个指标相对来说波动的幅度更大也意味着有更大的权重。由此可见，经费投入、R&D 项目、博士生毕业人数是提高省级绿色创新能力的重要途径。

根据 2020 年中国 31 个省份绿色创新综合得分和得分变化来看，与 2019 年相比，除北京、上海、福建、陕西、天津、重庆、吉林、甘肃、宁夏、海南、青海和西藏等省份外，其他省份的绿色创新能力综合得分均为正向增加（见表 3、图 4）。

表 3　2020 年中国 31 个省份绿色创新能力综合得分和得分变化情况

省份	综合得分 F	得分变化	省份	综合得分 F	得分变化	省份	综合得分 F	得分变化
北京	0.4154	−0.3904	安徽	0.21	0.0733	四川	0.191	0.0773
天津	0.1268	−0.2315	福建	0.1747	−0.0319	贵州	0.0749	0.0104
河北	0.1804	0.0947	江西	0.1299	0.0027	云南	0.0833	0.0373
山西	0.1049	0.0348	山东	0.3441	0.202	西藏	0.0102	−0.0631
内蒙古	0.0883	0.0168	河南	0.1805	0.0997	陕西	0.1539	−0.0013
辽宁	0.1598	0.0288	湖北	0.2298	0.0624	甘肃	0.0509	−0.0194
吉林	0.0803	−0.1148	湖南	0.1798	0.0347	青海	0.0233	−0.0502
黑龙江	0.1031	0.0409	广东	0.8189	0.4532	宁夏	0.0424	−0.0692
上海	0.2902	−0.2431	广西	0.0722	0.0053	新疆	0.0628	0.0283
江苏	0.5836	0.2419	海南	0.0278	−0.0754			
浙江	0.4006	0.009	重庆	0.1183	−0.0318			

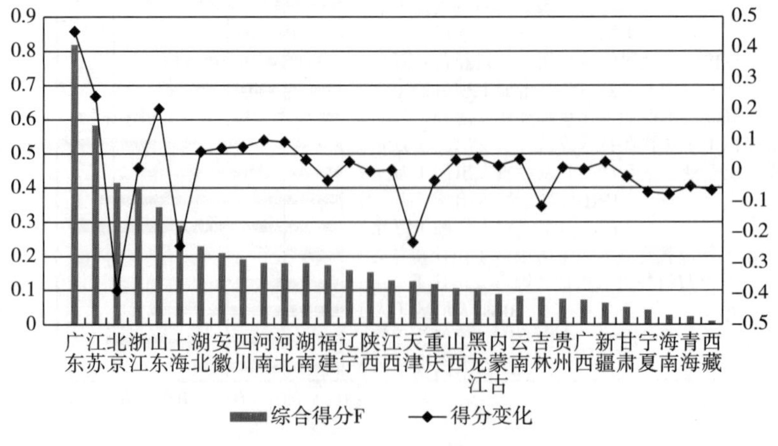

图 4　2020 年中国 31 个省份绿色创新综合得分和得分变化

与前一年的绿色创新得分情况相比，广东、江苏和山东等省份上升较大，主要得益于沿海地区的产业升级，在碳中和、碳达峰的背景下，不断地加大绿色生产要素在技术中的投入力度。另外，四川、河南、河北、辽宁、重庆、山西、内蒙古、云南、贵州、新疆和宁夏等省份绿色创新得分上升，主要是因为中部地区作为我国粮食生产基地、能源原材料基地以及装备制造及高技术产业基地，在“十三五”规划下，全面深化改革，不断地进行产业优化升级，推动沿海省份的先进技术向中西部地区转移。然而，吉林绿色创新能力综合得分较上年下降主要是受疫情影响，吉林经济与财政实力较弱，财政自给能力居于全国下游水平，对上级政府及转移支付的依赖程度较大，政府对于企业绿色创新的资金支持力度有所减弱，以及对于产业的优化升级缺少相关的财政收入。

(一) 广东、北京、浙江绿色创新情况

1. 广东

按照测评结果，广东是全国参评 31 个省份中绿色创新最强的省份（见图 5），2020 年广东的绿色创新综合得分为 0. 8189。

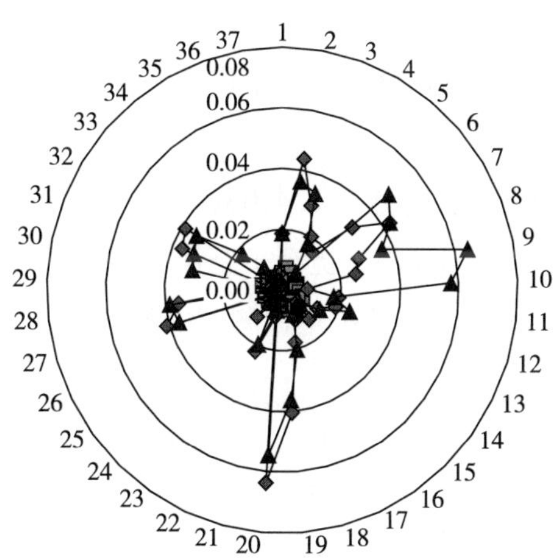

图 5　2019~2020 年广东绿色创新评价二级指标得分

在 37 个测度指标中，广东几乎全面高于全国平均水平，并且在规模以上工业企业 R&D 项目数、财政教育投入占地方财政支出比重、R&D 内部经费支出额、R&D 外部经费支出额及规模以上工业企业新产品开发经费支出额等方面具有突出优势。

2. 北京

由图 6 可知，2019 年北京在所有绿色创新测度指标的表现均高于全国平均水平。但是，2020 年绝大部分指标的得分情况相比于 2019 年有所下降。

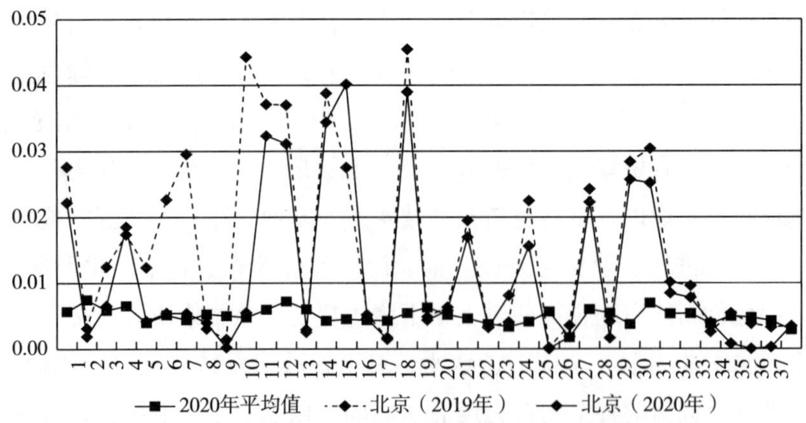

图 6　2019~2020 年北京绿色创新评价二级指标得分

北京作为中国的首都，具备国内领先的技术优势，深耕布局医疗健康、人工智能和大数据等高精尖产业，明确了全国科技创新中心的战略地位。2020 年，新冠肺炎疫情的暴发阻碍了国内各行各业的经济发展，北京积极进行疫情防控，最大限度地减损对经济的负面影响。2020 年北京大部分指标较 2019 年出现下滑，主要是由于疫情暴发，部分企业出现停工停产，企业销售数量减少，为确保覆盖成本，降低经营的亏损，企业进一步降低了对研究开发经费的投入力度。另外，北京较高的生活成本，导致部分高级人才的流失，对产业的优化升级减少了优秀人才的补给。

3. 浙江

2020 年浙江的绿色创新综合得分为 0.4006，得益于本省抓住了互联网机遇，催生新的经济模式，大力发展互联网经济，提高了企业的绿色创新发展水平。

由图 7 可以看出，浙江在所有 37 个指标测度中的表现整体优于当年全国平均水平，

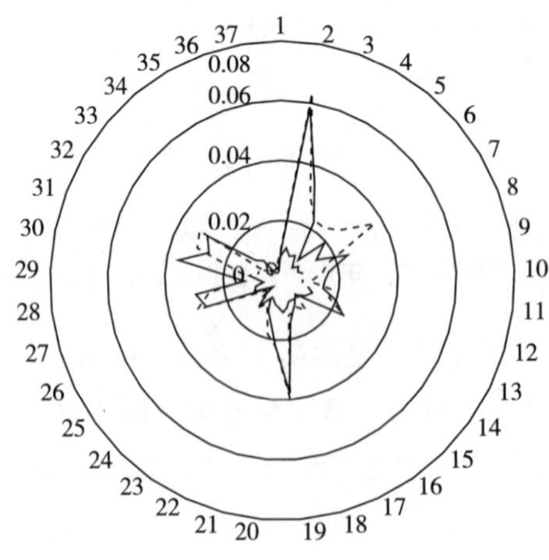

图 7　2019~2020 年浙江绿色创新评价二级指标得分

表 4　湖南省绿色创新二级指标得分及变化情况

序号	评价指标	综合得分	得分变化	序号	评价指标	综合得分	得分变化	序号	评价指标	综合得分	得分变化	序号	评价指标	综合得分	得分变化
1	科技活动人员数	0.0053	0.0004	11	国家自然科学基金面上项目数	0.0067	0.0000	21	人均地区生产总值	0.0038	0.0001	31	专利申请数	0.0045	-0.0002
2	规模以上工业企业 R&D 项目数	0.0134	0.0047	12	国家自然科学基金面上项目经费	0.0090	0.0024	22	市辖区绿地面积	0.0030	0.0000	32	专利申请授权数	0.0040	0.0000
3	R&D 人员数	0.0071	0.0004	13	国家社会科学基金项目数	0.0106	0.0075	23	建成区绿化覆盖率	0.0037	0.0013	33	工业废水排放量	0.0019	-0.0003
4	财政科技投入占地方财政支出比重	0.0082	0.0025	14	国家实验室数量	0.0049	0.0011	24	每万人拥有公共汽车数	0.0034	-0.0010	34	工业氮氧化物排放量	0.0042	0.0004
5	财政教育投入占地方财政支出比重	0.0043	-0.0086	15	博士生毕业人数	0.0044	-0.0007	25	一般工业固体废物综合利用量	0.0052	0.0017	35	工业二氧化硫排放量	0.0031	0.0004
6	R&D 内部经费支出额	0.0045	-0.0035	16	高等学校数	0.0070	-0.0002	26	生活垃圾无害化处理率	0.0020	-0.0016	36	工业烟尘排放量	0.0025	-0.0002
7	R&D 外部经费支出额	0.0035	-0.0028	17	能源消耗总量	0.0029	-0.0017	27	“新三板” 上市公司数量	0.0035	-0.0002	37	PM2.5 年平均浓度	0.0033	0.0007
8	规模以上工业企业新产品开发经费支出额	0.0071	0.0023	18	技术市场成交额	0.0049	0.0010	28	高新技术产业工业总产值	0.0067	0.0001				
9	规模以上工业企业技术改造经费支出额	0.0033	-0.0035	19	规模以上工业企业新产品销售收入	0.0073	-0.0003	29	SCI 和 EI 工程发文量	0.0043	-0.0021				
10	高新技术产业消化吸收经费支出额	0.0033	-0.0195	20	高新技术产业新产品销售收入	0.0037	0.0004	30	绿色专利申请数	0.0066	0.0014				

特别在 R&D、新产品开发及绿色专利申请方面表现突出，这与浙江特色块状产业经济的发展情况相符。

（二）湖南绿色创新

由表 4 可以看出，除财政教育投入占地方财政支出比重、R&D 内部经费支出额、规模以上工业企业技术改造经费支出额、高新技术产业消化吸收经费支出额、规模以上工业企业新产品销售收入等指标外，绿色创新二级指标得分变化均为正向。相较于 2019 年而言，增加最多的是“国家社会科学基金项目数”和“规模以上工业企业 R&D 项目数”这两项指标，分别增加了 0. 0075 和 0. 0047。“国家社会科学基金项目数”指标的上升说明全省高校及科研机构的科研水平得到提高；“规模以上工业企业 R&D 项目数”指标的上升说明湖南企业更加重视科技活动在经营过程中的重要性，不断增强研发能力，提升竞争力。

四、中国重点城市绿色创新情况

（一）中国重点城市绿色创新得分

从表 5 权重中易知，权重超过 0. 05 的指标有 13 个，分别为财政教育投入占地方财政支出比重、人均地区生产总值、建成区绿化覆盖率、每万人拥有公共汽车数、一般工业固体废物综合利用率、生活垃圾无害化处理率、SCI 和 EI 工程发文量、专利申请数、工业废水排放量、工业氮氧化物排放量、工业二氧化硫排放量、工业烟尘排放量以及 PM2. 5 年平均浓度。由于这 13 个指标在中国重点城市绿色创新评价指标体系中权重较高，因此这些指标是影响城市绿色创新综合得分的重要影响因素。显而易见，这 13 个指标主要与城市生态环境与经济水平密切相关，这体现了减少污染物排放、提高创新效率、增加创新投入以及提升经济发展水平是增强城市绿色创新能力的关键。

表 5　中国重点城市绿色创新评价指标体系及权重

一级指标	序号	二级指标	权重
绿色创新投入（6 个）	1	R&D 人员数（人）	0. 0255
	2	财政科技投入占地方财政支出比重（%）	0. 0470
	3	财政教育投入占地方财政支出比重（%）	0. 0569

续表

一级指标	序号	二级指标	权重
绿色创新投入（6个）	4	R&D内部经费支出额（万元）	0.0191
	5	规模以上工业企业技术改造经费支出额（万元）	0.0089
	6	高等学校数（个）	0.0386
期望产出（11个）	7	人均地区生产总值（元）	0.0574
	8	市辖区绿地面积（公顷）	0.0320
	9	建成区绿化覆盖率（%）	0.0599
	10	每万人拥有公共汽车数（辆/万人）	0.0510
	11	一般工业固体废物综合利用率（%）	0.0592
	12	生活垃圾无害化处理率（%）	0.0611
	13	“新三板”上市公司数量（个）	0.0125
	14	SCI和EI工程发文量（篇）	0.0613
	15	绿色专利申请数（件）	0.0174
	16	专利申请数（件）	0.0614
	17	专利申请授权数（件）	0.0326
非期望产出（5个）	18	工业废水排放量（万吨）	0.0601
	19	工业氮氧化物排放量（吨）	0.0612
	20	工业二氧化硫排放量（吨）	0.0605
	21	工业烟尘排放量（吨）	0.0612
	22	PM2.5年平均浓度（微克/立方米）	0.0552

构建重点城市绿色创新评价指标体系，为避免人为主观因素影响，运用熵权法对重点城市绿色创新进行测度，2020年119个重点城市绿色创新综合得分、变化结果如表6所示。

表6　2020年中国119个重点城市绿色创新综合得分及其变化

城市	综合得分	得分变化	城市	综合得分	得分变化	城市	综合得分	得分变化	城市	综合得分	得分变化
北京	0.6843	-0.085	镇江	0.6209	0.101	九江	0.6005	0.112	珠海	0.6552	-0.003
天津	0.5779	0.022	泰州	0.601	0.099	赣州	0.6269	0.108	汕头	0.6339	0.086
石家庄	0.5621	0.117	宿迁	0.5921	0.094	上饶	0.5495	0.062	佛山	0.6677	0.080
唐山	0.4121	0.111	杭州	0.7008	0.039	济南	0.6063	0.096	江门	0.6192	0.096
秦皇岛	0.5585	0.127	宁波	0.6449	0.084	青岛	0.6459	0.096	湛江	0.6033	0.062
邯郸	0.4981	0.122	温州	0.6224	0.076	淄博	0.5705	0.110	肇庆	0.6028	0.114
保定	0.5246	0.113	嘉兴	0.6252	0.118	烟台	0.5739	0.093	惠州	0.6062	0.088
沧州	0.5852	0.129	湖州	0.6361	0.116	潍坊	0.6213	0.176	梅州	0.5815	0.092

续表

城市	综合得分	得分变化	城市	综合得分	得分变化	城市	综合得分	得分变化	城市	综合得分	得分变化
廊坊	0.591	0.105	绍兴	0.6528	0.093	济宁	0.5897	0.119	清远	0.5773	0.108
太原	0.5232	0.049	金华	0.6182	0.089	泰安	0.5941	0.135	东莞	0.6028	0.028
呼和浩特	0.5662	0.136	舟山	0.6267	0.123	威海	0.6654	0.101	中山	0.6193	0.057
包头	0.4535	0.069	台州	0.6374	0.082	临沂	0.5598	0.131	潮州	0.5971	0.127
沈阳	0.5479	0.100	丽水	0.6087	0.107	郑州	0.6053	0.095	揭阳	0.5797	0.086
大连	0.5907	0.103	合肥	0.6637	0.082	洛阳	0.5847	0.111	南宁	0.5879	0.103
鞍山	0.4792	0.149	芜湖	0.6147	0.121	新乡	0.5505	0.107	柳州	0.5604	0.114
长春	0.5995	0.107	蚌埠	0.6105	0.09	南阳	0.5827	0.115	桂林	0.569	0.115
吉林	0.5042	0.119	马鞍山	0.5779	0.122	商丘	0.5864	0.132	海口	0.6054	0.105
哈尔滨	0.4649	0.050	安庆	0.5808	0.125	信阳	0.611	0.149	三亚	0.6187	0.156
大庆	0.564	0.128	滁州	0.5759	0.103	武汉	0.5811	0.065	重庆	0.4404	0.100
上海	0.6793	0.059	阜阳	0.5408	0.100	宜昌	0.4902	0.064	成都	0.6404	0.062
南京	0.6494	0.028	福州	0.627	0.084	襄阳	0.5736	0.132	绵阳	0.5663	0.100
无锡	0.6192	0.087	厦门	0.6709	0.115	荆州	0.5183	0.072	贵阳	0.5794	0.110
徐州	0.5891	0.063	莆田	0.6479	0.112	长沙	0.6345	0.091	遵义	0.525	0.125
常州	0.5627	0.054	三明	0.6192	0.119	株洲	0.6019	0.13	昆明	0.5347	0.083
苏州	0.6276	0.077	泉州	0.6402	0.106	湘潭	0.5622	0.075	西安	0.6026	0.078
南通	0.6307	0.080	漳州	0.619	0.169	衡阳	0.5693	0.123	咸阳	0.5322	0.114
连云港	0.5906	0.086	南平	0.6164	0.111	岳阳	0.5595	0.129	兰州	0.5496	0.092
淮安	0.591	0.052	龙岩	0.6071	0.064	郴州	0.5714	0.100	银川	0.5207	0.092
盐城	0.5948	0.072	宁德	0.6051	0.124	广州	0.714	-0.020	乌鲁木齐	0.5837	0.113
扬州	0.6217	0.101	南昌	0.629	0.091	深圳	0.746	0.002			

从119个重点城市绿色创新综合得分结果可知，相较于2019年绿色创新综合得分，深圳、杭州、上海得分均有所上升，广州和北京的得分有小幅下降，可见传统的一线城市“北上广深”继续承担着领跑全国119个重点城市的使命。另外，杭州作为新一线城市，在2020年绿色创新综合得分超过北京、上海。2020年119个重点城市绿色创新能力得分均有所上升，绝大多数城市综合得分上升超过0.1分，仅广州、北京和珠海三个城市得分有小幅下降。该结果表明，近年来，我国许多城市逐渐发展接替产业，用战略支撑产业和新兴产业来代替传统产业，不断扩大可再生能源，包括风能、水能、太阳能、地热能和生物能源的市场。与此同时，为建设绿水青山，改善环境质量，各省市陆续出台环境污染整治方案，建设环境综合整治工程，开展美丽乡村、重点环保科研项目。这些都为发展绿色创新城市，实现重点城市绿色转型，推动生态文明建设贡献力量。

（二）中国重点城市绿色创新层次

按照等位分法，对119个重点城市的绿色创新划分为四个梯队，第一梯队城市是综合得分为前10%的重点城市，第二梯队城市是综合得分为前10%~30%的重点城市，第三梯队城市是综合得分为前30%~60%的重点城市，余下的重点城市为第四梯队城市。

1. 第一梯队城市

由图8可知，绿色创新综合得分高于0.634的重点城市为第一梯队城市，具体为深圳、广州、杭州、北京、上海、厦门、佛山、威海、合肥、珠海、绍兴、南京12个城市。这些城市绝大部分为经济相对发达的城市，对优势资源的吸附力越强，进而形成一系列的正向效应，相应的技术创新能力也越高。然而，技术创新能否成为可持续发展的推动力量还取决于创新能否实现有效的“绿色化”。考虑到深圳、广州、杭州、北京和上海等城市拥有较高的技术创新能力，借助雄厚的经济发展基础，这些城市政策制定者财政支持方式更创新、税收绿色化程度高，能够通过征收环境资源税与环境补偿税的方式，提高企业绿色技术创新意愿。同时，这些城市针对创新资本、市场、人才等要素支持力度高，着力建设创新基础设施与技术市场的建立健全，为城市绿色创新水平的提升创造有利条件。作为绿色创新能力第一梯队的重点城市，应继续发挥城市的创新溢出与引领作用，缩小城市绿色创新空间差异。

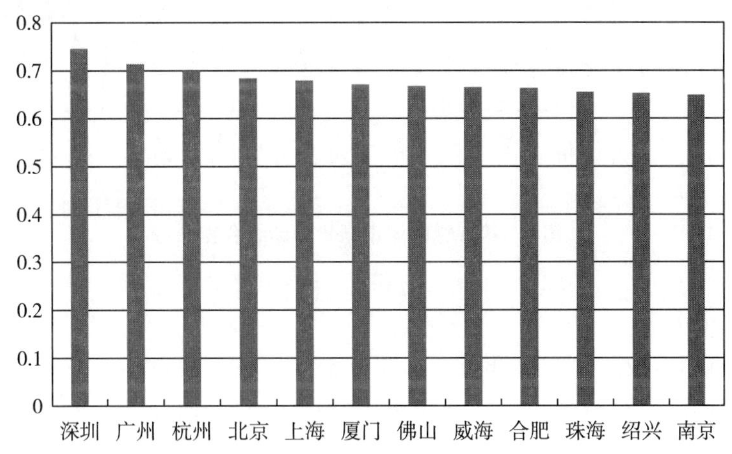

图8　第一梯队城市绿色创新综合得分

2. 第二梯队城市

由图9可知，绿色创新综合得分高于0.619的重点城市为第二梯队城市，共24个。第二梯队城市之间绿色创新综合得分差距较小。同时，第二梯队城市多为长三角城市群、珠三角城市群、长江中游城市群等城市群中的城市。城市群作为城市发展到成熟阶段的最高空间组织形式，其空间组织紧凑、经济联系紧密，城市群内资源要素流动性强，截至2019年底，共有10个国家级城市群获批复。城市群通过对创新资源与要素市场的有效整合，带动城市经济崛起，提升城市群创新效率活力。我国的城市群发展正处于重构与变革的新阶段，既要优化城市长期发展基本格局中的“发展常量”，又面临着快速发展与激烈竞争中的“转型变量”。由此，需要在发展阶段、经济机制、资源配置、发展目标、区域协同等层面同步推动建立“美美与共”的城市发展样态，实现城市群高质量发展。处理好城市群中经济发展与环境保护之间的多目标关系。在城市群发展过程中需要将生态优化放在更为突出的位置上，将城市群经济发展与环境保护的目标统合起来，在经济发展中保护生态环境，在环境保护中实现经济发展。因此，我国各个城市群在未来发展当中，应该结合区域比较优势，加强城市间绿色创新资源共享，从而推动城市群内各层级城市的均衡发展。

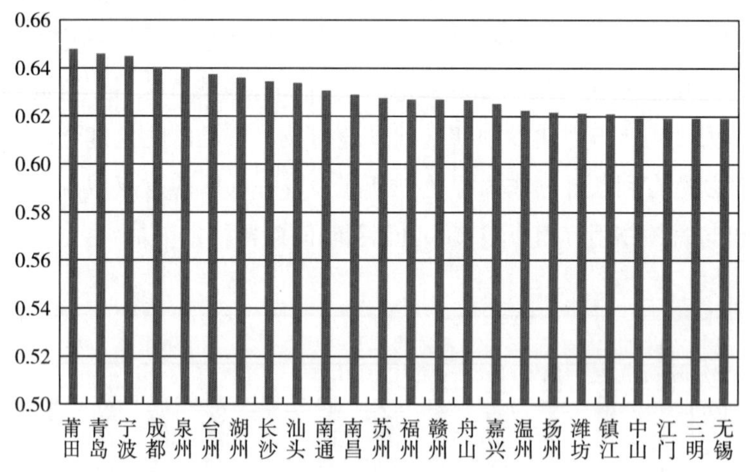

图9　第二梯队城市绿色创新综合得分

3. 第三梯队城市

由图10可知，绿色创新综合得分高于0.584的重点城市为第三梯队城市，共36个。第三梯队城市大多属于经济发展水平中等层次的城市，同时产业结构较为单一，如海口、三亚等部分城市主要以旅游业作为当地支柱产业。绿色创新能力提升不仅能够驱动产业结构优化，而且产业结构规模扩张、产业结构水平提升以及产业结构联系精密也将反作用于城市绿色创新。具体来看，首先，随着产业结构趋于合理化，创新资源在区际流速加快且能得到合理配置，减少了资源浪费，有利于绿色创新效率的提升。其次，随着产业结构由劳动密集型逐渐向知识、技术密集型转变，创新产品的附加价值增加、高技术产业产值增长。由此导致的创新回报增加会诱使区域绿色创新规模不断扩大。最后，产业结构多元化与产业高效发展分别为绿色创新提供全面发展的高技术人才和充裕的资金支持，布局合理的产业结构则为区域绿色创新提供良好的物质基础，绿色创新的外部环境得到改善。由于第三梯队城市在产业结构布局上较为单一，导致绿色创新效率欠佳，所以在绿色创新能力上也略逊于第一梯队、第二梯队城市。

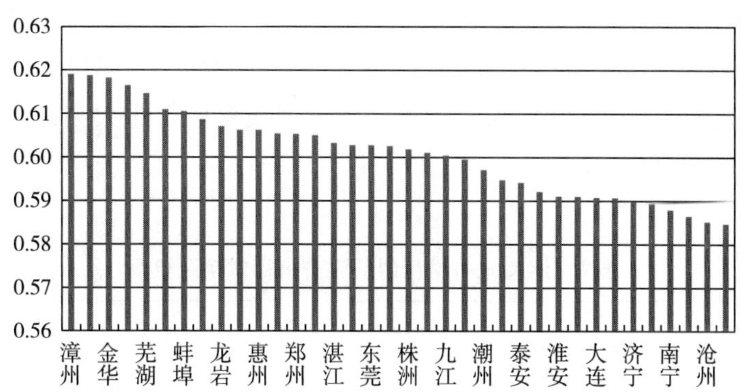

图 10　第三梯队城市绿色创新综合得分

4. 第四梯队城市

由图 11 可知，绿色创新综合得分高于 0.412 的重点城市为第四梯队城市，共 47 个。第四梯队城市得分较为平均且经济相差不大。值得注意的是，武汉和重庆作为经济发达的省会城市和直辖市，也位于绿色创新综合得分最后一梯队的行列之中。武汉这次得分下降的原因主要在于，2019 年底武汉暴发新冠肺炎疫情，重大卫生冲击对武汉技术市场造成严重影响。另外，重庆主城区进行扩容后，传统九个区扩充到 21 个区，这难免会对重庆绿色创新评分产生影响。

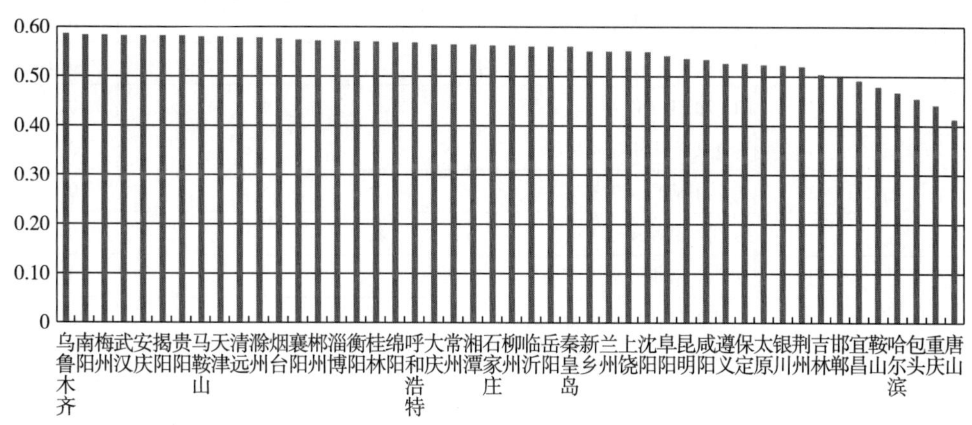

图 11　第四梯队城市绿色创新综合得分

五、湖南省14个地州市绿色创新情况

近年来，湖南把绿色创新摆在发展全局的核心位置，坚持以优化创新环境、培育创新主体、加大研发投入、推进成果转化等重点工作为抓手，绿色创新机制体制不断完善，绿色创新发展实效不断增强，环境保护发展成效取得重大突破。表7为湖南城市绿色创新评价指标体系及权重。

表7　湖南城市绿色创新评价指标体系及权重

一级指标	序号	二级指标	权重
绿色创新投入（7个）	1	科技活动人员数（人）	0.0616
	2	R&D人员数（人）	0.0425
	3	财政科技投入占地方财政支出比重（%）	0.0465
	4	财政教育投入占地方财政支出比重（%）	0.0337
	5	R&D内部经费支出额（万元）	0.0429
	6	规模以上工业企业技术改造经费支出额（万元）	0.0467
	7	高等学校数（个）	0.0781
期望产出（11个）	8	人均地区生产总值（元）	0.0360
	9	市辖区绿地面积（公顷）	0.0506
	10	建成区绿化覆盖率（%）	0.0177
	11	每万人拥有公共汽车数（辆/万人）	0.0153
	12	一般工业固体废物综合利用率（%）	0.0118
	13	生活垃圾无害化处理率（%）	0.0078
	14	“新三板”上市公司数量（个）	0.0961
	15	SCI和EI工程发文量（篇）	0.1230
	16	绿色专利申请数（件）	0.0909
	17	专利申请数（件）	0.0572
	18	专利申请授权数（件）	0.0745
非期望产出（5个）	19	工业废水排放量（万吨）	0.0071
	20	工业氮氧化物排放量（吨）	0.0105
	21	工业二氧化硫排放量（吨）	0.0181
	22	工业烟尘排放量（吨）	0.0087
	23	PM2.5年平均浓度（微克/立方米）	0.0230

根据绿色创新评价指标体系及权重，为避免人为主观因素影响，运用熵权法对14个地州市绿色创新评价水平进行测度，2020年14个地州市绿色创新评价水平综合得分及得分变化如表8所示。

表8　2020年湖南14个城市绿色创新综合得分及得分变化

城市	综合得分 F	得分变化	城市	综合得分 F	得分变化	城市	综合得分 F	得分变化
长沙	0.9044	0.0123	岳阳	0.1754	-0.0598	永州	0.1735	-0.0604
株洲	0.293	-0.0654	常德	0.1808	-0.0479	怀化	0.1603	-0.0572
湘潭	0.2429	-0.1168	张家界	0.1066	-0.1095	娄底	0.1359	-0.0392
衡阳	0.202	-0.5606	益阳	0.1696	-0.0491	湘西	0.122	-0.0734
邵阳	0.1617	-0.0479	郴州	0.1721	-0.1251			

从表8中的得分变化可以看出长沙的绿色创新综合得分是增长的之外，其余13个地州市的绿色创新综合得分都有所下降。在湖南14个城市绿色创新评价指标体系的权重中，高等学校数、SCI和EI工程发文量及绿色专利申请数权重最高，而这3个指标都与科技活动人员数息息相关。2020年较2019年而言，可能由于疫情的影响，导致整体的绿色创新综合情况除长沙外都有所下降。而其中与上年相比，长沙作为省会城市在湖南14个城市绿色创新综合水平中研究稳居第一，长株潭依旧位列前茅，只是株洲、湘潭的一些具体指标还是与长沙仍有较大差距。

而与2019年相比，郴州绿色创新综合得分下降较大，可能由于2020年绿色专利申请数较少、高等学校数偏低、工业二氧化硫排放量高等情况总得分有所降低，绿色创新综合得分变化也较大。而2020年常德绿色创新综合得分变化为-0.0479，相对来说是受影响较小的，其得分偏高的原因有R&D内部经费支出相对高、城市专利申请数除长株潭外数量最多、工业二氧化硫排放量在14个地州市中也偏低，因此整体绿色创新综合水平有所提高。与此同时，长沙作为实施“三高四新”战略的“领头雁”，在建设现代化新湖南示范区、立足新发展阶段、贯彻新发展理念、融入新发展格局、抬高发展坐标、强化省会担当、全面推进高质量发展等方面持续贡献力量。

图12为科技活动人员数，反映了湖南就业人员的综合素质和人力创新资源的情况，2020年，湖南14个城市科技活动人员数长沙依然遥遥领先，达到了103547人。除长株潭地区名列前茅外，衡阳的表现最为突出，科技活动人数仅比湘潭少85人。娄底此人数就上年相比下降较大。而得分最少的张家界仅有1091人，这体现了科技活动人数的地区差异。长沙围绕打造国家重要先进制造业高地、具有核心竞争力的科技创新高地、内陆地区改革开放高地，分别出台三年行动计划，实施先进制造业高地八大

工程、科技创新七大计划、改革开放九项行动，这些举措大力吸引了科技人才的流入，对推进传统产业转型升级、加快新兴产业布局和壮大起到了关键作用。同时，长株潭“半小时”经济圈基本形成，长株潭都市圈发展迈出稳健步伐，得益于城市的溢出效应，株洲与湘潭将持续吸收长沙的溢出资源从而得到进一步发展。

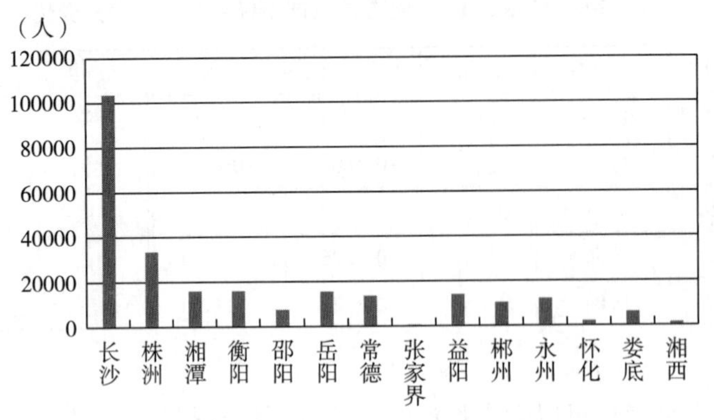

图 12　湖南 14 个城市科技活动人员数

新产品开发是指从研究选择适应市场需要的产品开始到产品设计、工艺制造设计，直到投入正常生产的一系列决策过程。从广义而言，新产品开发既包括新产品的研制，也包括原有的老产品的改进与换代。新产品开发是企业研究与开发的重点内容，也是企业生存和发展的战略核心之一。企业新产品开发的实质是推出不同内涵与外延的新产品，是衡量创新产出的一个指标。从图 13 中可以看出，2020 年湖南 14 个城市规模以上工业企业新产品销售收入，长沙依旧遥遥领先。除益阳变化较大外，其他城市的工业企业新产品销售收入变化并不显著。由图 13 可知，湖南城市规模以上工业企业新产品销售收入主要集中在某些城市，两极分化较为严重，长沙的规模以上工业企业新产品销售收入是排在最末的张家界的 165 倍。

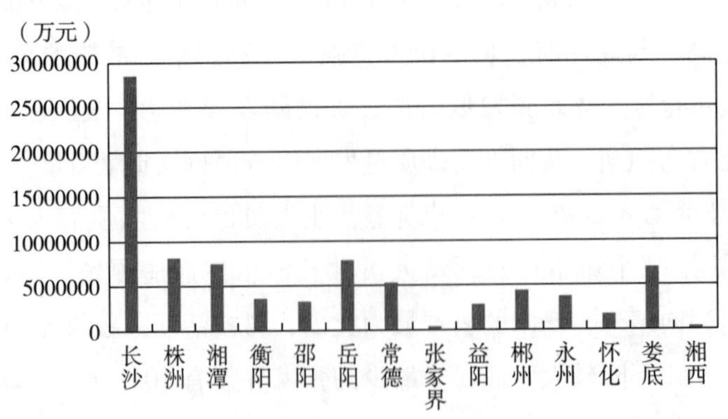

图 13　湖南 14 个城市规模以上工业企业新产品销售收入

R&D 内部经费支出额是用来衡量绿色创新投入的另一个指标，它可以反映一个国家或地区的科技投入水平，同时在我国中长期科技发展规划纲要评价体系中占据重要地位。由图 14 可知，湖南 14 个城市的 R&D 内部经费投入强度极不平衡，存在严重的地区差异性。2020 年湖南 14 个城市 R&D 内部经费支出额长沙、株洲、岳阳依旧名列前茅。常德的 R&D 内部经费支出额变化显著。怀化就上年相比下降幅度较大。其他城市基本与上年持平。

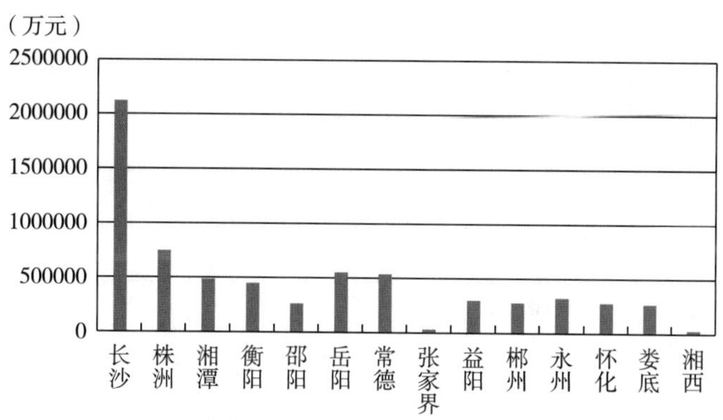

图 14　湖南 14 个城市 R&D 内部经费支出额

绿色专利制度是为了应对气候变化问题，针对绿色技术的特点，通过对专利申请审批程序、授予条件、保护期限等内容的特殊化设计，而构建旨在促进绿色技术的研发、推广与应用的一套特殊的专利制度。因此，绿色专利申请数体现了 14 个城市绿色创新方面的能力水平。由图 15 可以看出，全省绿色专利申请数均有所提高，其中岳阳变化最为显著，而株洲与衡阳就上年相比增长幅度也比较大，其他城市的湖南绿色专利申请数变化相对稳定。

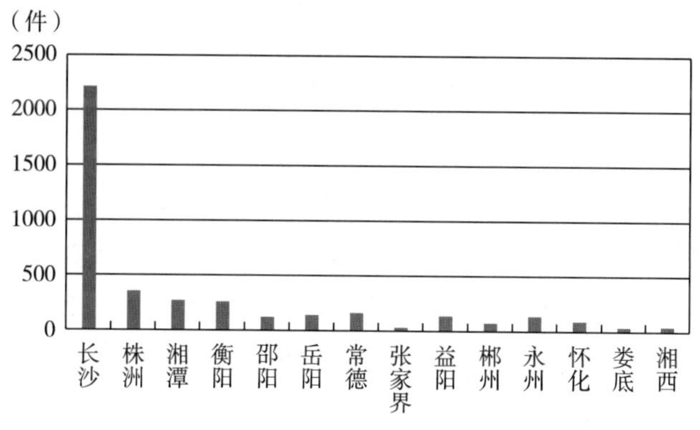

图 15　湖南 14 个城市绿色专利申请数

除绿色专利申请情况外，专利申请情况及专利申请授权情况也是衡量城市绿色创新的重要指标，反映了研发活动的产出水平和效率。由图 16 及图 17 可知，湖南 14 个城市的研发水平存在着非常大的地区差异。长沙无论是专利申请数量，还是专利申请授权数量都在全省遥遥领先。其专利申请数量更是占到全省 44.10%之多，这说明长沙在省内研发活动的产出水平很高。

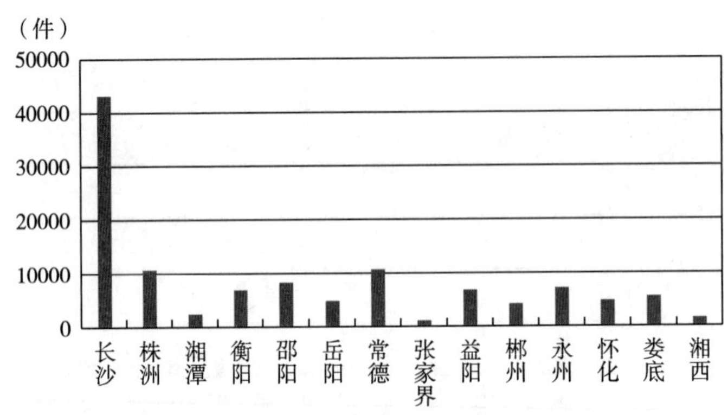

图 16　湖南 14 个城市专利申请数

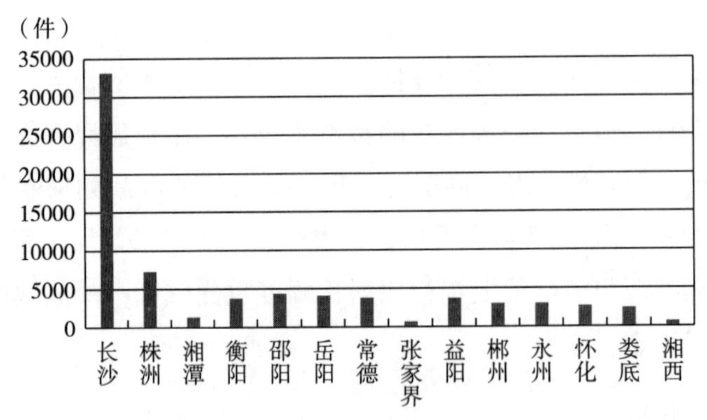

图 17　湖南 14 个城市专利申请授权数

财政科技投入占地方财政支出比重反映了一个地区对科技的重视程度，绿色创新能力反映了一个地区教育投入的大小、政府对教育的支持力度以及重点、关键和前沿领域的规划和引导作用。由图 18 可知，湖南 14 个城市财政科技投入占地方财政支出比重差距不大，得分前三依旧是株洲、湘潭、长沙。岳阳下降较大。怀化、邵阳等城市的财政科技投入占地方财政支出比重都有所上升。

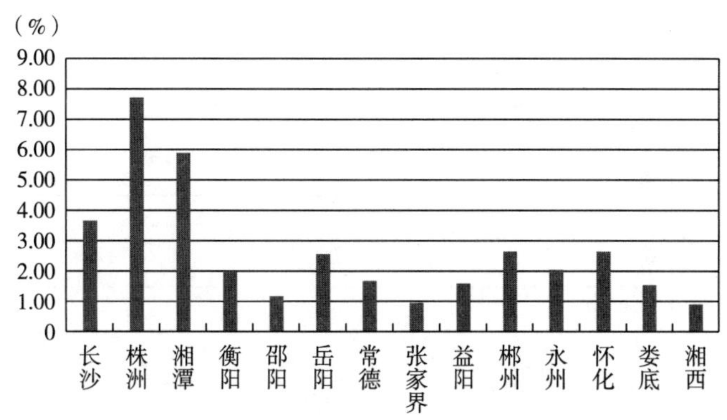

图 18　湖南 14 个城市财政科技投入占地方财政支出比重

财政教育投入占地方财政支出比重是衡量一个地区教育水平的基础线，是衡量绿色创新环境的一个指标，反映了一个地区教育投入的大小、政府对教育的支持力度以及重点、关键和前沿领域的规划和引导作用。由图 19 可知，湖南 14 个城市财政教育投入占地方财政支出比重差距不大，永州、娄底依旧名列前茅，湘西与株洲增长较为显著。岳阳的财政教育投入占地方财政支出比重下降较大。

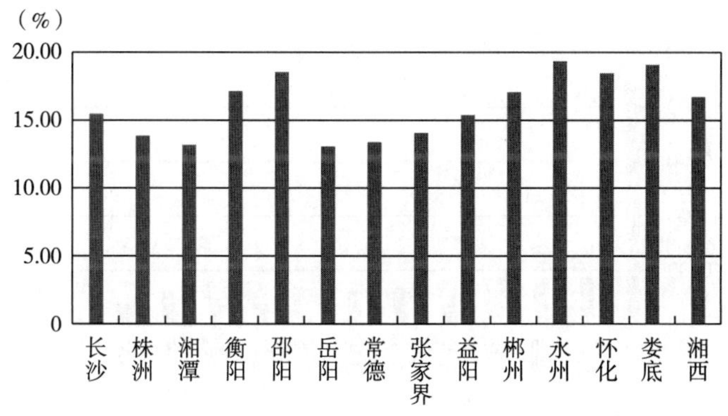

图 19　湖南 14 个城市财政教育投入占地方财政支出比重

高等学校数量反映了一个地区高等教育的水平，而高等教育的水平则会影响地区绿色创新的环境。2020 年湖南 14 个城市高等学校数量长沙、湘潭、株洲、衡阳、常德与上年基本持平，怀化有所增长。由图 20 可知，全省高等学校主要集中在长株潭地区及衡阳，占全省总数的 63. 15%。

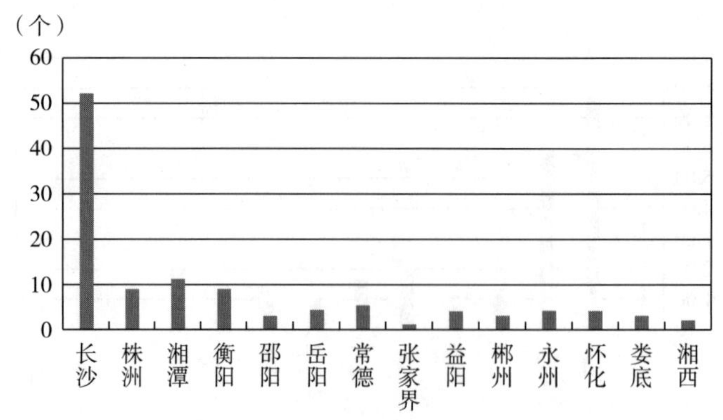

图 20　湖南 14 个城市高等学校数

工业废水排放量是环境统计主要指标之一，能够反映一个地区绿色创新的成效。工业废水排放量是指由工厂厂区内所有排放口排到厂区外部的工业废水总量，包括外排的生产工艺过程废水直接冷却水、清污不分流的间接冷却水、与工业废水混排的厂区生活污水、矿区超标排放的矿井地下水。由图 21 可知，2020 年全省工业废水湘潭、株洲、常德、永州等有所增加，长沙的工业废水排放量更是远超全省平均水平。

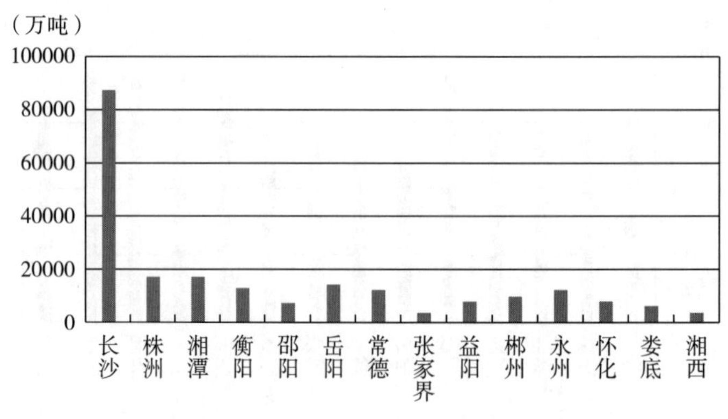

图 21　湖南 14 个城市工业废水排放量

工业废气中的含氮废气会对空气组分造成破坏，从而改变气体构成比例。尤其是石油产品的燃烧，在工业生产中石油产品的燃烧量巨大，而石油产品中氮化物含量大，因此废气中会含有大量氮氧化物，若排放到空气中会增加空气氮氧化物含量，对大气循环造成影响。工业氮氧化物的排放量可以反映一个地区工业绿色创新的水平，由图 22 可知，岳阳 2020 年工业氮氧化物排放量下降显著，改善较为明显。而娄底、湘潭、株洲、常德等城市的工业氮氧化物排放量也均有所下降。

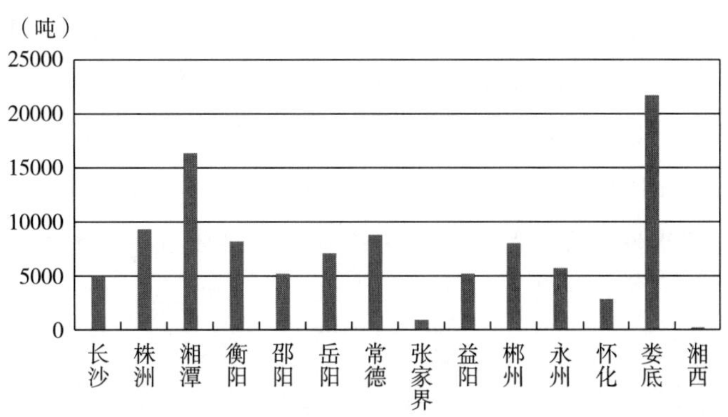

图 22　湖南 14 个城市工业氮氧化物排放量

工业二氧化硫排放量指工业企业在燃料燃烧和生产工艺过程中排入大气中的二氧化硫数量。含硫废气会对人们的生活环境造成直接危害，这是由于其同空气中的水结合能够形成酸性物质，引发酸雨。而酸雨会对植物、建筑以及人体健康造成损害，尤其会影响人的呼吸道。另外还会对土壤和水源造成影响，造成二次污染。因此，工业二氧化硫排放量可作为衡量一个地区绿色创新的重要指标。由图 23 可知，2020 年湖南 14 个城市工业二氧化硫的排放量全省均有所下降。其中岳阳与邵阳等城市工业二氧化硫的排放量也有效地得到改善。

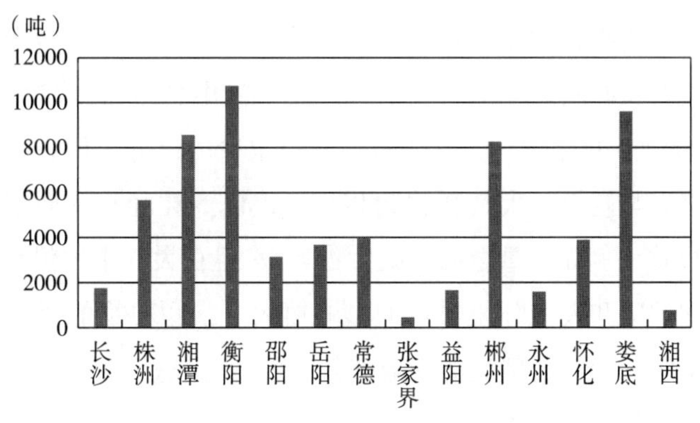

图 23　湖南 14 个城市工业二氧化硫排放量

烟尘是工业最主要的污染气体排放之一，它不仅威胁人体健康，还严重破坏区域环境。工业烟尘排放量指工业企业在生产工艺过程中排放的颗粒物重量，如钢铁企业的耐火材料粉尘、焦化企业的系统粉尘、烧结机的粉尘、石灰窑的粉尘、建材企业的水泥粉尘等，但不包括电厂排入大气的烟尘。工业烟尘会给人体健康带来巨大的威胁，引发各种呼吸系统疾病，尤其是对上呼吸道损害很大，此外，烟尘还能与空气中的二氧化硫发生协同作用，加重其对身体的危害；而烟尘逸散到大气中后又会影响植物光合作用，并能够引发酸雨，导致土壤退化，破坏区域环境。之前学者对烟尘的环境影响研究表明，每吨烟尘排放造成的经济损失为 150 元，仅略低于每吨二氧化碳排放造成的经济损失。由图 24 可知，2020 年全省工业烟尘排放量相较于上年全省有所下降，变化不显著。

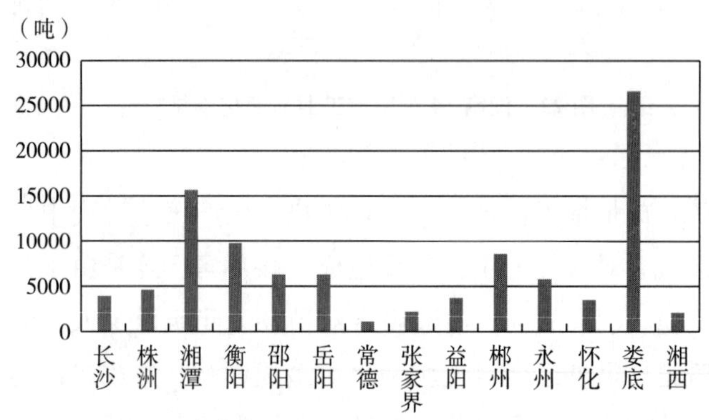

图 24　湖南 14 个城市工业烟尘排放量

2013 年 2 月，全国科学技术名词审定委员会将 PM2.5 的中文名称命名为细颗粒物。细颗粒物，指环境空气中空气动力学当量直径小于等于 2.5 微米的颗粒物，又称细粒、细颗粒。能较长时间悬浮于空气中，其在空气中含量浓度越高，就代表空气污染越严重。虽然 PM2.5 只是地球大气成分中含量很少的组分，但它对空气质量和能见度等有重要的影响。与较粗的大气颗粒物相比，PM2.5 粒径小，面积大，活性强，易附带有毒、有害物质（例如，重金属、微生物等），且在大气中的停留时间长、输送距离远，因而对人体健康和大气环境质量的影响更大。细颗粒物的化学成分主要包括有机碳（OC）、元素碳（EC）、硝酸盐、硫酸盐、铵盐、钠盐（Na）等。PM2.5 的年平均浓度反映了一个地区绿色创新的非期望产出，由图 25 可知，全省 2020 年 PM2.5 年平均浓度有所降低，其中益阳表现最为突出，下降显著。

根据以上分析可以发现，除长沙体量较大之外，全省“三废”排放量位于前列的城市多为老牌工业城市，这说明这些城市在工业技术绿色创新方面还需做出更大的努力，为湖南的“三高四新”战略做出具体行动。一般工业固体废物是指在工业生产过程中产生的不具有危险特性的固体废弃物，主要有服装制衣、制鞋及鞋材加工厂产生的布碎、皮革边角料、海绵边料，注塑厂产生的废塑料，五金厂产生的废金属；还

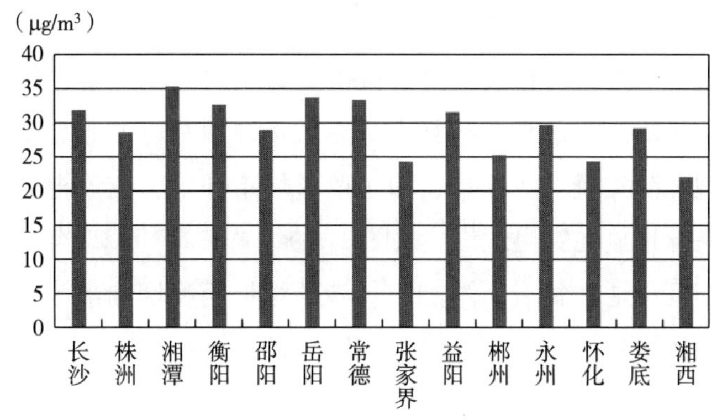

图 25　湖南 14 个城市 PM2.5 年平均浓度

有废纸屑、废胶纸、废木屑以及其他不可回收的废弃物。一般工业固体废物不包括危险废物。法律法规规定，一般工业固体废物必须要与生活垃圾、危险废物分类处置。一般工业固体废物处置实行“谁产生、谁治理，谁产生、谁付费”的原则，一般工业固体废物产生单位承担处置的责任，产生单位须落实分类存放、建立台账、减少生产、无害处理和申报登记“五个要求”。国家鼓励对一般工业固体废物实行充分回收和利用。因此，一般工业固体废物的综合利用率可以反映一个地区绿色创新的能力。由图 26 可知，全省一般工业固体废物综合利用率相较于上年基本持平，其中，常德和张家界以 99%的利用率并列第一。

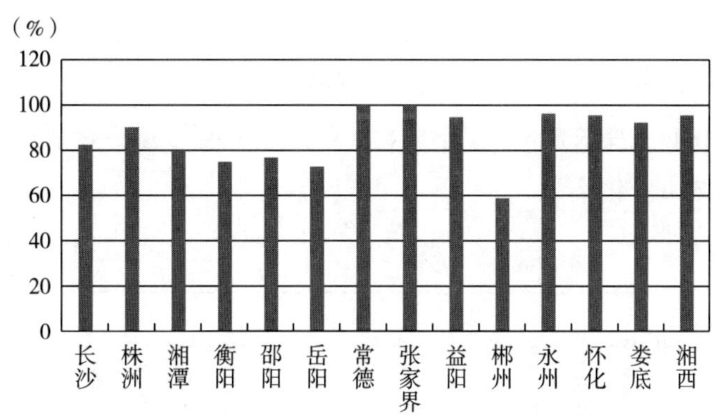

图 26　湖南 14 个城市一般工业固体废物综合利用率

市辖区绿地面积反映了一个地区城市绿地规划的能力，是衡量绿色创新的一个重要方面。城市绿地规划是城市总体规划的一个重要组成部分，合理安排绿地是城市总体规划中不可缺少的内容之一，是指导城市绿地详细规划和建设管理的依据。城市绿地是城市用地中的一个有机组成部分，它与工业生产、人民生活、城市建筑和道路建设、地上地下管线的布置密切相关。由于城市人口密集、工业生产集中，对自然生态平衡系统的结构与机能产生严重的破坏作用。城市绿地具有改善城市生态环境、休憩及文教、美化景观和防灾避灾等功能，为了改善城市环境，应该把城市生态系统中的重要组成部分——绿地放在突出地位。从图 27 的结果来看，2020 年衡阳、岳阳、湘潭等城市的全省市辖区绿地面积有所增加，长沙的绿地面积增加最为显著，远高于全省平均水平。

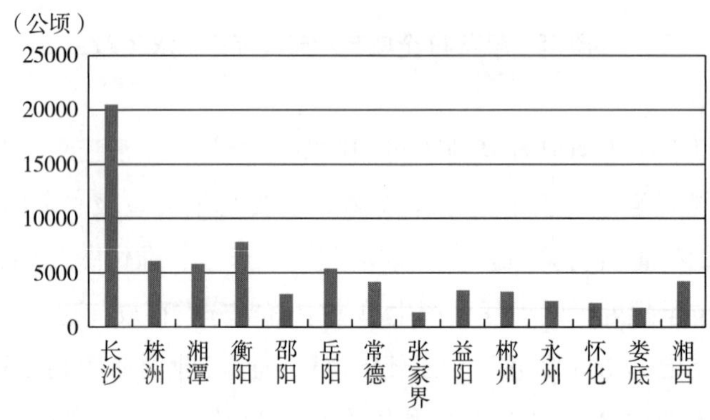

图 27　湖南 14 个城市市辖区绿地面积

建成区绿化覆盖率面积是指在城镇中，属于城市建成区内的常年植被覆盖地面，但不包括建筑物顶层补种的植被。通常连续超过 10 米×10 米才被统计在内，所以盆中植物也不算；道路两旁的绿化带是主要统计对象；此外还有广场、公司及厂区内、居民小区内等都是我们主要关注的。由图 28 可知，2020 年张家界建成区绿化覆盖率得分下降显著，其他城市变化不大。

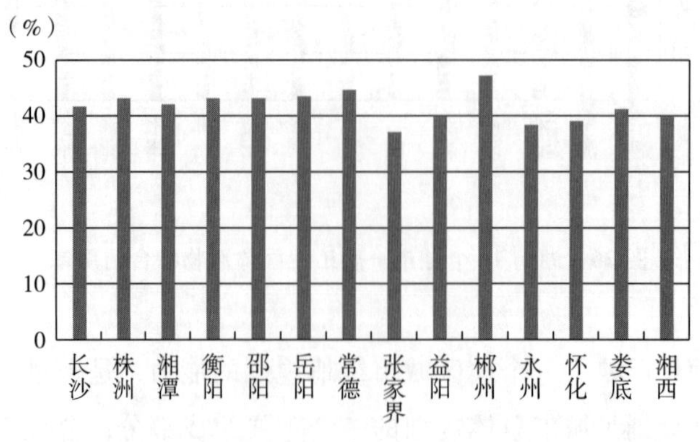

图 28　湖南 14 个城市建成区绿化覆盖率

人均地区生产总值可以作为衡量一个地区绿色创新期望产出的重要指标。由图 29 可知，可能受到疫情影响，省会长沙的城市人均地区生产总值有所下降，湘潭、岳阳较上年有所增加，其他城市与上年基本持平。

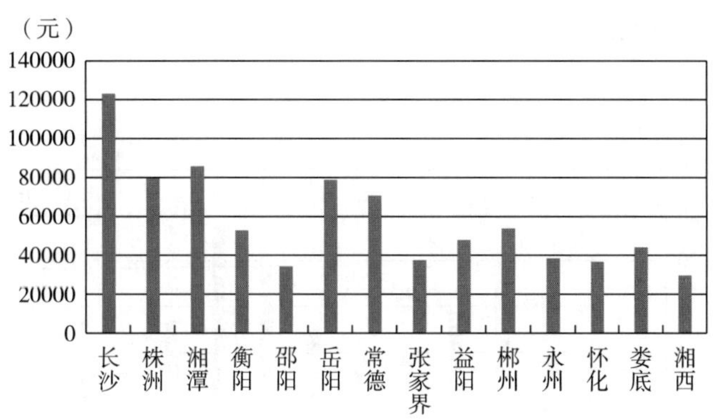

图 29　湖南 14 个城市人均地区生产总值

一个地区的生活垃圾无害化处理率能够反映其绿色创新的能力。根据图 30 可以发现，长沙、株洲、湘潭、衡阳、岳阳、常德、张家界、益阳、郴州、永州、娄底 11 个城市都达到了生活垃圾 100%无害化处理，怀化、湘西几乎达到完全无害化处理，得分最少的邵阳生活垃圾无害化处理率也达到了 98.04%，这说明湖南生活垃圾无害化处理水平较高。

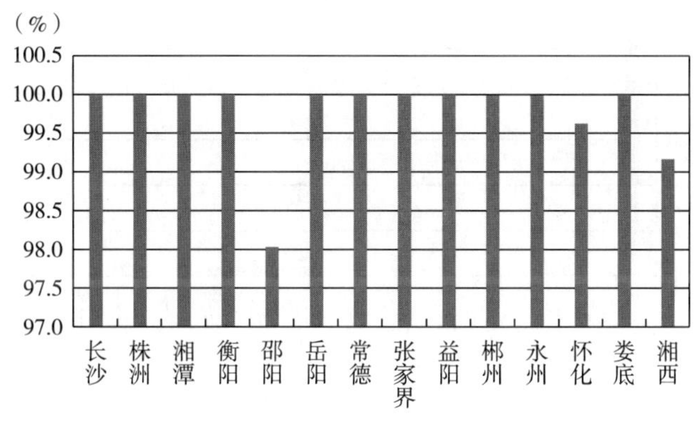

图 30　湖南 14 个城市生活垃圾无害化处理率

公共汽车，指在城市道路上按照固定路线，有或者无固定班次时刻，承载旅客出行的机动车辆。市内公共汽车时速一般在 20~30 千米，不会超过 40 千米。伴随城市化和机动化的发展，城市人口和地域不断增加，对公共交通的需求相应快速增长，要求公共交通企业投入更多的客车。每万人拥有公共汽车数量可以反映一个地区人民的生活水平，能够作为衡量一个地区绿色创新非期望产出的指标。由图31可知，全省每万人拥有公共汽车数量得分中，全省均有所增加，其中郴州增长最为显著，益阳、衡阳等城市也均有不错的提升。

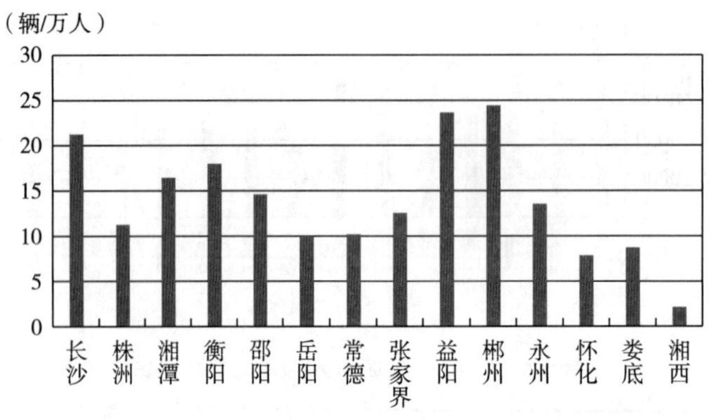

图31　湖南14个城市每万人拥有公共汽车数

根据图32可知，2020年湖南14个城市“新三板”上市公司数量与上年相比各城市变化不大，相对稳定。

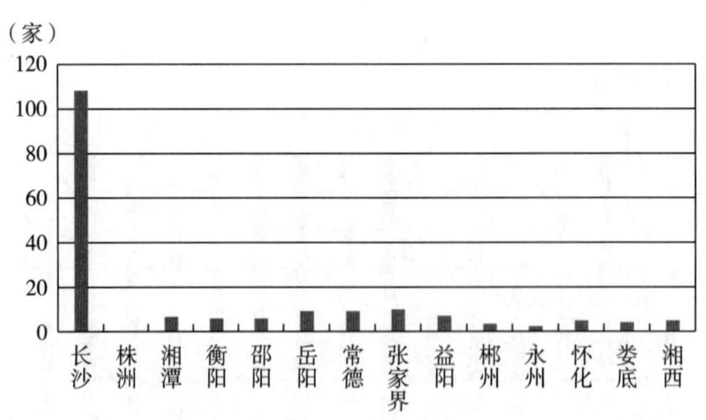

图32　湖南14个城市“新三板”上市公司数量

SCI收录全世界出版的数、理、化、农、林、医、生命科学、天文、地理、环境、材料、工程技术等自然科学各学科的核心期刊约3500种。EI在全球的学术界、工程界、信息界中享有盛誉，是科技界共同认可的重要检索工具。SCI和EI工程发文量能够体现一个地区绿色创新的水平，由图 33 可知，2020 年全省 SCI 和 EI 工程发文量常德、岳阳、益阳、湘西等下降较为明显。邵阳、郴州的 SCI 和 EI 工程发文量增长较大。除长沙作为省会一马当先之外，湘潭的 SCI 和 EI 工程发文量远超其他城市，表现突出，这得益于湘潭丰富的高等教育资源，也与前文高等学校数量相吻合。

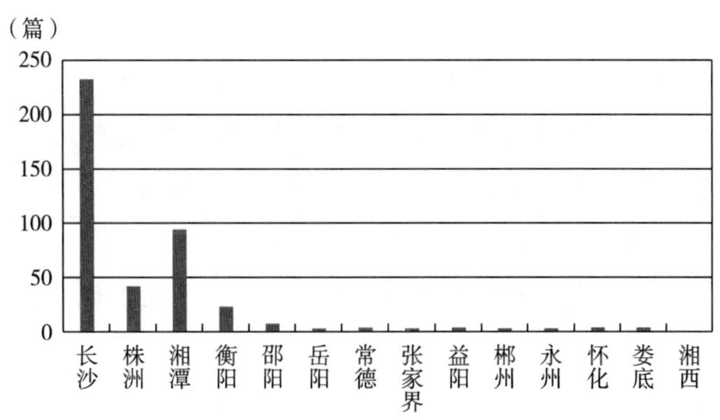

图 33　湖南 14 个城市 SCI 和 EI 工程发文量

六、主要结论与对策建议

综上所述，本文得出以下主要结论：

（1）根据 2020 年中国 31 个省份绿色创新综合得分和得分变化来看，与 2019 年相比，除北京、上海、福建、陕西、天津、重庆、吉林、甘肃、宁夏、海南、青海和西藏等省份外，其他省份的绿色创新能力综合得分均为正向增加，广东、江苏和山东等省份上升较大，主要得益于沿海地区的产业升级。

（2）相较于 2019 年绿色创新综合得分，深圳、杭州、上海得分均有所上升，广州和北京的得分有小幅下降，可见传统的一线城市“北上广深”继续承担着领跑全国 119 个重点城市的使命。2020 年 119 个重点城市绿色创新能力得分均有所上升，绝大多数城市综合得分上升超过 0. 1 分，仅广州、北京和珠海三个城市得分有小幅下降。

（3）规模以上工业企业技术改造经费支出额、高新技术产业消化吸收经费支出额、高新技术产业新产品销售收入、R&D 内部经费支出额、R&D 外部经费支出额、规模以上工业企业 R&D 项目数、博士生毕业人数 7 个指标是影响省级绿色创新综合得分的重要因素。

（4）财政教育投入占地方财政支出比重、人均地区生产总值、建成区绿化覆盖率、每万人拥有公共汽车数、一般工业固体废物综合利用率、生活垃圾无害化处理率、SCI和EI工程发文量、专利申请数、工业废水排放量、工业氮氧化物排放量、工业二氧化硫排放量、工业烟尘排放量以及PM2.5年平均浓度13个指标是影响重点城市绿色创新综合得分的重要因素。

（5）湖南在全国31个省份绿色创新综合评价中得分为第12位，相较于上年的得分下降了3位，在37项绿色创新指标中湖南省有29项得分位于全国前15名。相较于2019年而言，排在全国第15位以外（含第15位）的指标减少3项；得分进入全国前10名的指标有10项，相较于2019年，减少了3项。

在上述研究基础上，抓住影响绿色创新的关键因素，提出提升城市绿色创新能力的对策建议：

第一，构建绿色创新发展新高地。对于位于绿色创新第一梯队（广东、江苏、北京等）的省份来说，其绿色创新能力的提升应注重构建绿色生态产业体系，抢占绿色创新制高点。首先，应该利用优势资源使传统产业改造升级。由于这类省份属于中国经济最发达的区域，绿色创新资源丰富，绿色技术水平先进。因此，对这类省份来说，应利用省域内各种优势资源将省域内其他传统产业进行改造升级，使传统产业升级换代，培养竞争优势，带动其他绿色产业健康发展，最终构建完善的绿色生态体系。其次，应加大对高层次人才的扶持。由于人力资本是绿色创新活动开展的重要动力，这类省份要保障创新型人才的稳定性，避免因人才流失给绿色创新绩效带来消极影响。因此，这类省份应注重人才激励，一方面要提高高等院校、研究机构的人才培养支持力度，培养创新型人才；另一方面要完善用人制度，实行高端人才引进政策，充分发挥人力资本对绿色创新发展的驱动作用。

第二，优化绿色创新环境。对于以传统重工业为主的省份（黑龙江、辽宁、吉林等）来说，其绿色创新能力的提升应完善支持绿色创新环境，优化绿色经济发展模式。首先，应当聚焦重点领域绿色技术创新。粗放型经济发展模式所秉承的“先污染，后治理”发展理念与绿色创新发展理念背道而驰，所以这类省份应首先引入绿色创新技术，攻克技术难题，优化其经济发展模式。其次，应当强化工业企业绿色创新能力。由于这类省份产业结构特殊性，工业企业的绿色创新能力对绿色创新绩效的影响尤为重要。该类省份应加强工业企业这一绿色创新主体对绿色创新活动开展的角色作用，鼓励企业采取节能环保的方式进行生产，同时加大环境污染的治理投入，降低环境污染水平。最后，应当完善绿色创新政策。为深入贯彻绿色发展的积极理念，政府要发挥积极的引导作用，尤其要将绿色发展纳入制度和产业保障制度建设中。鼓励和监督企业加强绿色创新理念意识，建立环境准入制度和产业准入门槛，促使企业向绿色可持续发展方向不断前行，为经济发展效益带来绿色服务。

第三，催生绿色创新成果转化。对于科教资源丰富的省份（北京、天津、陕西、山东等）来说，其绿色创新能力的提升应深化科技成果评价改革，确保绿色创新成果转化。应充分发挥地区科教资源优势，加强产学研合作。同时，确保最终绿色创新成果的成熟度和应用价值。企业是绿色创新成果转化的重要实施者，确保绿色创新科研成果的市场应用价值能有效促进企业绿色创新活动的开展。因此，高等院校、科研机构的绿色创新科研成果应注重市场分析，考虑理论与实践的结合。

第四，加强绿色创新基础设施建设。对于绿色创新基础较为薄弱的省份而言，其绿色创新能力的提升应加强绿色创新基础设施建设，保证创新资源整合顺畅。首先，应加强创新基础设施和创新载体的建设。经济发展较为落后的地区创新资源也相对匮乏，尤其缺少创新基础设施的建设。建立整合创新资源的硬件设施（包括省域的交通运输条件、信息网络建设等）将为创新资源的顺畅整合提供“硬条件”。其次，加强与外部先进技术的交流合作将提升绿色创新的“软实力”。加强与外部先进技术的交流合作有助于这类省份快速推动绿色创新发展，将外部经济发达省份的产业、技术和人才引入进来，或与外部先进的绿色创新主体开展项目，吸收先进的绿色创新发展模式将有效提升绿色创新效率。

第五，保障绿色创新研发投入。对于湖南、湖北、四川、安徽等其他省份来说，其绿色创新能力提升路径应着眼于优化绿色创新投入结构，提升绿色创新研发保障。绿色创新研发投入对于绿色创新活动的开展具有驱动作用，为缓解各绿色创新主体的投入压力，政府应发挥积极的指导作用，政府要加大科技研发投入，另外要积极引导高等院校与科研机构、企业等创新主体的研发投入。

参考文献

［1］Albort-morant，Gema，Antonio Leal-millán，and Gabriel Cepeda-carrión. The Antecedents of Green Innovation Performance：A Model of Learning and Capabilities［J］. Journal of Business Research，2016，69：12-17.

［2］Beise M，Rennings K. Lead Markets and Regulation：A Framework for Analyzing the International Diffusion of Environmental Innovation［J］. Ecological Economics，2005，52（01）：5-17.

［3］Chen Y S，Lai S B，Wen C T. The Influence of Green Innovation Performance on Corporate Advantage in Taiwan［J］. Journal of Business Ethics，2006，67（04）：331-339.

［4］Driessen P，Hillebrand B. Adoption and Diffusion of Green Innovations［A］//Nelissen，W. & Bartels，G. Marketing for Sustainability：Towards Transactional Policy-Making［C］. Amsterdam：Ios

Press, 2002, 343-356.

[5] Fusilier C, James P. Driving Eco-innovation: A Breakthrough Discipline for Innovation and Sustainability [M]. Pitman Publishing, London, 1996.

[6] OECD. Environmental Innovation and Global Markets [M]. Paris: Organization for Economic Co-operation and Development, 2008.

[7] Oltra V, Jean M S. Sectoral Systems of Environmental Innovation: An Application to the French Automotive Industry [J]. Technological Forecasting & Social Change, 2009, 76 (4): 567-583.

[8] Schiederig T, Tietze F, Herstatt C. What is Green Innovation? —A Quantitative Literature Review [J]. Social Science Electronic Publishing, 2011.

[9] Shearmur R. Are Cities the Font of Innovation? A Critical Review of the Literature on Cities and Innovation [J]. Cities, 2012, 29: S9-S18.

[10] 曹慧，石宝峰，赵凯．我国省级绿色创新能力评价及实证 [J]．管理学报，2016，13 (8): 1215-1222.

[11] 曹霞，于娟．绿色低碳视角下中国区域创新效率研究 [J]．中国人口·资源与环境，2015，25 (5): 10-19.

[12] 李金滟，李泽宇，李超．城市绿色创新效率实证研究——来自长江中游城市群的证据 [J]．江西财经大学学报，2016 (6): 3-16.

[13] 陆大道．长江大保护与长江经济带的可持续发展——关于落实习总书记重要指示，实现长江经济带可持续发展的认识与建议 [J]．地理学报，2018，73 (10): 1829-1836.

[14] 吕岩威，谢雁翔，楼贤骏．中国区域绿色创新效率时空跃迁及收敛趋势研究 [J]．数量经济技术经济研究，2020，37 (5): 78-97.

[15] 彭文斌，程芳芳，路江林．环境规制对省域绿色创新效率的门槛效应研究 [J]．南方经济，2017 (9): 73-84.

[16] 齐绍洲，林屾，崔静波．环境权益交易市场能否诱发绿色创新？——基于我国上市公司绿色专利数据的证据 [J]．经济研究，2018，53 (12): 129-143.

[17] 滕堂伟，孙蓉，胡森林．长江经济带科技创新与绿色发展的耦合协调及其空间关联 [J]．长江流域资源与环境，2019，28 (11): 2574-2585.

[18] 吴晓波，张超群，窦伟．我国转型经济中技术创新与经济周期关系研究 [J]．科研管理，2011，32 (1): 1-9.

[19] 谢荣辉．环境规制、引致创新与中国工业绿色生产率提升 [J]．产业经济研究，2017 (2): 38-48.

[20] 杨庆义．绿色创新是西部区域创新的战略选择 [J]．重庆大学学报（社会科学版），2003 (1): 35-37.

[21] 余泳泽，刘大勇．我国区域创新效率的空间外溢效应与价值链外溢效应——创新价值链视角下的多维空间面板模型研究 [J]．管理世界，2013 (7): 6-20+70+187.

［22］张钢，张小军．国外绿色创新研究脉络梳理与展望［J］．外国经济与管理，2011（8）：25-32.

［23］张钢，张小军．绿色创新战略与企业绩效的关系：以员工参与为中介变量［J］．财贸研究，2013，24（4）：132-140.

［24］张江雪，朱磊．基于绿色增长的我国各地区工业企业技术创新效率研究［J］．数量经济技术经济研究，2012，29（2）：113-125.

［25］张勋，乔坤元．中国区域间经济互动的来源：知识溢出还是技术扩散？［J］．经济学（季刊），2016，15（4）：1629-1652.

［26］庄芹芹，吴滨，洪群联．市场导向的绿色技术创新体系：理论内涵、实践探索与推进策略［J］．经济学家，2020（11）：29-38.

中国重点城市可持续发展评价

内容提要： 可持续发展的核心思想是经济发展、保护资源和保护生态环境协调一致，健康的经济发展应建立在生态可持续能力、社会公正和人民积极参与自身发展决策的基础上。本文认为，在追求经济高质量发展和贯彻落实新发展理念的背景下，城市可持续发展可以从经济发展水平、社会进步状况、资源消耗能力和生态环境因素四个方面进行深入剖析。基于国内外主要机构发布的可持续发展研究报告和主要评价指标，本文构建了一套由两个层次指标构成的中国省份、重点城市可持续发展评价指标体系，运用熵权法分别对中国大陆31个省份、119个重点城市，湖南省14个城市可持续发展水平进行测度，并对测度结果进行深入剖析，最终提出可提升城市可持续发展水平的政策建议。旨在帮助政府等主体掌握区域可持续发展水平，有助于可持续型城市建设，促进区域经济发展，提升区域经济综合实力。

关键词： 31个省份；119个重点城市；湖南14个城市；可持续发展

核心观点：

（1）根据指标所占比重，湿地面积占辖区面积比重、实际利用外资额、人口密度、第三产业增加值与第二产业增加值的比值、第三产业产值占GDP的比重、人均拥有公共图书量、万元GDP水耗、万元GDP电耗、建成区绿化覆盖率、城镇居民人均可支配收入、一般公共预算收入、工业废水治理设施处理能力、人均GDP、在岗职工人均工资、一般工业固体废物综合利用量、人均供气量16个指标是影响省级创新能力综合得分的重要因素。

（2）人均供气量、建成区绿化覆盖率、进出口总额、城区面积、人均财政收入、城市绿地面积、工业颗粒物排放量、城市建成区绿化覆盖率、规模以上工业企业流动资产合计、城市建设用地面积10个指标是影响重点城市创新能力综合得分的重要因素。

（3）在湖南省14个城市中，根据可持续发展综合得分可以看出，只有长沙、株洲、湘潭、常德、郴州五个城市的可持续发展超过了全省的平均水平，而衡阳、邵阳、岳阳、张家界、益阳、永州、怀化、娄底、湘西九个城市的可持续发展低于全省的平均水平。其中，长沙作为省会城市在湖南14个城市可持续发展中稳居第一。

一、引言

伴随着世界工业化和城市化的进程，各国主要城市得以空前的繁荣和发展，城市成为各类资源和人口的聚集地。2009～2019年，中国的城市化率从41.8%提高到60.60%，在未来的经济社会发展过程中，我国城镇化率将在21世纪中期超过70%。随着城市化进程的不断加快，城市建设在我国经济发展战略中的地位日益凸显。但同时也面临着一系列难题，例如，城市用地的迅速扩张、人口密度的急剧增加以及对自然资源的过度攫取。快速的城镇化容易对城市这个有限的生态系统造成巨大的压力，所以，城市发展必须要提高发展过程中的质量和效益。党的十八大以来，以人为核心的新型城镇化在不断深入推进，习近平总书记指出，城市发展不能只考虑规模经济效益，必须把生态和安全放在更突出的位置。“十四五”规划更是明确要求，要加快转变城市发展方式，建设宜居、创新、智慧、绿色、人文、韧性城市。为使城市向更高质量、高效率的可持续方向演进，城市应该尽可能地降低发展过程中投入的生态资源、减少发展过程中对环境造成的污染，并为城市人民谋取最大化的福利。建设生态文明是关系人民福祉、关乎民族未来的长远大计，如何在城市有限的生态规模范围内持续提供较高的福利水平，是可持续发展建设的核心议题。

20世纪80年代，联合国大会首次提出“可持续发展”理念，到2015年联合国发展峰会一致通过了《变革我们的世界：2030年可持续发展议程》，预示着世界范围内可持续发展事业到了新纪元。同时，可持续发展理念被定义为既满足了当代人的需求，又不损害后代人满足需求的模式，并对环境与发展问题进行了全面论述。党的十八大以来，以习近平同志为核心的党中央坚决贯彻新发展理念、高度重视人与自然的和谐共处、全面加强污染防治和生态修复，我国生态文明建设不断迈向新高度。与此同时，我国经济实力、创新能力显著增强，文化、教育、医疗等事业也在全面进步，人民生活水平得到了显著提升。目前，人民生活由温饱到小康，“有没有”的问题已经解决，现在需要解决的是生活“美不美”“好不好”的问题，对以金钱、财富为主的传统经济福利的追求已经逐步过渡为对人与自然、社会和谐共处的生态福利的追求。《中华人民共和国国民经济和社会发展第十四个五年规划和2035年远景目标纲要》提出，要继续贯彻新发展理念，以推动高质量发展为主题，以满足人民日益增长的美好生活需要为根本目的，让生态文明建设实现新进步、民生福祉达到新水平。过去高投入、高消耗、高污染，只关心经济增长而忽视发展质量的生产生活方式不符合新发展理念要求，更高质量、高效率、公平和可持续的发展，才是“十四五”乃至长期我国经济社会各方面事业发展的重要主题。

城市是复杂的社会—经济—自然复合生态系统，也是人类从事经济社会活动的重要平台和有力支撑，是高质量发展的战略要地，是科技创新资源（信息、技术、知识、人才等）的聚集地。并且对周边区域在动力转换、方式转换和结构调整等方面起着重要的示范和带动作用，具有强大的辐射。因此，可持续发展离不开城市的可持续发展，城市便成为可持续发展资源的一个重要节点。在全球建设可持续发展城市的时代，我国城市的开发和建设正处于艰难爬坡阶段，在城市化初期我国因为过度注重城市经济增长，忽视对生态环境的保护，导致如今我国城市面临的生态、经济、人口等方面的压力逐渐增大。为建设可持续发展型城市，我国相继推出了《国家新型城镇化规划（2014—2020年）》和《中国2030可持续发展报告》，明确可持续发展是一种以人为本且全面协调可持续的发展，包含全面性、协调性和可持续性三个主要特征。

为评价城市的可持续发展水平，有必要建立一个可靠和科学的指标体系来评估城市综合实力，以有效监督城市通过消耗资源和污染环境所换取经济社会发展水平的效率高低，进而分析城市可持续发展的能力。影响城市可持续发展的因素很多，现有研究主要聚焦于三个方面：

第一，人才、科技、创新、产业升级支撑下的城市经济可持续发展；第二，绿色创新、环境保护、低碳与能源节约视角下的城市生态可持续发展；第三，创意、文化、理念、精神、价值观引领下的城市社会变迁与发展。通过概括经济、生态与社会可持续发展的三条路径，在一定的社会、经济、技术水平以及环境资源条件约束下，实现某一城市在发展中可利用的资源、生态环境、基础设施等要素对城市人口及经济社会活动等受载体所能承载的发展规模和强度的阈值，即资源环境、基础设施、要素市场、产业经济等对城市系统协调发展及可持续发展的支撑能力（Wei et al.，2016；Tian and Sun，2018；周仪姜、李林，2021；孙久文等，2021）。

因此，在城市化的发展进程中，应该更加重视在可持续发展视角下开展城市发展问题的相关研究。在快速的城市化进程中，中国经济在长期以GDP及其增速为主要目标的引领下，部分城市形成了以高消耗高污染为基础的粗放型发展模式，不可避免地表现出与城市综合承载力相关的中心区人口过密、自然资源短缺、环境污染加剧、基础设施滞后、公共服务供给不足等城市发展瓶颈问题，导致了社会经济和人与自然关系等方面出现严重的不协调，制约了城市的可持续发展（Brock and Taylor，2010）。因此，基于每个城市都有固定的地理空间位置，在城市发展的过程中，各个城市在地形、地貌、交通、海拔等地理空间要素上，都和相邻或不相邻的城市有不同程度的关联关系。另外，城市发展过程中其在科技、经济、规模、环境等多个方面的要素信息一直处在动态的变化中。因此，在对建设可持续发展型城市的研究中，本文以经济发展水平、社会进步状况、资源消耗能力和生态环境因素四个方面对中国重点城市可持续发展水平进行评价指标选择与构建。

二、城市可持续发展指标体系构建

城市是当今世界经济发展的焦点，是人类社会发展的驱动器，所以必须保持城市的健康的、可持续的发展。这就需要各级政府在城市的发展过程中制定一套切实可行的发展战略，而这样一套发展战略的制定不是盲目照搬照抄，而应该是在科学的发展思想和理论的指导下，综合影响城市可持续发展能力的主要因素，建立一套科学的、可行的城市可持续发展能力指标体系，运用科学合理的城市可持续发展水平评价方法，对各城市的可持续发展水平进行评价，从而保证在城市的发展过程中提出的决策和政策的有效性和针对性，最终实现各城市的可持续发展。

（一）指标体系

城市可持续发展水平是在诸多因素影响下产生的，是一个多层面的复杂问题，因而用于测量城市可持续发展水平的指标体系也必然是一个复杂的体系，每一个指标都必须能够更好地反映出各个因素的影响，并且指标与指标之间又必须相互联系，从而使整个指标体系能够更好地、更全面地反映出不同城市的可持续发展水平。因此，城市可持续发展指标体系的选取按照系统性、科学性、可比性和可操作性等原则，从众多指标中遴选出来。

根据国内外相关学者的研究，可以将影响城市可持续发展的因素概括为经济、社会、资源、环境四个方面。据此，本文建立中国省（自治区、直辖市）可持续发展评价指标体系（见表1）、中国重点城市可持续发展评价指标体系（见表2），以综合反映中国各地区之间的可持续发展差异。包含经济发展、社会进步、资源消耗、环境保护四个方面。

表 1　中国 31 个省份可持续更新评价指标体系

一级指标	序号	二级指标
经济发展（8 个）	1	人均 GDP（万元）
	2	在岗职工人均工资（元）
	3	GDP 增长率（%）
	4	一般公共预算收入（亿元）
	5	实际利用外资额（万美元）
	6	固定资产投资增长率（%）
	7	第三产业产值占 GDP 的比重（%）
	8	第三产业增加值与第二产业增加值的比值（%）
社会进步（8 个）	9	城镇居民人均可支配收入（元）
	10	城镇登记失业率（%）
	11	人口密度（人/平方千米）
	12	常住人口城镇化率（%）
	13	人均拥有公共图书量（册）
	14	每十万人在校大学生人数（人）
	15	每万人拥有公共交通车辆数（辆）
	16	人均城市道路面积（平方米）
资源消耗（8 个）	17	人均生活用水量（立方米）
	18	人均供水量（立方米）
	19	人均供气量（立方米）
	20	造林总面积（千公顷）
	21	森林覆盖率（%）
	22	城市建设用地面积（平方千米）
	23	万元 GDP 电耗（千瓦·时）
	24	万元 GDP 水耗（吨）
环境保护（8 个）	25	生活垃圾无害化处理率（%）
	26	污水处理厂集中处理率（%）
	27	一般工业固体废物综合利用量（万吨）
	28	工业废水治理设施处理能力（万吨/日）
	29	人均公园绿地面积（平方米）
	30	建成区绿化覆盖率（%）
	31	城市建成区绿化覆盖率（%）
	32	湿地面积占辖区面积比重（%）

表 2　中国重点城市可持续更新评价指标体系

一级指标	序号	二级指标
经济发展（8 个）	1	人均 GDP（元）
	2	在岗职工人均工资（元）
	3	GDP 增长率（%）
	4	人均财政收入（元）
	5	进出口总额（万元）
	6	规模以上工业企业流动资产合计（万元）
	7	第三产业产值占 GDP 的比重（%）
	8	第三产业增加值与第二产业增加值的比值（%）
社会进步（8 个）	9	城镇居民人均可支配收入（元）
	10	城镇登记失业率（%）
	11	人口密度（人/平方千米）
	12	常住人口城镇化率（%）
	13	人均拥有公共图书量（册）
	14	每万人在校大学生人数（人）
	15	每万人拥有公共交通车辆数（标台）
	16	人均城市道路面积（平方米）
资源消耗（8 个）	17	人均生活用水量（立方米）
	18	人均供水量（立方米）
	19	人均供气量（立方米）
	20	城区面积（平方千米）
	21	年征用耕地面积（平方千米）
	22	城市建设用地面积（平方米）
	23	万元 GDP 电耗（千瓦・时）
	24	万元 GDP 水耗（吨）
环境保护（8 个）	25	生活垃圾无害化处理率（%）
	26	污水处理厂集中处理率（%）
	27	工业颗粒物排放量（吨）
	28	污水处理厂处理能力（万立方米/日）
	29	人均公园绿地面积（平方米）
	30	建成区绿化覆盖率（%）
	31	城市建成区绿化覆盖率（%）
	32	城市绿地面积（公顷）

（二）指标解释

在中国省（自治区、直辖市）可持续发展评价指标体系、中国重点城市可持续发展评价指标体系中，4个二级指标下均包含32个三级指标，主要包括8个经济发展二级指标、8个社会进步二级指标、8个资源消耗二级指标、8个环境保护二级指标。

（1）经济发展。经济因素是影响城市可持续发展能力的重要因素，长期以来，中国很多人以经济指标的发展水平来衡量城市发展水平，这是因为经济指标是影响城市发展水平最直观的指标，也是人们最容易察觉的一个方面。本文鉴于经济因素的复杂性，选取人均GDP、在岗职工人均工资、GDP增长率、一般公共预算收入、实际利用外资额、固定资产投资增长率、第三产业产值占GDP的比重、第三产业增加值与第二产业增加值的比值八项指标作为中国省（自治区、直辖市）经济发展水平的测度指标，选取人均GDP、在岗职工人均工资、GDP增长率、人均财政收入、进出口总额、规模以上工业企业流动资产合计、第三产业产值占GDP的比重、第三产业增加值与第二产业增加值的比值八项指标作为重点城市经济发展水平的测度指标。

（2）社会进步。社会进步是可持续发展的最终目标，即为了促进社会各方面的发展，为人们营造和谐、文明、公平、美好的人居环境。稳定的城市社会秩序和完善的城市社会功能是实现城市可持续发展的重要保障。因此，选取城镇居民人均可支配收入、城镇登记失业率、人口密度、常住人口城镇化率、人均拥有公共图书量、每十万人在校大学生人数、每万人拥有公共交通车辆数、人均城市道路面积八项指标作为中国省（自治区、直辖市）、重点城市社会进步水平的测度指标，体现以人为本的社会发展，一方面，在提升人口素质的同时，为人类发展提供更好的基础设施服务，统筹城乡发展；另一方面，保持与可持续发展速度相适应的人口增长，实现人的代际传承。

（3）资源消耗。资源是城市产生的物质基础和城市发展不可或缺的因素，为可持续发展提供了支撑保障，为经济发展和社会发展提供了物质资源基础，其发展状况的好坏也是体现实验区可持续发展水平的重要标志。在评价资源消耗时，要注意反映在经济社会发展过程中，人类对资源的利用效率。本文鉴于指标选取的可操作性原则，选取人均生活用水量、人均供水量、人均供气量、造林总面积、森林覆盖率、城市建设用地面积、万元GDP电耗、万元GDP水耗八项指标作为中国省（自治区、直辖市）资源消耗水平的测度指标，选取人均生活用水量、人均供水量、人均供气量、城区面积、年征用耕地面积、城市建设用地面积、万元GDP电耗、万元GDP水耗八项指标作为重点城市资源消耗水平的测度指标。

（4）环境保护。在新型城市化和可持续发展背景下，环境因素在城市可持续发展方面扮演着非常重要的角色。本文鉴于数据的可获得性，选取生活垃圾无害化处理率、污水处理厂集中处理率、一般工业固体废物综合利用量、工业废水治理设施处理能力、人均公园绿地面积、建成区绿化覆盖率、城市建成区绿化覆盖率、湿地面积占辖区面积比重八项指标作为中国省（自治区、直辖市）环境保护水平的测度指标，选取生活垃圾无害化处理率、污水处理厂集中处理率、工业颗粒物排放量、污水处理厂处理能力、人均公园绿地面积、建成区绿化覆盖率、城市建成区绿化覆盖率、城市绿地面积八项指标作为重点城市环境保护水平的测度指标。

（三）评价对象

中国省份、重点城市创新能力评估样本的广泛性和典型性，关系到评估与研究结论的准确性和价值。本文在考虑城市统计数据的可得性、准确性和标准性的基础上，选取中国大陆 31 个省（自治区、直辖市）和 119 个重点城市进行量化研究。具体的城市样本选取标准包括以下三个方面：第一，城市统计数据的可得性、准确性和标准型；第二，城市在所在省份的社会经济地位和代表性；第三，城市的研究价值。依据以上标准选择的 119 个城市，涵盖了全国一线、二线、三线城市，基本体现了中国不同区域和不同经济发展水平的城市状况，具有很强的代表性。

对中国省份、重点城市创新能力进行量化评估，要求样本数据完整、来源权威，基本数据必须来源于公认的国际组织机构和国家官方统计调查。本文力争采用最新数据分析中国省份、重点城市当前创新能力情况，相关数据主要来源于《中国统计年鉴》《中国城市统计年鉴》《中国城市建设统计年鉴》《中国科技统计年鉴》等国家、地区、城市政府公布的统计年鉴、统计公报等官方出版物，部分缺失数据采用插值法进行填补。除官方公布的统计数据外，也从国际知名研究机构和网站获取部分数据，如中国知网、CSMAR 经济金融研究数据库等。

（四）评价方法

从目前的参考文献看，评价体系的权重确定可分为两大类：一类是主观赋权法，即根据专家的经验主观判断确定，如德尔菲法、层次分析法等；另一类是客观赋权法，即根据评价指标的实际数据确定，如主成分分析法、熵值法、相关度法等。本文采用熵权法（Entropy Weight Method，EWM）综合评价中国大陆 31 个省（自治区、直辖市）和 119 个重点城市的创新能力水平。熵权法是一种基于计算指标信息熵来相对客观地确定指标权重的一种赋权法，由于其能够避免人为因素对指标权重带来的随机性与臆断性的影响，且具有较高精度和适应性强等特点，因此被广泛运用于确定指标权重的过程中。熵权法的具体步骤为：

（1）原始数据 x_{ij} 标准化处理：

$$x'_{ij}=\frac{x_{ij}-\min x_{ij}}{\max x_{ij}-\min x_{ij}} \tag{1}$$

式（1）中，x_{ij} 为原始数据，x'_{ij} 为标准化后的数据，$\max x_{ij}$ 为原始数据的最大值，$\min x_{ij}$ 为原始数据的最小值。

（2）将各指标同度量化，计算第 j 项指标中各样本 i 的比重 p_{ij}：

$$p_{ij}=\frac{x'_{ij}}{\sum_{i=1}^{n}x'_{ij}} \quad (i=1, 2, ..., n; j=1, 2, ..., m) \tag{2}$$

式（2）中，n 为样本（即省份/城市）个数，m 为指标个数。

（3）计算第 j 项指标的熵值 e_j：

$$e_j=-k\sum_{i=1}^{n}p_{ij}\ln(p_{ij})$$

式（3）中，$k=\frac{1}{\ln(n)}$。（3）

（4）计算第 j 项指标的信息效用值 g_j：

$$g_j=1-e_j \tag{4}$$

（5）计算各指标 j 的权重 w_j：

$$w_j=\frac{g_j}{\sum_{j=1}^{m}g_j} \tag{5}$$

（6）计算各样本 i 的可持续发展综合得分 F_i：

$$F_i=\sum_{j=1}^{m}w_jx'_{ij} \tag{6}$$

通过以上六个步骤，即可以测算出中国 31 个省（自治区、直辖市）和 119 个重点城市的创新能力综合得分 F 值。

三、中国省份城市可持续发展情况

（一）31 个省份城市可持续发展

通过运用熵权法对中国 31 个省份可持续发展能力进行测算，各指标权重结果及 2020 年中国 31 个省份可持续发展综合得分以及与平均值差距情况如表 3、表 4 所示。

表 3　中国 31 个省份可持续发展评价指标体系及权重结果

一级指标	序号	二级指标	权重
经济发展（8 个）	1	人均 GDP（万元）	0.0331
	2	在岗职工人均工资（元）	0.0321
	3	GDP 增长率（%）	0.0048
	4	一般公共预算收入（亿元）	0.0359
	5	实际利用外资额（万美元）	0.0615
	6	固定资产投资增长率（%）	0.0054
	7	第三产业产值占 GDP 的比重（%）	0.0465
	8	第三产业增加值与第二产业增加值的比值（%）	0.0542
社会进步（8 个）	9	城镇居民人均可支配收入（元）	0.0362
	10	城镇登记失业率（%）	0.0113
	11	人口密度（人/平方千米）	0.0604
	12	常住人口城镇化率（%）	0.0084
	13	人均拥有公共图书量（册）	0.0433
	14	每十万人在校大学生人数（人）	0.0128
	15	每万人拥有公共交通车辆数（量）	0.0292
	16	人均城市道路面积（平方米）	0.0077
资源消耗（8 个）	17	人均生活用水量（立方米）	0.0211
	18	人均供水量（立方米）	0.0197
	19	人均供气量（立方米）	0.0316
	20	造林总面积（千公顷）	0.0247
	21	森林覆盖率（%）	0.0221
	22	城市建设用地面积（平方千米）	0.0260
	23	万元 GDP 电耗（千瓦·时）	0.0392
	24	万元 GDP 水耗（吨）	0.0416
环境保护（8 个）	25	生活垃圾无害化处理率（%）	0.0035
	26	污水处理厂集中处理率（%）	0.0077
	27	一般工业固体废物综合利用量（万吨）	0.0321
	28	工业废水治理设施处理能力（万吨/日）	0.0333
	29	人均公园绿地面积（平方米）	0.0119
	30	建成区绿化覆盖率（%）	0.0365
	31	城市建成区绿化覆盖率（%）	0.0151
	32	湿地面积占辖区面积比重（%）	0.1876

表 4　2020 年中国 31 个省份可持续发展综合得分

省份	综合得分 F	与平均值差距	省份	综合得分 F	与平均值差距	省份	综合得分 F	与平均值差距
北京	0.4462	0.2002	安徽	0.2553	0.0093	四川	0.2194	-0.0266
天津	0.2272	-0.0188	福建	0.2467	0.0007	贵州	0.1635	-0.0825
河北	0.2115	-0.0345	江西	0.2177	-0.0283	云南	0.1675	-0.0785
山西	0.1762	-0.0698	山东	0.2707	0.0247	西藏	0.3104	0.0644
内蒙古	0.2391	-0.0069	河南	0.193	-0.053	陕西	0.1818	-0.0642
辽宁	0.2185	-0.0275	湖北	0.2097	-0.0363	甘肃	0.1763	-0.0697
吉林	0.1518	-0.0942	湖南	0.2511	0.0051	青海	0.3734	0.1274
黑龙江	0.1938	-0.0522	广东	0.3561	0.1101	宁夏	0.2012	-0.0448
上海	0.4347	0.1887	广西	0.1993	-0.0467	新疆	0.2373	-0.0087
江苏	0.3805	0.1345	海南	0.2014	-0.0446	平均值	0.2460	—
浙江	0.3379	0.0919	重庆	0.1766	-0.0694			

如图 1 所示，经济发展、社会进步、资源消耗以及环境保护的指标权重较为均衡，四项指标的平均权重分别为 0.0342、0.0262、0.0282、0.0410。通过比对表 3 各二级指标权重结果并且进一步分析可知，权重超过平均值（0.0324）的指标有 13 个，分别为人均 GDP、一般公共预算收入、实际利用外资额、第三产业产值占 GDP 的比重、第三产业增加值与第二产业增加值的比值、城镇居民人均可支配收入、人口密度、人均拥有公共图书量、万元 GDP 电耗、万元 GDP 水耗、工业废水治理设施处理能力、建成区绿化覆盖率以及湿地面积占辖区面积比重。根据信息熵的概念，熵值越大，信息不确定性越大，信息价值越高，表明这 13 项指标对省份城市可持续发展影响权重更大。同时，经济发展指标所占比重较大，这意味着经济发展对省份城市可持续发展起到更为关键的作用，为省份城市高质量发展提供充分的经济物质基础。值得注意的是，湿地面积占辖区面积比重指标所占权重高达 0.1876，代表省份可持续发展信息的有用程度最为明显，说明为实现省份城市可持续发展目标，应从根本上重视人与自然之间的总体协调，为可持续发展提供良好的外部环境。

根据图 2 可得，2020 年中国 31 个省份可持续发展综合得分及与平均值差距情况，全国可持续发展综合得分较高的十个省份分别为北京、上海、江苏、青海、广东、浙江、西藏、山东、安徽、湖南。坐落于我国中部地区的安徽、湖南以及西部地区的青海、西藏综合得分挤进前十位，这充分响应国家“中部崛起”和“西部大开发”号召，为实现全国可持续发展奠定了坚实基础，为周围省份可持续发展提供了指引。而与前三位省份绿色创新综合得分相比，广东可持续发展综合得分相对较落后，仅高出

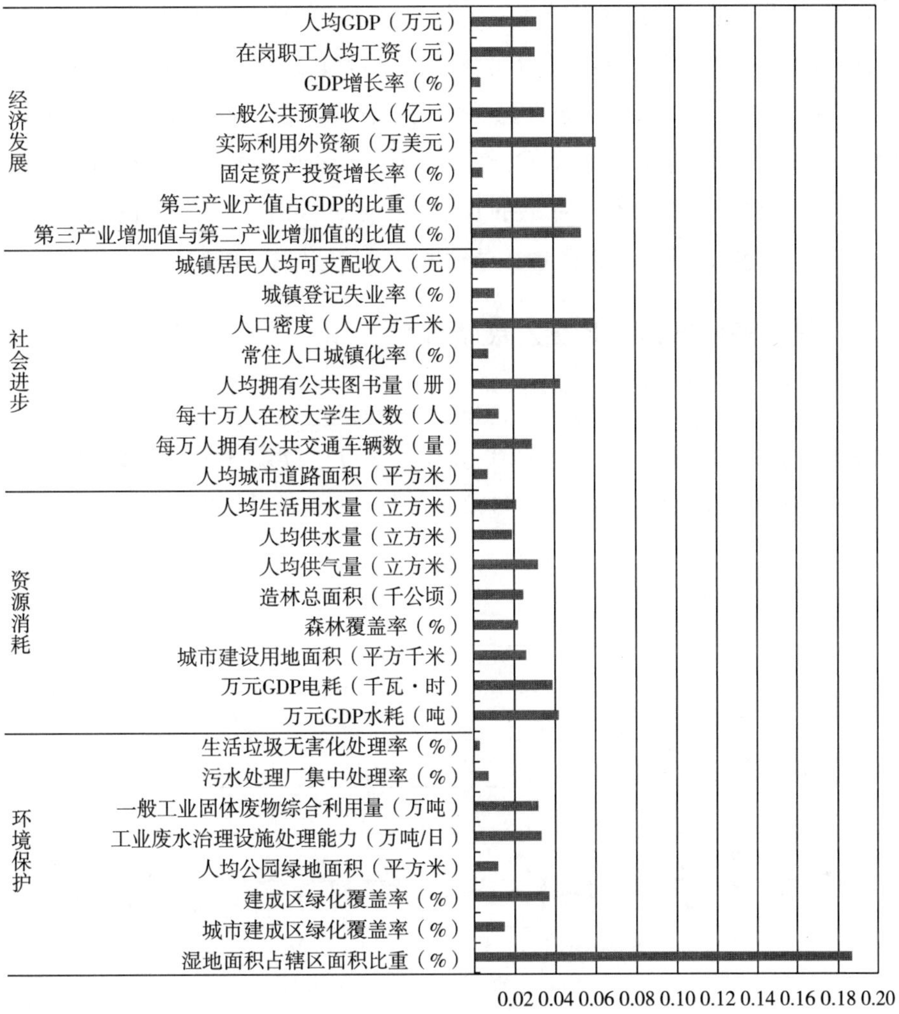

经济发展
人均GDP（万元）
在岗职工人均工资（元）
GDP增长率（%）
一般公共预算收入（亿元）
实际利用外资额（万美元）
固定资产投资增长率（%）
第三产业产值占GDP的比重（%）
第三产业增加值与第二产业增加值的比值（%）
社会进步
城镇居民人均可支配收入（元）
城镇登记失业率（%）
人口密度（人/平方千米）
常住人口城镇化率（%）
人均拥有公共图书量（册）
每十万人在校大学生人数（人）
每万人拥有公共交通车辆数（量）
人均城市道路面积（平方米）
资源消耗
人均生活用水量（立方米）
人均供水量（立方米）
人均供气量（立方米）
造林总面积（千公顷）
森林覆盖率（%）
城市建设用地面积（平方千米）
万元GDP电耗（千瓦·时）
万元GDP水耗（吨）
环境保护
生活垃圾无害化处理率（%）
污水处理厂集中处理率（%）
一般工业固体废物综合利用量（万吨）
工业废水治理设施处理能力（万吨/日）
人均公园绿地面积（平方米）
建成区绿化覆盖率（%）
城市建成区绿化覆盖率（%）
湿地面积占辖区面积比重（%）
0.02 0.04 0.06 0.08 0.10 0.12 0.14 0.16 0.18 0.20

图1　中国31个省份可持续发展评价指标体系及权重

0.5
0.4
0.3
0.2
0.1
0
−0.1
−0.2
北京 上海 江苏 青海 广东 浙江 西藏 山东 安徽 湖南 福建 内蒙古 新疆 天津 四川 辽宁 江西 河北 湖北 海南 宁夏 广西 黑龙江 河南 陕西 重庆 甘肃 山西 云南 贵州 吉林
综合得分F
与平均值差距

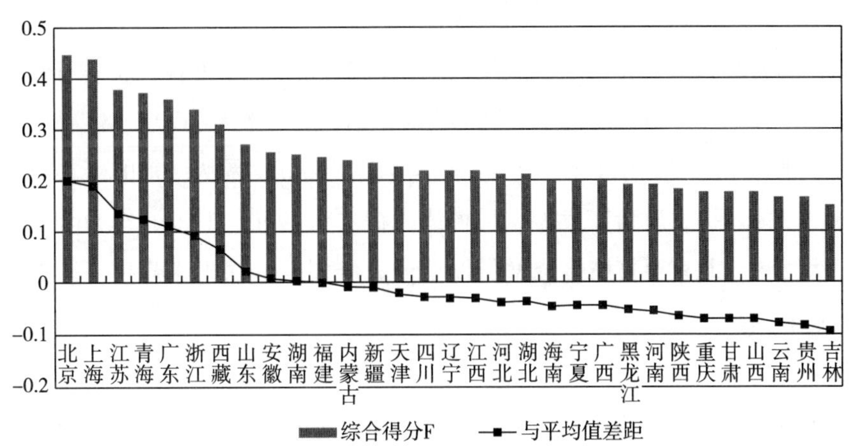

图2　2020年中国31个省份可持续发展综合得分

平均值0.1101分，通过对广东可持续发展各指标进行分析，发现其各项指标得分稍高于全国各项指标平均得分，意味着为实现城市可持续发展，不断优化城市发展模式，推动智慧型城市建设，广东有必要在经济发展、社会进步、资源消耗以及环境保护等方面做出进一步完善和优化，秉承可持续发展理念，积极探索发展新模式。除此之外，2020年城市可持续发展综合得分靠后的甘肃、山西、云南、贵州、吉林，主要受自然地理环境、单一发展战略等因素影响，导致省份可持续综合性发展受限。

（二）重点省份城市可持续发展情况

1. 北京

按照评测结果，北京是全国参评31个省份中可持续发展最强的省份（见图3）。2020年北京可持续发展综合得分为0.4462，高出参评省份平均值0.2002。

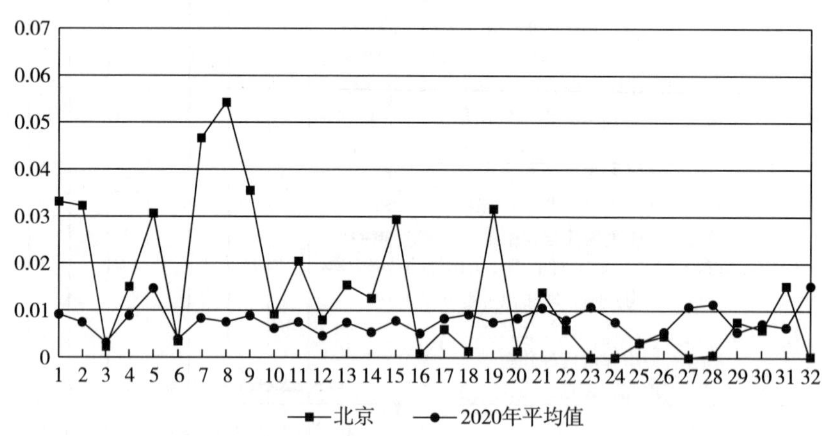

图3　2020年北京可持续发展评价二级指标得分

北京作为首都城市，在高质量发展的新阶段推进城市可持续发展具有示范性，更具有特殊性。在“十三五”时期，随着新版城市规划、副中心控规、核心区控规的批复，首都规划体系的“四梁八柱”已经基本形成，城市发展从原来的聚集资源求增长转向了疏解功能、提升质量谋发展这种模式。在“十四五”时期，作为全国首个减量发展的超大城市，北京要打破传统增量发展的思维惯性，探索小规模、渐进式、可持续的城市更新路径。

2. 上海

如图4所示，2020年上海可持续发展的经济发展和社会进步测度指标得分几乎全面高于全国平均水平，并且在人均GDP、在岗职工人均工资、实际利用外资额、第三产业产值占 GDP 的比重、城镇居民人均可支配收入、人口密度、人均拥有公共图书量等方面具有突出优势。

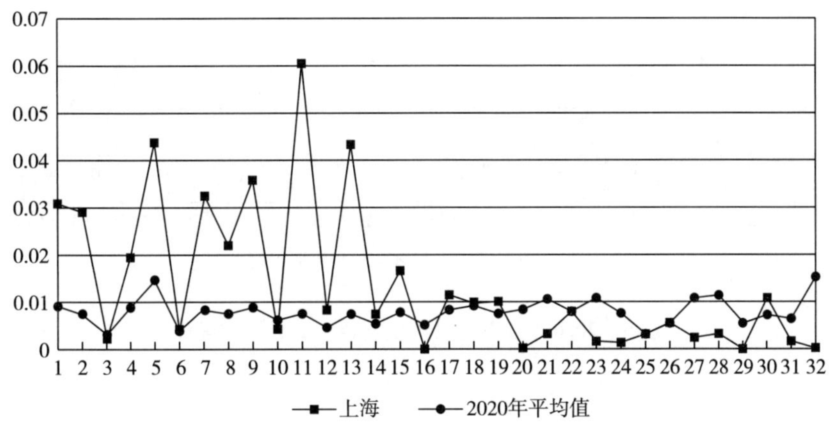

图 4　2020 年上海可持续发展评价二级指标得分

上海作为我国超大城市，是中国国际经济、金融、贸易、航运、科技创新中心。地处太平洋西岸，亚洲大陆东沿，长江三角洲前缘；东濒东海，南邻杭州湾，西接江苏、浙江两省，北接长江入海口。除了拥有得天独厚的地理条件外，上海的外资和外贸投入非常活跃。得益于中华人民共和国成立以来的长期对外开放政策和各种经济改革措施和试点，使上海国际商贾云集，豪商荟萃，外资积极。基于上海交通、经济、管理等多方面优势，它的城市可持续发展必然会产生示范效应，成为全国城市可持续发展的标榜。

3. 江苏

2020 年江苏可持续发展综合得分为 0. 3805，仅次于北京、上海。与其他省份不同，江苏自古以来就是我国的鱼米之乡，有着地形地貌、气温气候、水资源优势。同时，江苏人均 GDP、地区发展与民生指数（DLI）均居全国省域第一，经济最活跃，在城市可持续发展中发挥着举足轻重的作用。

从图 5 可知，浙江所在 32 个指标测度中的表现整体优于当年全国平均水平，特别是实际利用外资额、工业废水治理设施处理能力方面表现突出，这与江苏发展部署以及地区发展规划保持一致。

（三）湖南可持续更新情况

湖南将城市更新作为推动城市高质量发展的重大战略举措，推动完善城市功能、

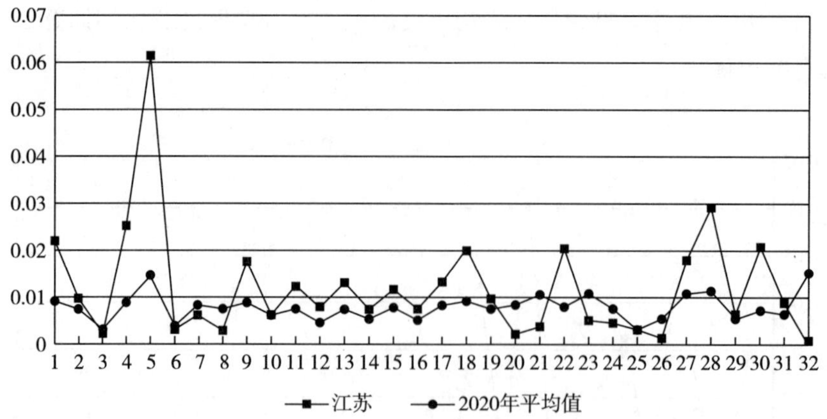

图 5　2020 年江苏可持续发展评价二级指标得分

改善人居环境、传承历史文化、促进绿色低碳、激发城市活力，打造宜居城市和智慧城市，2020 年，湖南在全国 31 个省份可持续发展综合评价中得分高于平均值 0.0051。

表 5　湖南省可持续更新二级指标得分情况

序号	评价指标	综合得分	平均得分	序号	评价指标	综合得分	平均得分
1	人均 GDP	0.0069	0.0455	17	人均生活用水量	0.0123	0.0054
2	在岗职工人均工资	0.0031	0.0074	18	人均供水量	0.0122	0.0053
3	GDP 增长率	0.0033	0.0160	19	人均供气量	0.0033	0.0052
4	一般公共预算收入	0.0079	0.0134	20	造林总面积	0.0218	0.0051
5	实际利用外资额	0.0455	0.0123	21	森林覆盖率	0.0160	0.0048
6	固定资产投资增长率	0.0041	0.0122	22	城市建设用地面积	0.0077	0.0042
7	第三产业产值占 GDP 的比重	0.0054	0.0086	23	万元 GDP 电耗	0.0025	0.0041
8	第三产业增加值与第二产业增加值的比值	0.0042	0.0084	24	万元 GDP 水耗	0.0064	0.0036
9	城镇居民人均可支配收入	0.0084	0.0079	25	生活垃圾无害化处理率	0.0035	0.0035
10	城镇登记失业率	0.0086	0.0077	26	污水处理厂集中处理率	0.0058	0.0033
11	人口密度	0.0048	0.0069	27	一般工业固体废物综合利用量	0.0051	0.0033
12	常住人口城镇化率	0.0036	0.0065	28	工业废水治理设施处理能力	0.0134	0.0031
13	人均拥有公共图书量	0.0027	0.0064	29	人均公园绿地面积	0.0031	0.0031
14	每十万人在校大学生人数	0.0054	0.0059	30	建成区绿化覆盖率	0.0053	0.0027
15	每万人拥有公共交通车辆数	0.0059	0.0058	31	城市建成区绿化覆盖率	0.0065	0.0025
16	人均城市道路面积	0.0052	0.0054	32	湿地面积占辖区面积比重	0.0012	0.0012

由表5可以看出，在31个省份可持续发展指标中，湖南有18项二级指标综合得分高于全国平均水平，分别为：实际利用外资额、造林总面积、森林覆盖率、工业废水治理设施处理能力、人均生活用水量、人均供水量、城镇登记失业率、城镇居民人均可支配收入、一般公共预算收入、城市建设用地面积、城市建成区绿化覆盖率、每万人拥有公共交通车辆数、污水处理厂集中处理率、建成区绿化覆盖率、一般工业固体废物综合利用量、生活垃圾无害化处理率、人均公园绿地面积、湿地面积占辖区面积比重。分析指标得分较高原因，是得益于湖南省经济发展的核心增长极——长株潭城市群，其是以有色金属、生物医药和文旅等为主导的现代产业体系，是一个传统工业与新兴产业并驾齐驱的城市群，致力打造中部崛起的“引擎”之一。形成长株潭三市空间布局合理、功能健全、基础设施完备和共建共享、生态环境共存共生、要素市场一体化、产业发展一体化的高效率、高品质的多中心型城市群地区，发展成为经济繁荣、能提高吸纳就业能力和有良好的人居环境，污染得到综合治理、人地关系协调的体现科学发展观的示范型城市地区。

同时，部分指标综合得分较小（如GDP增长率、在岗职工人均工资、人均拥有公共图书量、湿地面积占辖区面积比重），也侧面反映出城市可持续发展存在目标多元化、影响因素多样化等特点，湖南需要基于对城市更新过程机理的综合认知，建立“规划—决策—实施—管理”全生命周期管理系统，科学推进可持续城市更新。通过针对湖南更新模式的差异化，优化政府主导型更新的资源配置效益，完善市场主导型更新的利益分配制度，建立多元驱动型更新的公共参与机制，通过城市更新达成面向社会、经济、环境等的全面可持续发展目标。

四、中国重点城市可持续发展情况

（一）中国重点城市可持续发展

从表6中可以看出，权重超过0.0300的指标一共有7个，分别为人均财政收入、进出口总额、规模以上工业企业流动资产合计、人均供气量、城区面积、建成区绿化覆盖率和年征用耕地面积，由于权重较高，这7个指标是影响可持续发展综合得分的重要因素。且这7个指标都与环境、资源和经济密切相关，这说明降低污染物排放、合理利用资源以及提升经济发展水平是提高城市可持续发展能力的关键。

表 6　中国重点城市可持续发展评价指标体系及权重

一级指标	序号	二级指标	权重
经济发展（8个）	1	人均 GDP（元）	0.0256
	2	在岗职工人均工资（元）	0.0040
	3	GDP 增长率（%）	0.0047
	4	人均财政收入（元）	0.0473
	5	进出口总额（万元）	0.0698
	6	规模以上工业企业流动资产合计（万元）	0.0332
	7	第三产业产值占 GDP 的比重（%）	0.0036
	8	第三产业增加值与第二产业增加值的比值（%）	0.0056
社会进步（8个）	9	城镇居民人均可支配收入（元）	0.0158
	10	城镇登记失业率（%）	0.0039
	11	人口密度（平方千米）	0.0193
	12	常住人口城镇化率（%）	0.0034
	13	人均拥有公共图书量（册）	0.0282
	14	每万人在校大学生人数（人）	0.0209
	15	每万人拥有公共交通车辆数（量）	0.0174
	16	人均城市道路面积（平方米）	0.0110
资源消耗（8个）	17	人均生活用水量（立方米）	0.0118
	18	人均供水量（立方米）	0.0109
	19	人均供气量（立方米）	0.2436
	20	城区面积（平方千米）	0.0509
	21	年征用耕地面积（平方千米）	0.0304
	22	城市建设用地面积（平方米）	0.0310
	23	万元 GDP 电耗（千瓦·时）	0.0104
	24	万元 GDP 水耗（吨）	0.0173
环境保护（8个）	25	生活垃圾无害化处理率（%）	0.0034
	26	污水处理厂集中处理率（%）	0.0056
	27	工业颗粒物排放量（吨）	0.0395
	28	污水处理厂处理能力（万立方米/日）	0.0033
	29	人均公园绿地面积（平方米）	0.0161
	30	建成区绿化覆盖率（%）	0.1284
	31	城市建成区绿化覆盖率（%）	0.0391
	32	城市绿地面积（公顷）	0.0442

通过运用熵权法对中国 119 个重点城市进行测度，各指标的权重结果以及 2020 年中国 119 个重点城市可持续发展综合得分如表 7 所示。

表 7　2020 年中国 119 个重点城市可持续发展综合得分

城市	综合得分	与平均值差距	城市	综合得分	与平均值差距	城市	综合得分	与平均值差距	城市	综合得分	与平均值差距
北京	0. 2375	0. 1506	镇江	0. 0859	-0. 001	九江	0. 0503	-0. 0366	珠海	0. 1414	0. 0545
天津	0. 1616	0. 0747	泰州	0. 0681	-0. 0188	赣州	0. 059	-0. 0279	汕头	0. 0764	-0. 0105
石家庄	0. 0834	-0. 0035	宿迁	0. 0562	-0. 0307	上饶	0. 0534	-0. 0335	佛山	0. 121	0. 0341
唐山	0. 0953	0. 0084	杭州	0. 1685	0. 0816	济南	0. 1275	0. 0406	江门	0. 0793	-0. 0076
秦皇岛	0. 0596	-0. 0273	宁波	0. 1465	0. 0596	青岛	0. 1445	0. 0576	湛江	0. 0488	-0. 0381
邯郸	0. 0577	-0. 0292	温州	0. 0888	0. 0019	淄博	0. 0866	-0. 0003	肇庆	0. 069	-0. 0179
保定	0. 038	-0. 0489	嘉兴	0. 0918	0. 0049	烟台	0. 0954	0. 0085	惠州	0. 0882	0. 0013
沧州	0. 0462	-0. 0407	湖州	0. 0825	-0. 0044	潍坊	0. 061	-0. 0259	梅州	0. 0352	-0. 0517
廊坊	0. 0577	-0. 0292	绍兴	0. 1027	0. 0158	济宁	0. 0681	-0. 0188	清远	0. 0326	-0. 0543
太原	0. 0483	-0. 0386	金华	0. 0835	-0. 0034	泰安	0. 0338	-0. 0531	东莞	0. 1123	0. 0254
呼和浩特	0. 0584	-0. 0285	舟山	0. 0978	0. 0109	威海	0. 0773	-0. 0096	中山	0. 0509	-0. 036
包头	0. 0728	-0. 0141	台州	0. 0826	-0. 0043	临沂	0. 0702	-0. 0167	潮州	0. 26	0. 1731
沈阳	0. 0839	-0. 003	丽水	0. 0433	-0. 0436	郑州	0. 1201	0. 0332	揭阳	0. 0272	-0. 0597
大连	0. 087	0. 0001	合肥	0. 1118	0. 0249	洛阳	0. 0466	-0. 0403	南宁	0. 094	0. 0071
鞍山	0. 0663	-0. 0206	芜湖	0. 0913	0. 0044	新乡	0. 0487	-0. 0382	柳州	0. 0761	-0. 0108
长春	0. 1219	0. 035	蚌埠	0. 0719	-0. 015	南阳	0. 0437	-0. 0432	桂林	0. 0625	-0. 0244
吉林	0. 0205	-0. 0664	马鞍山	0. 0789	-0. 008	商丘	0. 0179	-0. 069	海口	0. 0577	-0. 0292
哈尔滨	0. 0763	-0. 0106	安庆	0. 0551	-0. 0318	信阳	0. 0359	-0. 051	三亚	0. 0739	-0. 013
大庆	0. 0855	-0. 0014	滁州	0. 0627	-0. 0242	武汉	0. 1073	0. 0204	重庆	0. 2235	0. 1366
上海	0. 2377	0. 1508	阜阳	0. 1837	0. 0968	宜昌	0. 0597	-0. 0272	成都	0. 1297	0. 0428
南京	0. 224	0. 1371	福州	0. 0735	-0. 0134	襄阳	0. 0443	-0. 0426	绵阳	0. 0597	-0. 0272
无锡	0. 1327	0. 0458	厦门	0. 1217	0. 0348	荆州	0. 0368	-0. 0501	贵阳	0. 0571	-0. 0298
徐州	0. 0761	-0. 0108	莆田	0. 0546	-0. 0323	长沙	0. 1181	0. 0312	遵义	0. 062	-0. 0249
常州	0. 1083	0. 0214	三明	0. 0362	-0. 0507	株洲	0. 0723	-0. 0146	昆明	0. 1114	0. 0245
苏州	0. 2022	0. 1153	泉州	0. 0836	-0. 0033	湘潭	0. 0637	-0. 0232	西安	0. 0978	0. 0109
南通	0. 0862	-0. 0007	漳州	0. 0452	-0. 0417	衡阳	0. 039	-0. 0479	咸阳	0. 062	-0. 0249
连云港	0. 0755	-0. 0114	南平	0. 043	-0. 0439	岳阳	0. 0503	-0. 0366	兰州	0. 0887	0. 0018
淮安	0. 0613	-0. 0256	龙岩	0. 0592	-0. 0277	郴州	0. 0507	-0. 0362	银川	0. 0735	-0. 0134
盐城	0. 0592	-0. 0277	宁德	0. 0461	-0. 0408	广州	0. 2297	0. 1428	乌鲁木齐	0. 0824	-0. 0045
扬州	0. 0781	-0. 0088	南昌	0. 0826	-0. 0043	深圳	0. 277	0. 1901			

根据 2020 年中国 119 个重点城市可持续发展综合得分及与平均值差距情况可以看出，可持续发展综合得分超出平均水平较多的前五的城市分别是深圳、潮州、上海、北京、广州。其中，“北上广深”作为传统的一线城市继续领跑全国 119 个重点城市，

值得注意的是，潮州的可持续发展情况超过了北京、广州、上海、南京、重庆等一线城市，位居第二。可持续发展水平距离平均水平差距较大的10个城市分别是保定、荆州、三明、信阳、梅州、泰安、清远、揭阳、吉林、商丘。

（二）中国重点城市可持续发展层次

119个重点城市可持续发展综合得分及与平均值差距情况，对119个重点城市的可持续发展分为四个梯队，第一梯队城市是综合得分高于可持续发展平均值0.1000的重点城市（共有8个重点城市），第二梯队城市是综合得分高于可持续发展平均值0~0.1000的重点城市（共有31个重点城市），第三梯队城市是综合得分低于可持续发展平均值0.2000的重点城市（共有31个重点城市），余下的重点城市为第四梯队城市（共有49个重点城市）。

1. 第一梯队城市

由图6可知，可持续发展综合得分高于可持续发展平均值0.1000的城市为深圳、潮州、上海、北京、广州、南京、重庆、苏州，这些城市多为经济发达的城市。一般来说，城市规模越大，现代化程度越高，影响城市可持续发展问题的发生概率就越突出。但是，现代化程度较高的大城市，经济实力、技术手段、人才储备、管理水平相应较高，可持续发展能力也相对较强。

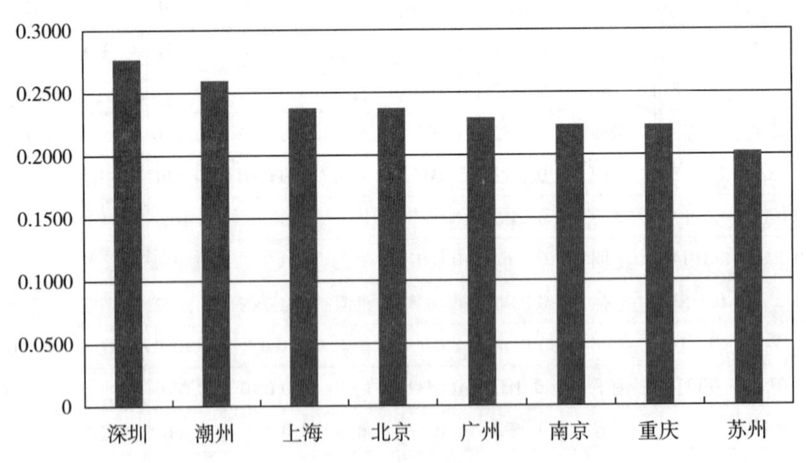

图6　第一梯队城市可持续发展

在2020年，深圳选用新能源环保车。新能源环卫作业车具有噪声小、低能耗、零排放、操作便捷、舒适度高等优点，可以大幅降低大气污染物含量，减少作业扰民。项目运用智能技术建立环卫全流程管控平台，通过垃圾分类收集处置全过程监管系统实现从垃圾源头到垃圾处理厂的全流程监管。潮州在“可持续”方面，提出建立“三个一批”机制，即开工建设一批，签约落地一批，洽谈储备一批。聚焦前期工作相对完备、开工条件较为成熟的项目，创造良好环境推动项目开工建设。2019~2020年重点推动已签约的世界潮人文化旅游项目、潮州·智慧产业园项目、中国城乡控股集团等合作项目的落地工作。在此基础上，开展2020年列入省重点项目计划编报工作，编报列入2020年省重点项目45个项目，总投资417.5亿元，年度投资计划69.8亿元，并在2020年重点加以推进。同时，谋划“十四五”规划重大项目，准确把握“十四五”规划的重大趋势，加强项目规划储备，编制一批辐射带动力强的项目，为潮州经济持续健康发展提供支撑。上海加强了对固体废弃物的排放管理，不断提高工业固体废弃物的利用率。同时，上海加大对城市绿化的投入，绿化覆盖率逐年提高，但人均公园绿地面积较少。上海作为我国的金融中心，保持着良好的经济发展态势，经济总量逐年增长，三次产业结构不断优化，第三产业是拉动经济增长的主要动力。北京在2020年实行“多能协同、智能耦合”项目，该项目是全国首个多能源技术耦合+智慧能源管理的行政办公区。系统耦合了地热能、天然气等多种能源，以地热和储能等可再生能源承担基础负荷，使系统可再生能源比例超过40%，二氧化碳减排达41%。项目利用能源管理云平台，实现“多能协同、智能耦合”的能源站“智慧调度”，最大限度提升系统综合利用效率，充分利用地热、绿电，提升可再生能源使用比例，减少污染物和温室气体排放，实现清洁、绿色、低碳供能，促进可持续发展。广州增城新塘永和污水处理厂，污水处理厂一期、二期、三期总规模15万立方米/日，四期项目规模5万立方米/日。该项目作为“广州市水更清”行动计划及水生态文明城镇建设的重要组成部分，有效改善了增城区及新塘镇区域水环境总体质量。

2. 第二梯队城市

由图7可知，第二梯队为综合得高于可持续发展平均值0~0.1000的城市。这些城市多为长三角城市群、珠三角城市群以及武汉城市群。2020年以来，面对新冠肺炎疫情的严重冲击，党中央统筹疫情防控和经济社会发展，并且确定了“加快新型基础设施建设，深入推进重大区域发展战略，加快国家重大战略项目实施步伐。以新型城镇化带动投资和消费需求，推动城市群、都市圈一体化发展体制机制”的城市发展策略。在2020年11月22日G20峰会上，习近平总书记表示面对疫情带来的严重挑战，可持续发展依然是“金钥匙”，拨开世界迷雾，照亮人类前程。我们要倡导绿色、低碳、循环、可持续的生产生活方式，平衡推进2030年可持续发展议程，不断开拓生产发展、生活富裕、生态良好的文明发展道路。因此，研究我国城市群的可持续发展具有重要价值。

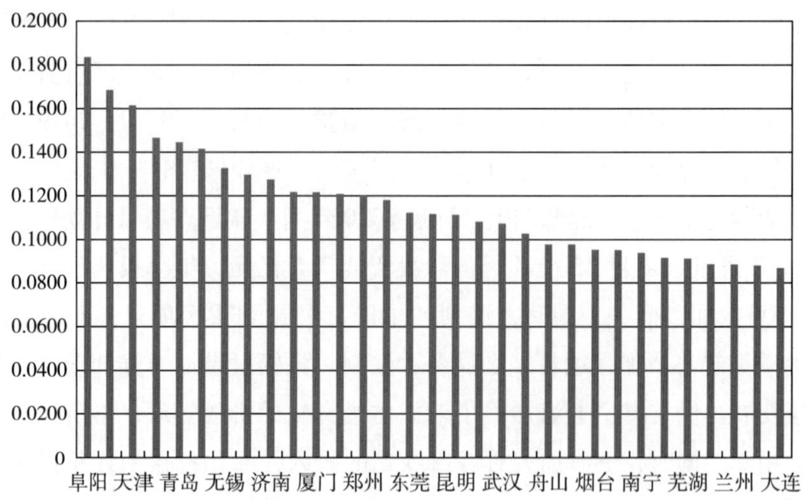

图 7　第二梯队城市可持续发展

城市群是资源要素在空间集聚的高级形态，是一个国家在城市化过程中由增长极模式到点轴模式，再到网络模式的必然结果，中国当前区域经济发展正逐渐由传统的省域经济、“带状经济”或“区块经济”和行政区经济向城市群经济转变。因而，城市群是中国实现可持续发展的重要载体。以长三角城市群、珠三角城市群以及武汉城市群为例，它们能够大力发展技术密集型工业和第三产业；加强区域合作，实现优势互补，积极开拓海外市场；积极推进能源的跨区域调配，大力发展新能源，节约能源等；同时完善城市基础设施建设，调整城市规模结构来促进城市可持续发展。

3. 第三梯队城市

由图 8 可知，第三梯度城市为综合得分低于可持续发展平均值 0. 2000 以内的城市。在第三梯队的重点城市中，存在着石家庄、南昌、沈阳、乌鲁木齐、哈尔滨、福州、银川众多省会城市，这些省会城市在经济发展中取得了一定成绩，但是随之而来的问题也逐渐凸显出来，如经济增长方式比较粗放、没有形成特色经济、经济结构不合理、产业技术结构不合理等。尤其在产业结构方面，第三产业在整体经济发展中仍处于被漠视的状态。如果不能正确看待和解决这些问题，将直接影响经济的可持续发展。这些省会城市的基础设施并不符合经济发展的速度，尤其在医疗卫生等方面很难满足人们的需求，而且在生活用水量、公共绿地、绿化覆盖率等指标很低，给社会可持续发展带来一定的影响；这些省会城市的区位条件处于半封闭式，在一定程度上造成水污染与大气污染。水污染方面主要因为地下水储量不断减少，加上工业、农业污水排放过多，导致水资源的污染很严重。这些问题都影响城市的可持续发展。

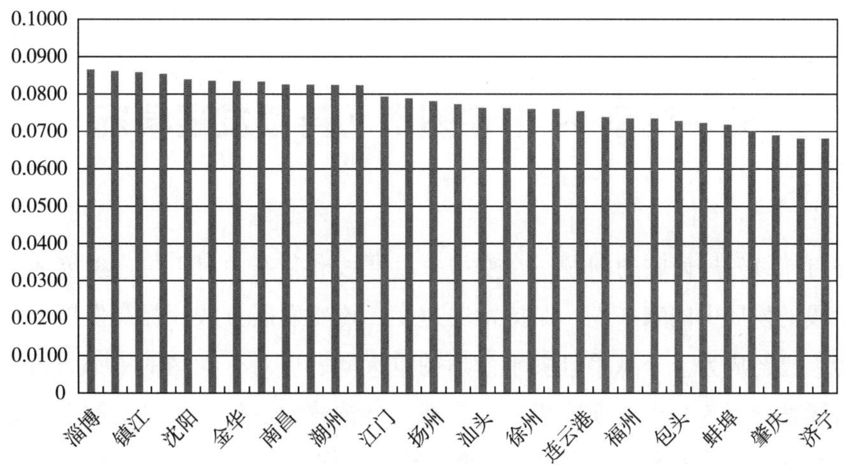

图 8 第三梯队城市可持续发展

4. 第四梯队城市

由图 9 可知，第四梯队城市为综合得分低于可持续发展平均值 0. 2000 以上的城市。位于第四梯队的城市得分评分较为平均且经济水平相差不大。在第四梯队的重点城市中，都存在着许多的共同问题：首先，自身条件不足，如产业基础薄弱、经济腹地较小、资源或能源供应紧张等问题；其次，在发展中出现的问题如建设用地紧张、环境污染严重；最后，在城市结构上也存在着诸如城市规模结构不合理、各个城市功能不清楚且结构趋同、城市环境问题增多等问题。因此导致这些城市在可持续发展能力上略微逊于第一梯队和第二梯队城市。

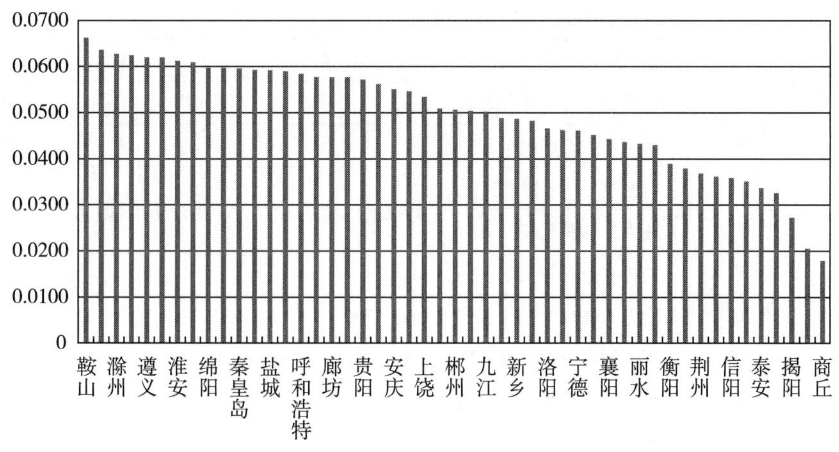

图 9 第四梯队城市可持续发展

五、湖南14个地州市可持续发展情况

人类可持续发展面临的问题正在变得日益严峻和复杂。对于快速发展的工业化处于中期阶段的发展中国家来说，保持发展速度，转变发展方式，提高发展质量，保护生态环境，已经成为十分棘手且关乎命运的重大问题。对于我国的中部省份来说，湖南的可持续发展更为突出地面临机遇与挑战。可持续发展已经不是新问题，但也远没有建立完整的逻辑体系和提出公认的政策主张。特别是联系到一个区域来说，问题就变得更加具体和复杂。因此，可持续发展的各层次研究必须与时俱进和与时俱进，使研究既能够推进理论创新，又能够解决实际问题。表8为湖南城市可持续发展指标体系及权重。

表8　湖南城市可持续发展指标体系及权重

一级指标	序号	二级指标	权重
经济发展（8个）	1	人均GDP（元）	0.0291
	2	在岗职工人均工资（元）	0.0342
	3	一般公共预算收入（亿元）	0.0123
	4	进出口总额（万元）	0.0452
	5	GDP增长率（%）	0.0497
	6	规模以上工业企业流动资产合计（万元）	0.0335
	7	第三产业产值占GDP的比重（%）	0.0240
	8	第三产业增加值与第二产业增加值的比值（%）	0.0118
社会进步（8个）	9	城镇居民人均可支配收入（元）	0.0415
	10	城镇登记失业率（%）	0.0155
	11	人口密度（人/平方千米）	0.0254
	12	常住人口城镇化率（%）	0.0367
	13	人均拥有公共图书量（册）	0.0338
	14	每十万人在校大学生人数（人）	0.0490
	15	每万人拥有公共交通车辆数（标台）	0.0169
	16	人均城市道路面积（平方米）	0.0224
资源消耗（8个）	17	人均日生活用水量（立方米）	0.0241
	18	人均供水量（立方米）	0.0189
	19	人均供气量（立方米）	0.0291

续表

一级指标	序号	二级指标	权重
资源消耗（8个）	20	城区面积（平方千米）	0.0520
	21	年征用耕地面积（平方千米）	0.0268
	22	城市建设用地面积（平方千米）	0.0850
	23	万元 GDP 电耗（千瓦·时）	0.0264
	24	万元 GDP 水耗（吨）	0.0574
环境保护（8个）	25	生活垃圾无害化处理率（%）	0.0134
	26	污水处理厂集中处理率（%）	0.0166
	27	工业颗粒物排放量（吨）	0.0407
	28	污水处理厂处理能力（万立方米/日）	0.0160
	29	人均公园绿地面积（平方米）	0.0446
	30	建成区绿化覆盖率（%）	0.0166
	31	城市建成区绿化覆盖率（%）	0.0230
	32	城市绿地面积（公顷）	0.0280

经济发展水平是城市功能赖以发挥作用的重要支撑，较高的经济发展水平不仅意味着资本、技术、信息等要素的高度集聚，而且更有利于强化自身的吸引和辐射作用，促进区域中心的产生。

社会进步是湖南可持续发展的最终目标。稳定的城市社会秩序和完善的城市社会功能是实现湖南可持续发展的重要保障。因此，对社会进步的评价要使用体现以人为本的社会发展，一方面，在提升人口素质的同时，为人类发展提供更好的医疗和基础设施服务，统筹城乡发展；另一方面，保持与可持续发展速度相适应的人口增长，实现人的代际传承。

资源对于湖南的重要性伴随着城市规模不断扩大、经济持续增长、人口继续增多而变得越来越显著。湖南的发展以自然资源为物质基础，资源的占有情况、供给能力和消耗速度是湖南可持续发展的重要内生因素。

环境为湖南可持续发展提供了支撑保障，为经济发展和社会发展提供了物质资源基础和空间基础，其发展状况的好坏也是体现湖南可持续发展的重要标志。湖南可持续发展水平的高低不仅受制于区位条件、技术水平和社会结构的约束，还与城市环境质量和污染治理能力密切相关。

由表 9 得到 2020 年湖南 14 个城市可持续发展综合得分，可以看出，只有长沙、株洲、湘潭、常德、郴州五个城市的可持续发展超过了全省的平均水平，而衡阳、邵阳、岳阳、张家界、益阳、永州、怀化、娄底、湘西九个城市的可持续发展低于全省的平均水平。其中，长沙作为省会城市在湖南 14 个城市可持续发展中稳居第一。说明长沙在发展过程中经济、社会、资源、环境等因素之间比较协调，不仅注重经济的发展，而且在保持经济发展的同时，能够充分照顾社会、资源和环境等方面的发展，从而使其可持续发展保持较高的水平。株洲和湘潭的排位仅次于长沙，这与两市近几年经济不断发展、环境日益美好、科教水平不断提高的现实状况是相吻合的。

表 9　2020 年湖南 14 个城市可持续发展综合得分

城市	综合得分 F	与平均值差距	城市	综合得分 F	与平均值差距	城市	综合得分 F	与平均值差距
长沙	0.7047	0.47	岳阳	0.2174	-0.0173	永州	0.1171	-0.1176
株洲	0.4784	0.2437	常德	0.2762	0.0416	怀化	0.0758	-0.1589
湘潭	0.382	0.1473	张家界	0.0467	-0.1879	娄底	0.1503	-0.0843
衡阳	0.1908	-0.0439	益阳	0.1856	-0.0491	湘西	0.1034	-0.1313
邵阳	0.0836	-0.151	郴州	0.2734	0.0387	平均值	0.2346	—

人均 GDP 是衡量各国人民生活水平的一个标准，常作为发展经济学中衡量经济发展状况的指标，是最重要的宏观经济指标之一。2020 年湖南全省人均 GDP 为 62900 元，湖南 14 个城市人均 GDP 如图 10 所示。由图 10 可知，湖南 14 个城市中仅有长沙、株洲、湘潭、岳阳、常德五个城市的人均 GDP 高于全省人均 GDP，衡阳、邵阳、张家界、益阳、郴州、永州、怀化、娄底、湘西九个城市的人均 GDP 低于全省人均 GDP。而可持续发展水平超过全省发展水平的郴州，其人均 GDP 未超过全省水平。

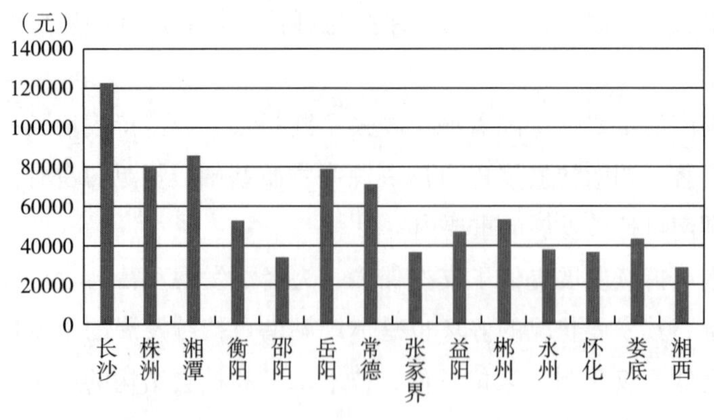

图 10　湖南 14 个城市人均 GDP

在岗职工人均工资是指各单位的职工在一定时期内平均每人所得的货币工资额。它表明一定时期内职工工资收入的高低程度，是反映职工工资水平的主要指标。2020

年湖南全省在岗职工人均工资为 82356 元，湖南 14 个城市在岗职工人均工资如图 11 所示。由图 11 可知，2020 年湖南 14 个城市中仅有长沙、株洲两个城市的在岗职工人均工资高于全省水平，湘潭、衡阳、邵阳、岳阳、常德、张家界、益阳、郴州、永州、怀化、娄底、湘西 12 个城市低于全省水平。除在岗职工人均工资最高的长沙为 105603 元外，其余城市的在岗职工人均工资差距较小，均处于 8000 元上下。

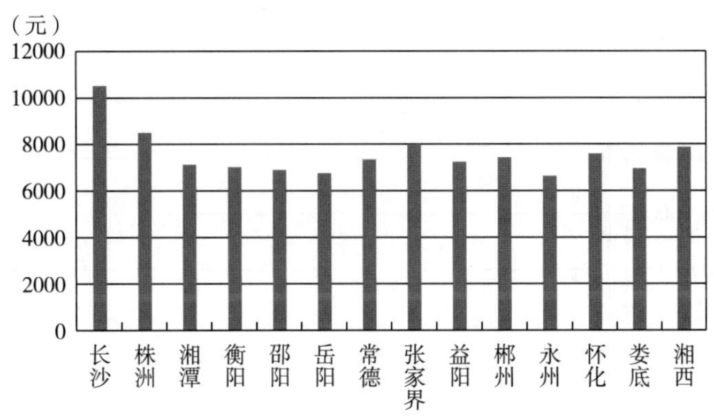

图 11　湖南 14 个城市在岗职工人均工资

GDP 增长意味着社会生产所创造价值和财富的增量在增加，经济活动更加活跃。2020 年湖南 GDP 增长率为 3.8%，湖南 14 个城市 GDP 增长率如图 12 所示。由图 12 可知，2020 年湖南 14 个城市中长沙、株洲、湘潭、衡阳、邵阳、岳阳、常德、永州、怀化、娄底 10 个城市的 GDP 增长率高于全省水平，益阳的 GDP 增长率与全省水平持平，张家界、郴州、湘西三个城市的 GDP 增长率低于全省水平。其中，张家界、湘西的 GDP 增长率与全省水平差距较大，差距均超过了 1 个百分点。

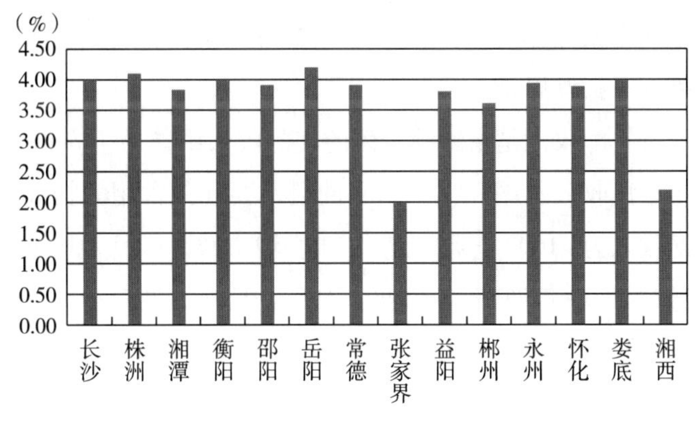

图 12　湖南 14 个城市 GDP 增长率

进出口总额反映一个国家或地区对外贸易的总体规模和发展水平。2020 年湖南进出口总额平均值为 3489193 万元，湖南 14 个城市进出口总额如图 13 所示。由图 13 可知，2020 年湖南 14 个城市中仅有长沙、岳阳的进出口总额超过全省平均水平，株洲、湘潭、衡阳、邵阳、常德、张家界、益阳、郴州、永州、怀化、娄底、湘西 12 个城市的进出口总额未超过全省平均水平。同时可以看出，湖南进出口两极分化比较严重，主要集中在长沙，进出口总额最高的长沙是进出口总额最低的张家界的 234 倍。

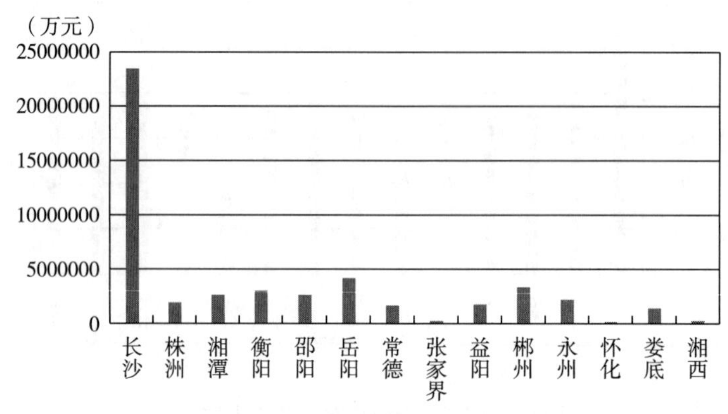

图 13　湖南 14 个城市进出口总额

第三产业产值占 GDP 的比重指不生产物质产品的行业，即服务业在整个国家经济总值中占的份额，它反映一个国家或地区所处的经济发展阶段，反映经济发展的总体水平。2020 年湖南第三产业产值占 GDP 的比重为 51. 7%，湖南 14 个城市第三产业产值占 GDP 的比重如图 14 所示。由图 14 可知，2020 年湖南 14 个城市中仅有长沙、衡阳、张家界、怀化、湘西五个城市第三产业产值占 GDP 的比重高于全省水平，株洲、湘潭、邵阳、岳阳、常德、益阳、郴州、永州、娄底九个城市第三产业产值占 GDP 的比重低于全省水平。张家界作为首批国家森林城市，坐拥独特的资源禀赋，以旅游为重点的第三产业得到迅猛发展。

城镇居民人均可支配收入是指城镇居民的实际收入中能用于安排日常生活的收入。它是用以衡量城市居民收入水平和生活水平的最重要和最常用的指标。2020 年湖南城镇居民人均可支配收入为 41697. 5 元，湖南 14 个城市城镇居民人均可支配收入如图 15 所示。由图 15 可知，2020 年湖南 14 个城市中只有长沙的城镇居民人均可支配收入高于全省水平，株洲、湘潭、衡阳、邵阳、岳阳、常德、张家界、益阳、郴州、永州、怀化、娄底、湘西 13 个城市低于全省水平。城镇居民人均可支配收入在很大程度上取决于在岗职工人均工资，因此，二者的分布特征基本相同。

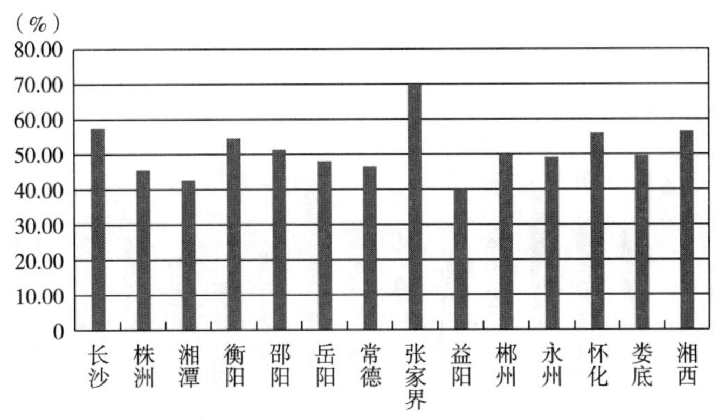

图 14　湖南 14 个城市第三产业产值占 GDP 的比重

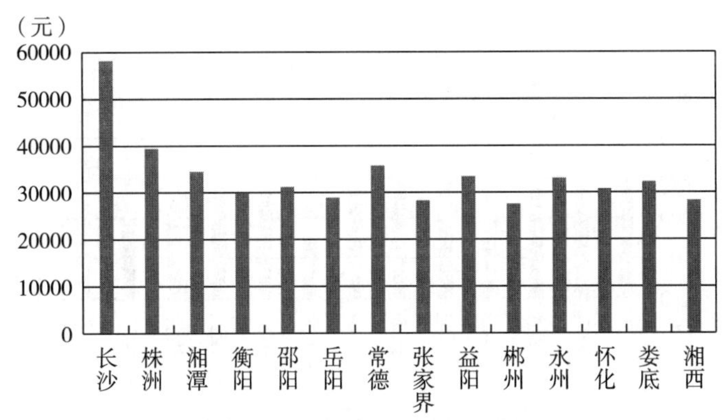

图 15　湖南 14 个城市城镇居民人均可支配收入

城镇登记失业率是指在报告期末城镇登记失业人数占期末城镇从业人员总数与期末实有城镇登记失业人数之和的比重。2020 年湖南城镇登记失业率为 2.7%，湖南 14 个城市城镇登记失业率如图 16 所示。由图 16 可知，2020 年湖南 14 个城市中长沙、株洲、湘潭、衡阳、邵阳、常德、张家界、湘西八个城市的城镇登记失业率高于全省水平，岳阳、益阳、郴州、永州、怀化、娄底六个城市的城镇登记失业率低于全省水平。其中，衡阳的城镇登记失业率为全省最高，达到 7.30%。

人口密度是反映一个国家或地区人口分布疏密程度的指标，适当的人口密度可以保证良好的居住条件和卫生条件。2020 年湖南人口密度为 313 人/平方千米，湖南 14 个城市人口密度如图 17 所示。由图 17 可知，2020 年湖南 14 个城市中长沙、株洲、湘潭、衡阳、邵阳、岳阳六个城市的人口密度高于全省水平，益阳的人口密度与全省水平持平，常德、张家界、郴州、永州、怀化、娄底、湘西的人口密度低于全省水平。

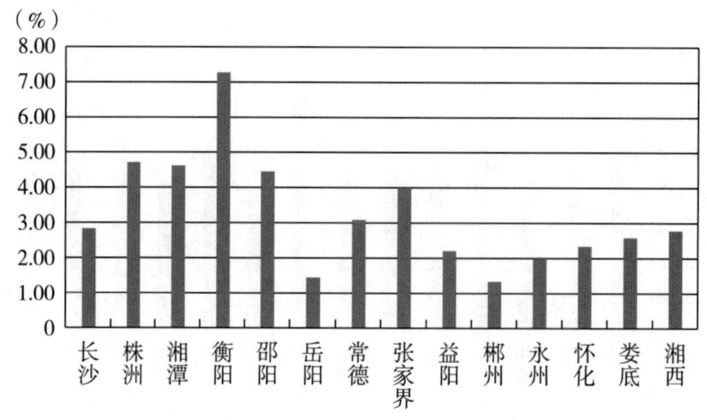

图 16 湖南 14 个城市城镇登记失业率

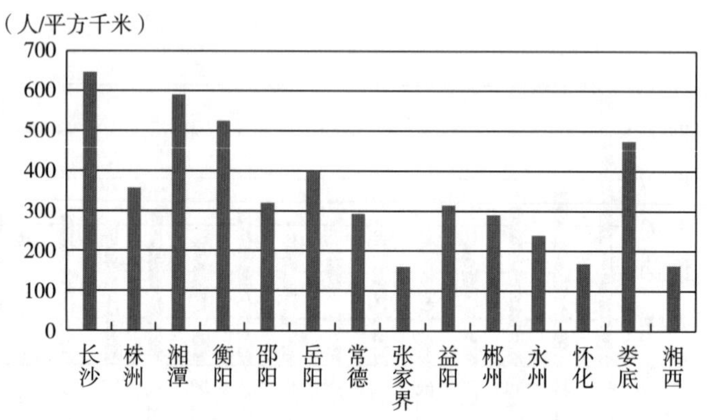

图 17 湖南 14 个城市人口密度

城镇化作为一种高度集约化的形态，对于提升人民生活水平，节约土地资源都是非常有必要的。2020 年湖南常住人口城镇化率为 58.77%，湖南 14 个城市常住人口城镇化率如图 18 所示。由图 18 可知，2020 年湖南 14 个城市中长沙、株洲、湘潭、岳阳四个城市的常住人口城镇化率高于全省水平，衡阳、邵阳、常德、张家界、益阳、郴州、永州、怀化、娄底、湘西十个城市的常住人口城镇化率低于全省水平。长沙、株洲、湘潭的常住人口城镇化率达到 60%以上，意味着长株潭地区有 60%以上的人口居住在城市，这是新型城镇化的一个标志性的节点。

每十万人在校大学生人数反映了地区人口的受教育程度。2020 年湖南每十万人在校大学生人数为 3149 人，湖南 14 个城市每十万人在校大学生人数如图 19 所示。由图 19 可知，2020 年湖南 14 个城市长沙和湘潭超过了全省水平，株洲、衡阳、邵阳、岳阳、常德、张家界、益阳、郴州、永州、怀化、娄底、湘西 12 个城市未超过全省水平。除长株潭地区名列前茅外，衡阳的表现最为突出，其余城市人数差距较小，是因为全省高等学校主要集中在长株潭地区以及衡阳。

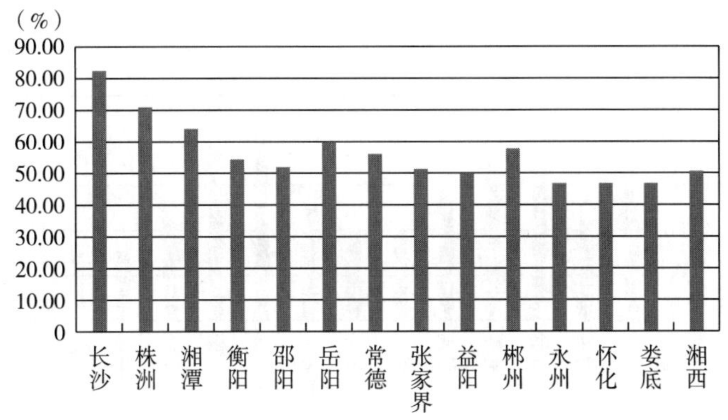

图 18　湖南 14 个城市常住人口城镇化率

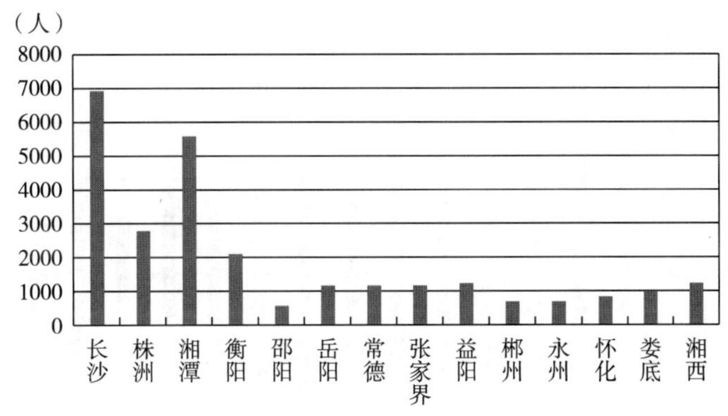

图 19　湖南 14 个城市每十万人在校大学生人数

每万人拥有公共交通车辆数是反映城市公共交通发展水平和交通结构状况的指标。2020 年湖南每万人拥有公共交通车辆数为 13. 81 标台，湖南 14 个城市每万人拥有公共交通车辆数如图 20 所示。由图 20 可知，2020 年湖南 14 个城市中长沙、湘潭、衡阳、邵阳、益阳、郴州六个城市高于全省水平，株洲、岳阳、常德、张家界、永州、怀化、娄底、湘西八个城市低于全省水平。湖南 14 个城市每万人拥有公共交通车辆数差距较大，数量最多的郴州有 24. 28 标台，而数量最少的湘西仅有 2. 19 标台。

人均道路面积是指城市人口人均占用道路面积的大小，最能综合反映一个城市交通的拥挤程度。2020 年湖南省人均道路面积为 19. 72 平方米，湖南 14 个城市人均道路面积如图 21 所示。由图 21 可知，2020 年湖南 14 个城市长沙、株洲、岳阳、常德、益阳、永州、娄底七个城市超过全省水平，湘潭、衡阳、邵阳、张家界、郴州、娄底、湘西七个城市未超过全省水平。

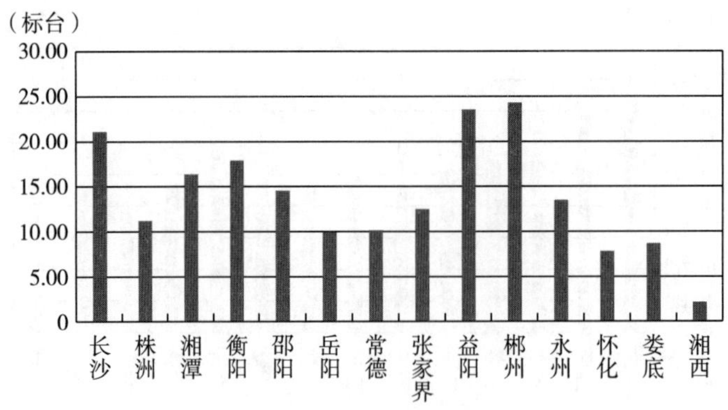

图 20　湖南 14 个城市每万人拥有公共交通车辆数

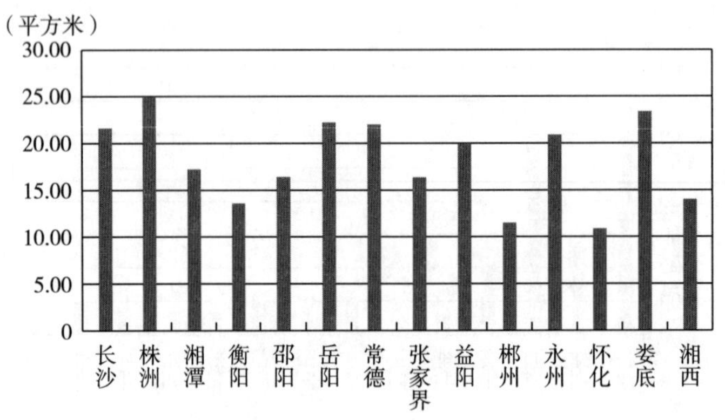

图 21　湖南 14 个城市人均道路面积

2020 年湖南省人均供水量为 130. 26 立方米，湖南 14 个城市人均供水量如图 22 所示。由图 22 可知，2020 年湖南 14 个城市中长沙、株洲、张家界、益阳、永州、怀化六个城市的人均供水量高于全省水平，湘潭、衡阳、邵阳、岳阳、常德、郴州、娄底、湘西八个城市的人均供水量低于全省水平。除永州 199. 03 立方米、长沙 163. 72 立方米、株洲 153. 87 立方米外，其余城市均在 100 立方米左右。

人均供气量是衡量城市能源消费的重要指标之一。城市燃气作为城市能源结构和城市基础设施的重要组成部分，它的发展在城市现代化中起着极其重要的作用。2020 年湖南人均供气量为 227. 99 立方米，湖南 14 个城市人均供气量如图 23 所示。由图 23 可知，2020 年湖南 14 个城市中仅有长沙、株洲、岳阳、常德四个城市的人均供气量高于全省水平，湘潭、衡阳、邵阳、张家界、益阳、郴州、永州、怀化、娄底、湘西十个城市的人均供气量低于全省水平。

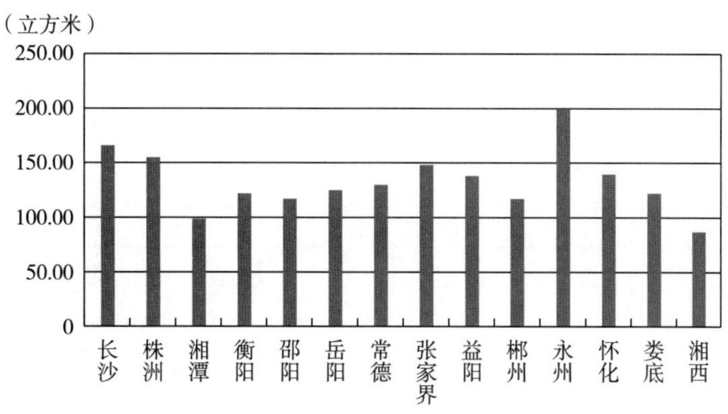

图 22　湖南 14 个城市人均供水量

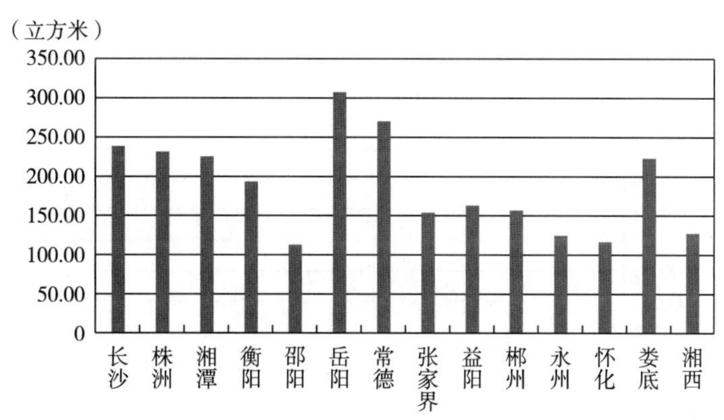

图 23　湖南 14 个城市人均供气量

城市建设用地面积是衡量城市规模的一个核心指标，关系到一定时期内城市所能经营的土地空间。2020 年湖南城市建设用地面积平均为 109. 18 平方千米，湖南 14 个城市城市建设用地面积如图 24 所示。由图 24 可知，2020 年湖南 14 个城市中长沙、株洲、湘潭、衡阳、湘西五个城市的城市建设用地面积超过全省平均水平，邵阳、岳阳、常德、张家界、益阳、郴州、永州、怀化、娄底九个城市的城市建设用地面积未超过全省平均水平。

万元 GDP 电耗又称单位 GDP 能耗，即每产生万元 GDP 所消耗的能量，反映能源消费水平和节能减排状况的主要指标。2020 年湖南万元 GDP 电耗为 464. 34 千瓦时，湖南 14 个城市万元 GDP 电耗如图 25 所示。由图 25 可知，2020 年湖南 14 个城市中长沙、株洲、湘潭、衡阳、邵阳、岳阳、常德、张家界、益阳、永州、怀化 11 个城市的万元 GDP 电耗未超过全省水平，郴州、娄底、湘西三个城市的万元 GDP 电耗超过全省水平。

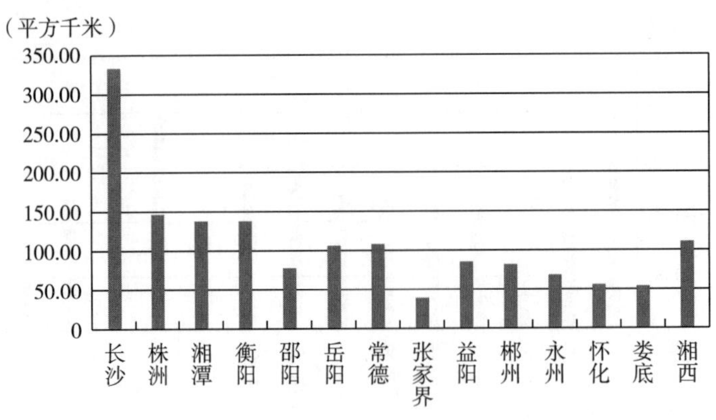

图 24　湖南 14 个城市城市建设用地面积

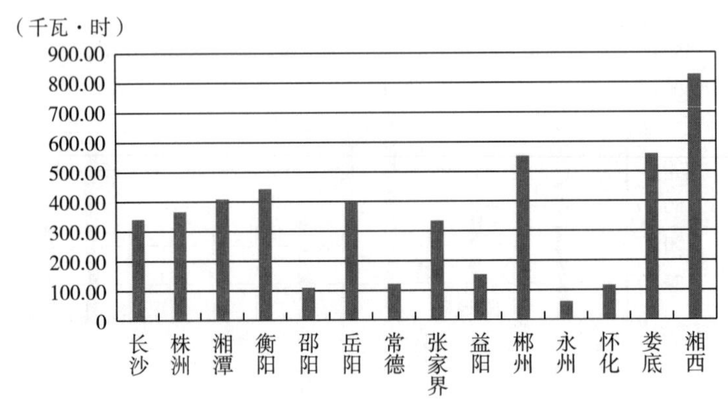

图 25　湖南 14 个城市万元 GDP 电耗

污水处理厂集中处理率反映一个城市污水集中收集处理设施的配套程度，是评价一个城市污水处理工作的标志性指标。2020 年湖南污水处理厂集中处理率为 96.95%，湖南 14 个城市污水处理厂集中处理率如图 26 所示。由图 26 可知，2020 年湖南 14 个城市中长沙、湘潭、衡阳、常德、益阳、永州、娄底七个城市的污水处理厂集中处理率超过了全省水平，株洲、邵阳、岳阳、张家界、郴州、怀化、湘西七个城市的污水处理厂集中处理率未超过全省水平。除岳阳污水处理厂集中处理率较低仅为 88.44%外，湖南其他城市均在 90%以上，其中，益阳、长沙、常德和永州四个城市更是达到 98%以上。

大气颗粒物是当前影响我国城市空气质量的主要污染物，颗粒物中危害最大的是细颗粒物（PM2.5），能够危害人体健康和降低能见度，并有可能通过长距离传输影响区域空气质量。2020 年湖南工业颗粒物排放量平均值为 8377.43 吨，湖南 14 个城市工业颗粒物排放量如图 27 所示。由图 27 可知，2020 年湖南 14 个城市中长沙、株洲、湘潭、衡阳、邵阳、张家界、益阳、永州、怀化、湘西十个城市的工业颗粒物排放量未超过全省平均值，岳阳、常德、郴州、娄底四个城市的工业颗粒物排放量超过了全省平均值。

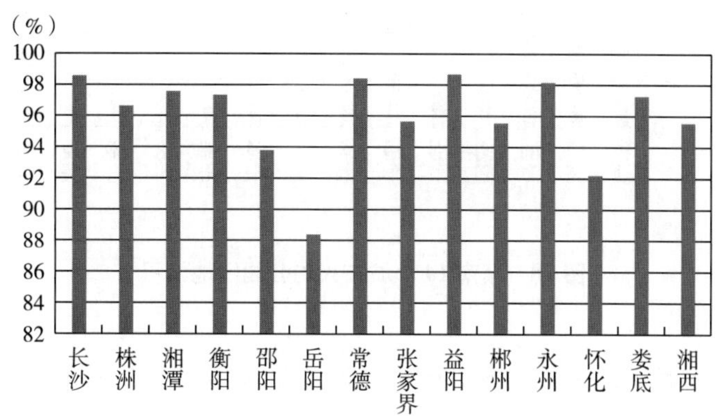

图 26　湖南 14 个城市污水处理厂集中处理率

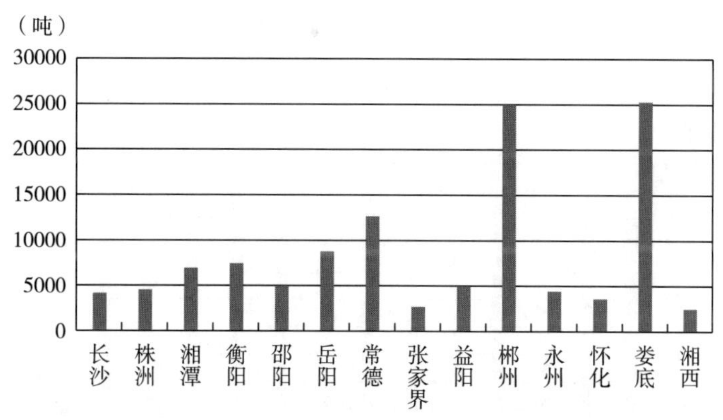

图 27　湖南 14 个城市工业颗粒物排放量

人均公园绿地面积是反映城市居民生活环境和生活质量的重要指标。2020 年湖南人均公园绿地面积为 3. 09 平方米，湖南 14 个城市人均公园绿地面积如图 28 所示。由图 28 可知，2020 年湖南 14 个城市中长沙、株洲、湘潭、湘西四个城市的人均公园绿地面积高于全省水平，衡阳、邵阳、岳阳、常德、张家界、益阳、郴州、永州、怀化、娄底十个城市的人均公园绿地面积低于全省水平。湘西人均公园绿地面积达到 10. 50%，表明湘西牢固树立“生态优先、绿色发展”理念、以生态环境质量全面改善为目标的成果显著。

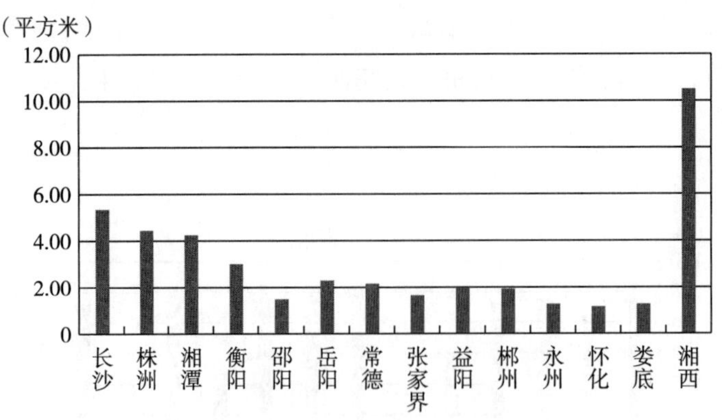

图 28　湖南 14 个城市人均公园绿地面积

建成区绿化覆盖率的高低是衡量城市环境质量及居民生活福利水平的重要指标之一。2020 年湖南建成区绿化覆盖率平均值为 41.46%，湖南 14 个城市建成区绿化覆盖率如图 29 所示。由图 29 可知，2020 年湖南 14 个城市中株洲、湘潭、衡阳、邵阳、岳阳、常德六个城市的建成区绿化覆盖率高于全省平均水平，长沙、张家界、益阳、郴州、永州、怀化、娄底、湘西八个城市的建成区绿化覆盖率低于全省平均水平。

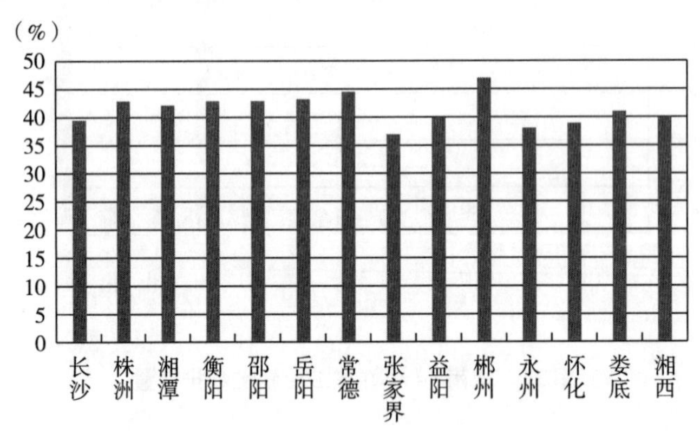

图 29　湖南 14 个城市建成区绿化覆盖率

城市绿地面积指用作园林和绿化的各种绿地面积，它是反映一个城市的绿化数量和质量、一个时期内城市经济发展、城市居民生活福利保健水平的一个指标，也是评价城市环境质量的标准和城市精神文明的标志之一。2020 年湖南城市绿地面积平均值为 4772.66 公顷，湖南 14 个城市绿地面积如图 30 所示。由图 30 可知，2020 年湖南 14 个城市中长沙、株洲、湘潭、衡阳、岳阳五个城市的城市绿地面积超过了全省平均水平，邵阳、常德、张家界、益阳、郴州、永州、怀化、娄底、湘西九个城市的城市绿地面积未超过全省平均水平。

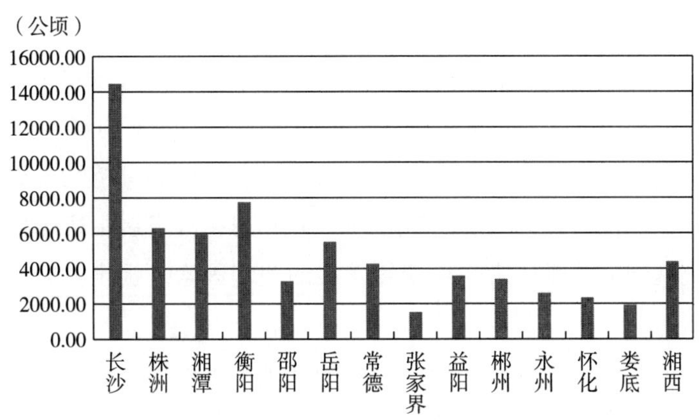

图 30　湖南 14 个城市绿地面积

六、主要结论与对策建议

综上所述，本文得出以下主要结论：

（1）2020 年中国 31 个省份可持续发展水平综合得分较高的前十位省份分别为北京、上海、江苏、青海、广东、浙江、西藏、山东、安徽、湖南。此外，2020 年城市可持续发展综合得分靠后的城市，主要受自然地理环境、单一发展战略等因素影响，导致可持续综合性发展受限。

（2）在全国 119 个重点城市中，2020 年可持续发展综合得分超出平均水平前五的城市分别是深圳、潮州、上海、北京、广州。其中，“北上广深”作为传统的一线城市继续领跑全国 119 个重点城市，值得注意的是，潮州的可持续发展情况超过了北京、广州、上海、南京、重庆等一线城市，位居第二。

（3）根据指标所占比重，湿地面积占辖区面积比重、实际利用外资额、人口密度、第三产业增加值与第二产业增加值的比值、第三产业产值占 GDP 的比重、人均拥有公共图书量、万元 GDP 水耗、万元 GDP 电耗、建成区绿化覆盖率、城镇居民人均可支配收入、一般公共预算收入、工业废水治理设施处理能力、人均 GDP、在岗职工人均工资、一般工业固体废物综合利用量、人均供气量 16 个指标是影响省级可持续发展综合得分的重要因素。

（4）人均财政收入、进出口总额、规模以上工业企业流动资产合计、人均供气量、城区面积、建成区绿化覆盖率和年征用耕地面积 7 个指标是影响重点城市可持续发展综合得分的重要因素。

（5）在湖南省 14 个城市中，根据可持续发展综合得分可以看出，只有长沙、株洲、湘潭、常德、郴州五个城市的可持续发展超过了全省的平均水平，而衡阳、邵阳、岳阳、张家界、益阳、永州、怀化、娄底、湘西 9 个城市的可持续发展低于全省的平均水平。其中，长沙作为省会城市在湖南 14 个城市可持续发展中稳居第一。

在上述研究基础上，抓住影响可持续发展的关键因素，提出提升城市可持续发展能力的对策建议：

首先，以经济发展为前提，在经济发展的基础上，确保社会、环境、资源等各方面的协调发展。经济的发展是城市可持续发展的物质基础，是促进社会、环境和资源协调发展的前提条件。因此，在城市经济建设和发展过程中，应以经济发展为前提，在经济发展的基础上，确保社会、环境、资源等各方面的协调发展。第一，实行良好的经济运行机制。在推进城市经济的民营化、股份化、集约化时，以民营化为重点，重新构建适合城市实际的所有制结构和企业运行机制，使广大群众成为经济发展的直接推动者和受益者。以此实现两个转变：由粗放型增长方式向集约型转变，由计划管理方式向市场管理方式转变，真正实现政企分开。第二，在经济布局上合理规划。城市的商业、工业、文化、居民区、高科技开发区等经济文化结构应布局合理，大力发展第三产业，建立良好的交通、通信等基础设施。第三，大力实施“科教兴市”的发展战略。通过内引外联，加大科技资金的投入，对高新技术产业实行倾斜政策，引进、培养和造就一大批高素质的科技人才和企业家队伍，为科技新产业的发展，为高新技术企业的兴起创造条件。第四，实施经济成本全面核算。在城市建设和经济发展过程中不仅要考虑直接经济成本，还应考虑资源和环境投入成本。在城市建设中，土地的占用、资源的开发与利用、生产过程中对环境的破坏等都应作为工程的成本考虑，在综合考虑和充分论证后，才能上马。在城区建设中禁止一些掠夺资源、耗能大和破坏环境的工程建设。与此同时，在工程建设中，要投入相当一部分资金，用来解决城市建设对资源和环境的破坏问题。

其次，聚焦全面绿色发展新要求，以政策创新与改革提升生态环境治理效能。“十四五”时期，要紧扣“升级版污染防治攻坚战”重点领域，我国 119 个重点城市都要啃“硬骨头”攻重难点。第一，在大气污染治理领域，以 PM2.5 与臭氧协同控制为重点，将 VOCs 纳入环境保护税征收范围，建立涂料、皮革、油墨等行业的环保“领跑者”制度，强化区域联防联控与重污染天气应对，深入推进挥发性有机物减排。第二，在水环境管理领域，推动建立全成本覆盖的污水处理费政策，健全低毒低残留农药、有机肥、可回收地膜补贴，推进总氮、总磷污染削减，彻底消除劣V类水体。第三，在土壤环境风险管控领域，推进土壤环境安全分级管控，健全固体废物处理收费机制，探索建立农村垃圾处理收费制度。第四，在海洋生态环保领域，建立实施“陆海统筹”的重点海湾生态环境综合治理制度，加强海洋突发环境事件应急体系建设。第五，在生态保护领域，加强生态保护红线监管，实施自然保护地分类分级监管，建立生态修复绩效监管和生态遥感监测制度。第六，在气候变化应对领域，实施二氧化碳排放总量和强度双控，协同推进碳排放权、用能权交易政策。

再次，推动结构优化与升级，促进生态产业化、产业生态化，推进构建生态文明经济体系，设计约束与激励政策，从根源上推进节能减排。第一，进一步实施超低排放政策优化产业结构，建立钢铁、水泥、建材、有色等行业超低排放企业清单，落实税收、奖励、信贷、电价等优惠措施和环境执法差异化政策；研究制定超低排放企业排污权回购制度，针对企业减排所腾出的排放指标进行有偿回购。第二，深化清洁取暖政策推进能源结构调整，将京津冀及周边地区、汾渭平原城市全部纳入清洁取暖的试点城市范围；继续实施农村住户清洁取暖补助政策，完善北方地区清洁取暖的长效保障机制；建立企业使用清洁能源补贴政策。

最后，着眼缩小贫富差距，推进社会保障制度建设。各地应将实现地区 GDP 增长与人均 GDP 增长相结合，充分体现社会主义制度的优越性，统筹推进国富与民富、整体富裕和个体富裕，持续推进社会保障制度建设，加大对低收入人群的帮扶及关照，使他们在脱贫后能够进一步提高实际收入和生活质量。要认真落实防止返贫政策，对脱贫人口进行持续跟踪和帮扶，加大新农合报销比例，防止因病返贫等问题。进一步拓展社会保障资金的渠道，提升社会保障制度，确保符合条件的居民得到良好保障。加大对农村基础设施建设的投入力度，结合各地实际，进行产业扶贫和产业升级，发挥农业合作组织的作用，帮助村民快速增加收入，使城乡收入鸿沟不断弥合。对于中西部地区低人类可持续发展省份来说，应从空间地理位置因素培养新的增长极，逐步带动周围省份形成区域效应，最终实现人类可持续发展的整体跃升。

参考文献

［1］Brock W.，Taylor M. The Green Solow Model［J］. Econ. Growth，2010，15（2）：127-153.

［2］Tian Y.，Sun C. W. A Spatial Differentiation Study on Comprehensive Carrying Capacity of the Urban Agglomeration in the Yangtze River Economic Belt［J］. Regional Science and Urban Economics，2018（68）：11-22.

［3］Wei Y. G.，Huang C.，L，J.，Xie L.，L. An Evaluation Model for Urban Carrying Capacity：A

Case Study of China's Mega-cities [J]. Habitat International, 2016 (53): 87-96.

[4] Wong P-K, Ho Y-P. Knowledge Sources of Innovation in a Small Open Economy: The Case of Singapore [J]. Scientometrics, 2007, 70 (2): 223-249.

[5] 陈睿山，赵志强，徐迪，陈轶. 城市和城市群可持续发展指数研究进展 [J]. 地理科学进展，2021，40 (1)：61-72.

[6] 陈乙华，曹劲松. 文化赋能城市的内在机理与实践路径 [J]. 南京社会科学，2020 (8)：129-137.

[7] 韩逸，赵文武，郑博福. 推进生态文明建设，促进区域可持续发展——中国生态文明与可持续发展2020年学术论坛述评 [J]. 生态学报，2021，41 (3)：1259-1265.

[8] 胡美娟，李在军，丁正山，周年兴，秦东丽，张郴. 基于三维福利的城市生态福利强度及驱动模式——以长三角地区为例 [J]. 自然资源学报，2021，36 (2)：327-341.

[9] 黄承梁，杨开忠，高世楫. 党的百年生态文明建设基本历程及其人民观 [J]. 管理世界，2022，38 (5)：6-19.

[10] 龙亮军. 综合福利视角下中国生态文明建设绩效评价及国际比较 [J]. 自然资源学报，2019，34 (6)：1259-1272.

[11] 孙久文，易淑昶，傅娟. 提升我国城市群和中心城市承载力与资源配置能力研究 [J]. 天津社会科学，2021 (2)：102-109.

[12] 汪涛，张家明，刘炳胜. 国家可持续发展议程创新示范区评价指标体系研究 [J]. 中国人口·资源与环境，2020，30 (12)：17-26.

[13] 汪涛，张家明，禹湘，刘炳胜，陈培忠. 资源型城市的可持续发展路径——以太原市创建国家可持续发展议程示范区为例 [J]. 中国人口·资源与环境，2021，31 (3)：24-32.

[14] 王淑佳，孙九霞. 中国传统村落可持续发展评价体系构建与实证 [J]. 地理学报，2021，76 (4)：921-938.

[15] 张艳，郑贺允，葛力铭. 资源型城市可持续发展政策对碳排放的影响 [J]. 财经研究，2022，48 (1)：49-63.

[16] 周仪姜，李林. 长江中游城市群综合承载力评价与预测 [J]. 经济地理，2021，41 (9)：31-39.

绿色金融赋能城市可持续发展

内容提要：本文首先构建了包括经济发展、环境保护、能源效率、社会民生和城市建设五个维度的城市可持续发展的评价体系，测度了中国地级市层面的城市可持续发展现状。其次，利用 2013~2018 年 285 个地级市面板数据实证检验了绿色金融对城市可持续发展的影响，结果发现我国绿色金融发展显著促进了城市可持续发展。进一步，本文从资本形成、资金导向、产业整合、风险分散、绿色发展理念等多个方面探索了绿色金融对城市可持续发展的影响机制，从企业、行业、地区全方位构建了城市可持续发展路径。基于此，对绿色金融更好推动城市可持续发展从四个方面提供了对策建议，包括完善金融标准和政策体系、加大绿色金融资助力度、创新绿色金融发展模式和加强绿色金融监管。

关键词：绿色金融；城市可持续发展；评价体系；绿色金融监管

核心观点：

（1）中国城市可持续发展能力综合评价结果显示，超大城市和特大城市六年综合得分排名靠前，其他城市可持续发展潜力较大。排名结果从某种程度上说明我国城市规模划分标准是合理的，且验证了本文所构建指标体系的科学性。

（2）绿色金融与可持续发展呈倒“U”形关系，但由于我国绿色金融水平远低于拐点临界点，因此，整体而言，我国绿色金融发展水平的提高显著促进城市可持续发展。

（3）绿色金融分别通过资本形成机制和资金导向促进企业层面可持续发展，通过产业的升级机制和整合机制促进产业层面可持续发展，通过技术创新和环境保护意识促进社会层面可持续发展。

一、引言

在“碳达峰、碳中和”的目标指引下，可持续发展成为当前城市发展的“风向标”。党的十八届五中全会提出，“破解发展难题，厚植发展优势，必须牢固树立并切实贯彻创新、协调、绿色、开放、共享的新发展理念”，“坚持绿色发展，要坚持资源节约、环境保护、可持续发展，坚决走生产、生活富裕、生态良好的发展之路，加快建设资源节约型、环境友好型社会，构建人与自然和谐发展的现代化新格局、推动美丽中国建设、维护世界生态安全做出新的贡献”。党的十九大提出“坚持人与自然和谐共处”“以可持续发展的方式和生活方式”。城市可持续发展源于处理新的和复杂的城市经济社会关系问题的现实需要，为“大城市病”的系统性解决提供了有益的启示，为现代都市发展和自然生态保护的发展提供了一条新的途径。

为限制高耗能企业规模不断扩大，党的十九大提出要通过构建和完善绿色金融制度，以优化资源配置，带动环保节能等绿色发展，培育新的经济增长点。2016 年，中国人民银行、环境保护部等七个部门发布了《关于构建绿色金融体系的指导意见》，这对于改变经济发展方式，引导社会资本参与绿色生态项目，推动社会经济健康发展具有重要意义（傅强、李四维，2016）。到 2020 年底，绿色信贷已接近 12 万亿元，实质绿债券发行达到 1. 25 万亿元，2018~2020 年，绿色保险保障累计超过 45 万亿元。整体而言，中国绿色金融发展迅猛，在绿色信贷、绿色债券、绿色基金等领域都有较大的发展。中国良好的商业环境为绿色金融的可持续发展奠定了坚实的基础。

相较于传统金融，绿色金融是可同步实现其经济、生态、社会效益有效增长，推动经济转为高质量、可持续发展的有效途径之一。加大对绿色金融的扶持对城市可持续发展有着积极作用。在中国城市化进程加快、房地产业“白银时代”即将到来的今天，50 强企业的主要选择是以房地产为主，多元化经营。近年来，房地产行业在提升传统业务运作效率的同时，围绕“地产+”“金融+”“生态+”，积极营造“绿网为脉络，青山为景，农田为景观，城镇为景区”的生态格局，努力打造“无废城市”，优化绿色、低碳交通系统，营造美丽的山水生态。可持续发展是各大城市共同努力的方向，而可持续发展究竟是什么？对绿色金融助力城市可持续发展的策略研究显得尤为重要。

二、我国绿色金融发展和城市可持续发展现状

（一）中国城市可持续发展能力评价

可持续发展是每个城市极力追求的发展目标，但到底何为可持续发展，如何才能实现可持续发展？落实党的十九大、十九届历次全会和中央城市工作会议精神，遵循“一个尊重、五个统筹”，以推动城市高质量发展为目标，构建充分体现资源环境承载力、基础设施供给和服务水平、城市人居环境状况的评价指标体系，引导形成绿色城市更新模式，提高城市韧性、宜居性和文明程度。根据现有评级体系，城市的可持续发展应是经济发展、城市建设、社会民生、资源利用、环境保护几个方面的共同发展，因此构建城市可持续发展评价指标体系如表1所示。

表1　城市可持续发展评价模型

分类项目	组成部分	指标定义
经济发展	收入水平	城镇居民人均可支配收入（元）
	服务业发展程度	服务业 GDP 占比（%）
	科技研发创新程度	政府研发投入（人均）
	核心产业占比	核心产业产值 GDP 占比
城市建设	城市人口密度	城区每平方千米人口数量
	人均商业面积	人均商业面积（平方米）
	公共交通使用率	公共交通人均乘坐次数
	公共绿地	公共绿地面积（%）
	公共供水	公共供水覆盖率（%）
	互联网普及化程度	家庭接入互联网比率（%）
	通信设施普及程度	人均移动电话拥有量（部每人）
社会民生	居住水平	城市人均住房面积（平方米）
	就业资源	城市就业率（%）
	医疗资源	城市人均医生数量（每千人）
	教育资源	中小学生占年轻人口比例（%）
	养老保险	养老保险覆盖率（%）
	医疗保险	医疗保险覆盖率（%）

续表

分类项目	组成部分	指标定义
资源利用	能源消耗	能源总消耗（吨标准煤每万元生产总值）
	用电效率	住宅电力消耗（人均千瓦时）
	用水效率	万元国内生产总值用水量（立方米）
环境保护	空气清洁度	空气质量合格天数（空气质量合格等级达到2级或以上天数）（%）
	废水处理能力	废水处理比率（%）
	环境保护投资额	环境保护资金GDP占比（%）

1. 经济发展

经济发展体现了一个地区的经济活力，是实现经济高质量发展的基础。经济总量的增加导致的产出效率的提高为创造经济发展新动能、增加社会福利、促进文化和生态进步提供了基础（张亚峰等，2021）。经济高效发展可以通过资源的高效配置来体现，于是本文设置了劳动生产率、资本生产率、粮食生产率、能源生产率来体现经济的高效发展情况，这些指标值越高，表明单位要素投入获得的产出越高，经济增长的效率也就越高。

2. 城市建设

主要是城市设施系统反映城市基础设施供给和服务水平的指标。城市设施系统为城市发展提供物质场所和软、硬件支持，构成城市功能正常运行的支撑体系，是城市发展的重要表现，也是城市服务质量和品质不断提高的主要动力。城市市政基础设施一方面为人们的日常生活服务，同时也为经济和社会发展必要的硬件环境提供支撑。主要从供排水、能源、道路交通、市容环境角度体现城市市政基础设施建设总体水平。公共管理服务类指标为城市居民提供教育、医疗卫生、文化体育、互联网、城市管理等公共管理服务的机构和软、硬件设施。它们都是维持城市居民保持健康状态、生产技术不断提高并推动城市经济社会发展的要素。

3. 环境保护

绿色可持续发展是经济高质量发展的重要内涵，要求全社会转变传统发展理念，充分考虑资源与环境的承载力，充分考虑生态与经济发展的关系。本文通过森林覆盖率、单位GDP能耗、单位GDP废水排放量、建成区绿化覆盖率等指标反映了经济的绿色发展，在这些指标中，GDP的单位GDP和废水的排放量是资源利用率与生态环境成本的体现，两者值越大，对绿色发展目标的阻力就越大。森林覆盖率和建设用地的绿化覆盖率反映了生态环境的提高，两者值越高，越能够实现绿色发展的目标。

4. 社会民生

社会生活质量类指标反映了人们对城市系统的各个方面的管理和协调能力，是体现城市可持续发展水平的重要内容。社会生活质量类指标主要包括环境质量指标、生活品质指标、社会和谐指标。

5. 资源利用

考察在当前生产力水平下，人类能够从中获得能量的物质和自然过程。城市资源能源提供生产资料和生活资料，是城市发展的物质基础之一。不仅要考察城市资源利用的基本情况，也应注重考察绿色理念实际情况。本类指标反映资源集约化利用的程度，绿色生活类指标可反映出城市绿色低碳、节能减排的效率和水平。

采用以上方法对城市的综合得分进行分析（见表2），发现“北上广深”四大城市在六年中的综合得分均列前六，重庆、杭州、苏州、东莞、成都、武汉这些特大城市的可持续发展能力优于其他城市。该排名结果从一定意义上证明了我国城镇规模划分的合理性，证实了本文所建立的指标体系的科学性，并且通过单目标分析得出的结论与实际情况基本相符。根据该指标体系测算出的综合得分与国内的城市规模划分基本吻合，超大型城市和一些大城市的可持续发展能力在三年内都处于领先地位。从可持续发展的角度来看，最差的城市是东北和西部经济欠发达的地区。通过对中国城市可持续发展能力的空间分布进行研究，发现2013~2018年中国城市可持续发展能力指标总体上呈现出明显的差距。我国可持续发展水平高的城市主要集中在沿海地区、长江和黄河下游地区，而第三梯队城市的可持续发展能力则较为突出，尤其是长三角、珠三角、京津冀、成渝等城市群，都呈现出高度集中的态势。

在经济发展单目标评分中，北京、上海、深圳、广州各项指标的综合得分为0.94、0.91、0.90、0.88，均高于全国平均水平。南京、成都、武汉、苏州、宁波的得分在0.78~0.85，比平均水平高出0.16个百分点，说明它们的可持续发展能力在国内是比较高的。

在环境保护单目标评分中，三亚、楚雄、丽江、北海和大理分别位列前五名，综合得分为0.74、0.73、0.70、0.66和0.65，玉溪、迪庆、无锡、盐城和香格里拉分别位列6~10名，得分在0.61~0.65。重要的是，在第二、第十、第十三、第十五的分目标中，排名最靠前的城市没有那么好，这说明城市在农业、国家内部平等、气候行动以及对陆地生态的保护方面都不尽如人意。此外，排名前30的各大城市在16项指标上都有欠缺。所以，在可持续发展的基础上，要加强农业发展、国内协调发展、保护环境、加强对违法犯罪的监督。就个别城市而言，一些城市的个人指标并没有理想化，如上海、重庆、杭州、武汉、郑州、青岛等，都需要改善可持续发展的市区，南京、厦门、珠海、济南、无锡都需要加大对优质教育的关注，苏州和东莞要选择更具可持续性的生产和消费方式。

表 2 2013~2018 年前 30 名城市单目标各目标得分情况

	综合		经济发展		城市建设		环境保护		资源利用		社会民生	
1	北京	0.87	北京	0.94	北京	0.95	三亚	0.74	成都	0.93	苏州	0.94
2	深圳	0.85	上海	0.91	上海	0.93	楚雄	0.73	杭州	0.89	无锡	0.93
3	上海	0.84	深圳	0.90	深圳	0.92	丽江	0.70	遂宁	0.88	佛山	0.89
4	重庆	0.80	广州	0.88	广州	0.92	北海	0.66	西安	0.88	嘉兴	0.88
5	杭州	0.80	杭州	0.85	杭州	0.91	大理	0.65	东莞	0.83	珠海	0.87
6	广州	0.79	南京	0.85	重庆	0.90	玉溪	0.65	上海	0.81	金华	0.85
7	苏州	0.78	成都	0.84	苏州	0.87	迪庆	0.64	玉林	0.75	镇江	0.84
8	东莞	0.74	武汉	0.83	珠海	0.87	无锡	0.63	无锡	0.74	舟山	0.84
9	成都	0.74	苏州	0.79	厦门	0.87	盐城	0.63	广安	0.73	威海	0.82
10	武汉	0.72	宁波	0.78	武汉	0.81	香格里拉	0.61	成都	0.72	扬州	0.81
11	厦门	0.71	重庆	0.75	青岛	0.76	昆明	0.60	苏州	0.71	白山	0.81
12	珠海	0.71	天津	0.73	成都	0.70	红河	0.53	北海	0.70	潍坊	0.80
13	长沙	0.71	无锡	0.73	佛山	0.73	南通	0.51	济南	0.69	芜湖	0.79
14	青岛	0.70	长沙	0.72	长沙	0.73	舟山	0.49	泰州	0.68	盘锦	0.76
15	佛山	0.69	青岛	0.71	合肥	0.71	巢湖	0.45	湖州	0.68	三亚	0.75
16	宁波	0.68	济南	0.68	郑州	0.70	泰州	0.43	杭州	0.68	长沙	0.75
17	济南	0.67	合肥	0.66	昆明	0.63	苏州	0.42	广元	0.66	金昌	0.72
18	合肥	0.66	郑州	0.64	济南	0.61	厦门	0.42	昆明	0.64	常州	0.71
19	昆明	0.65	西安	0.64	哈尔滨	0.59	张家界	0.41	合肥	0.61	东莞	0.71
20	哈尔滨	0.63	福州	0.62	大连	0.54	黄山	0.40	宜春	0.59	杭州	0.70

（二）中国城市绿色金融发展水平评价

绿色金融发展水平可以在一定程度上代表地区金融部门对当地清洁产业的支持力度，我国的绿色金融指标体系分为四大类：绿色信贷、绿色保险、绿色投资和碳金融。其中，绿色信贷是用反向指数，反映高能耗行业的利息支出在整个行业的总投资中所占的比例，而绿色保险则是以农业保费收入与农业产出之比来表达。绿色投资用地区环境污染治理投资与地区生产总值的比值来表示，碳金融用地区二氧化碳排放量与地区生产总值的比值来表示，如表 3 所示。本文采用熵值法将上述 4 个指标拟合为绿色金融指数，代表各地区的绿色金融发展水平，具体的测算过程包括三个步骤。

第一步，用极差准则方法对指标体系中的各个指标进行无因次化处理。

对于正向指标来讲：

$$Z\lambda ij=(x\lambda ij-x\min)/(x\max-x\min) \tag{1}$$

对于逆向指标来讲：

$Z\lambda ij=(x\max-x\lambda ij)/(x\max-x\min)$ (2)

第二步，指标的归一化处理。

$P\lambda ij = Z\lambda ij/\sum h\lambda = 1\sum mi = lZ\lambda ij$ (3)

第三步，计算各项指标的熵值。

$Ej =- k\sum h\lambda = 1\sum m = ilP\lambda ij\ln P\lambda ij$ (4)

表 3 绿色金融评价指标体系

一级指标	二级指标	指标解释	指标属性
绿色信贷	高能耗产业利息支出占比	六大高耗能工业产业利息支出/工业利息总支出	-
绿色投资	环境污染治理投资占 GDP 比重	环境污染治理投资/GDP	+
绿色保险	农业保险深度	农业保险收入/农业产值	+
碳金融	地区二氧化碳排放量占 GDP 比重	地区二氧化碳排放量/GDP	-

“绿色金融”实质上是一种以社会资源的可持续利用与经济发展相结合的新的发展理念。该理论既考虑了企业的经济效益，又考虑了环境效益，在经济发展与环境保护之间寻找最佳的平衡，以缓解经济发展与环境保护的矛盾。同时，大力推广“绿色金融”，也能降低企业的环保风险，推动产业结构调整与升级，实现可持续发展，推动地区经济的绿色发展。

三、绿色金融对城市可持续发展的影响

（一）绿色金融对城市可持续发展的模型构建

为了分析绿色金融对城市可持续发展的影响，本文构建了以下模型：

$CIS_{it}=\alpha+\beta1GRFI_{it}+\beta2Control+\varepsilon_{it}$ (5)

而可持续发展是一个持续变化的动态调整过程，绿色金融与城市可持续发展可能存在非线性关系。因此，本文对式（5）进行了如下调整：

$CIS_{it}=\alpha+\beta1GRFI_{it}+\beta2GRFI_{it}\times GRFI_{it}+\beta3Control+\varepsilon_{it}$ (6)

式（6）中：i、t 分别代表地区和时间变量；CIS_{it} 表示城市可持续发展变量；

$GRFI_{it}$ 表示各地区的绿色金融发展水平；*Control* 表示控制变量，具体包括固定投资水平（*IV*）、科学技术发展水平（*TE*）、市场化水平（*SCH*）、人力资本水平（*LAO*）、对外开放水平（*OPE*）、城镇化水平（*UR*）。ε 是随机误差项。

（二）样本选择

本文选取 2013~2018 年我国 285 个地级市（西藏、港澳台和数据严重缺失地区除外）的宏观面板数据进行实证研究，数据来源于 CSMAR 数据库、Wind 数据库以及《中国城市统计年鉴》、《中国能源统计年鉴》、《中国环境统计年鉴》、《中国金融统计年鉴》、《中国保险统计年鉴》等。利用插补法对局部缺失的数值进行处理。

（三）实证结果分析

表 4 中模型 1 的绿色金融发展水平（*GRFI*）与城市可持续发展（*CIS*）的拟合估计结果显示，两者之间的回归系数值为 0. 305，且在 10%的显著性水平上通过了检验，说明绿色金融发展水平的提升可以促进地区可持续发展，总体回归结果符合预期。模型 2 增加了固定投资水平、科学技术发展水平、市场化水平、人力资本水平、对外开放水平、城镇化水平等控制变量，结果显示，回归系数增大且显著水平有所提高。绿色金融对地区可持续发展的促进作用具有较强的稳健性。

模型 3 和模型 4 将绿色金融发展水平及其二次项放在一起进行回归拟合，结果显示：绿色金融发展水平二次项与城市可持续发展呈现负向相关关系，系数值为-0. 125 和-0. 136，且在 5%的显著性水平上通过了检验，说明绿色金融发展水平与城市可持续发展是倒“U”形关系；绿色金融发展水平一次项的回归系数均为正，分别是 0. 203 和 0. 245，且在 10%和 5%的显著性水平上通过了检验。通过拐点分析，当绿色发展水平低于 0. 900 时，绿色金融发展水平将促进城市可持续发展，当绿色发展水平高于 0. 900 时，绿色金融发展水平将抑制城市可持续发展，而结合我国绿色金融的得分现状，中国绿色金融发展几乎均在拐点左边，因此，在中国当前环境下，提高绿色金融发展水平将有利于城市可持续发展。

表 4　绿色金融对城市可持续发展的影响

变量	模型 1	模型 2	模型 3	模型 4
GRFI	0. 305* （0. 171）	0. 342** （0. 162）	0. 203* （0. 122）	0. 245** （0. 116）
GRFI×GRFI			−0. 125** （0. 058）	−0. 136** （0. 066）

续表

变量	模型 1	模型 2	模型 3	模型 4
控制变量	否	是	否	是
Constant	0. 143** (0. 062)	0. 133*** (0. 036)	0. 104** (0. 045)	0. 362** (0. 211)
R^2	0. 235	0. 553	0. 284	0. 634
观测值	1710	1710	1710	1710

注：***、**和*分别表示在 1%、5%和 10%的水平上显著，括号中的数值为对应的 z 值。

考虑到东部与中部、西部地区经济发展的差异性，因此本文将全国 30 个省份按照标准划分成上面 3 个区域，并对其分别进行检验，结果如表 5 所示。从表 5 可以看出，东部地区和中部地区绿色金融对高质量发展的影响均显著为正，系数分别为 0. 245 和 0. 515，说明绿色金融对东部、中部可持续发展的影响一直为正效应，且程度会随着政策的推进而逐渐增大。通过系数比较发现，中部地区绿色金融对可持续发展的影响系数是最大的，可能是因为中部地区作为我国交通枢纽，其经济增长速度较快，且人口开始由东部向中部地区回流，拥有较强的发展潜力，相较于东部地区，绿色金融的发展在中部地区能够更为有效地发挥作用。绿色金融对西部地区可持续发展的影响指数为 0. 203，但不显著。其原因可能是西部地区的经济较为不发达，需要依靠传统的生产方式来促进经济的增长，而此类的生产方式会耗费自然资源，对环境造成不利的影响，因此绿色金融政策对西部地区的影响尚不显著。

表 5　异质性检验

变量	东部地区		中部地区		西部地区	
	模型 1	模型 2	模型 3	模型 4	模型 5	模型 6
GRFI	0. 204** (0. 094)	0. 245*** (0. 013)	0. 409*** (0. 020)	0. 515*** (0. 165)	0. 168 (0. 211)	0. 203 (0. 184)
控制变量	否	是	否	是	否	是
Constant	0. 223** (0. 116)	0. 242*** (0. 092)	0. 302** (0. 163)	0. 261*** (0. 094)	0. 214*** (0. 041)	0. 272** (0. 135)
R^2	0. 289	0. 308	0. 355	0. 348	0. 251	0. 404
观测值	684	684	570	570	456	456

注：***、**和*分别表示在 1%、5%和 10%的水平上显著，括号中的数值为对应的 z 值。

四、绿色金融影响城市可持续发展的机制分析

前文实证检验了绿色金融对城市可持续发展具有显著促进作用，但其影响机制我们无从得知。接下来，本文从企业、行业、地区三个层面分析绿色金融对城市可持续发展的影响机制，从而使绿色金融和城市可持续发展两者之间的关系更清晰。

（一）基于企业层面分析绿色金融促进城市可持续发展

首先，绿色金融通过资本形成机制促进企业可持续发展。资本形成机制是指各个经济主体通过金融中介将存款转换为资金，然后再进行再投资的过程。由此可见，资本积累和资本转移是资本形成机制中两大重要的因素，分别对应以下两个关键环节：一是储蓄资本，利用金融机构如商业银行等吸收存款（柴晶霞，2018）。二是将金融资本转化为投资，即将吸收进来的存款用于投资或是以其他的方式使用。其中，第二个环节最为关键。储蓄转化为投资的能力越强，资本形成得就越快，对经济结构优化的影响就越显著，进而对经济协调发展的作用就越明显。对于绿色环保企业来说，保持资金持续有效的投入是保障企业长期稳定发展的关键（Stefan，2012）。与发达国家相比，我国环境友好型企业大多仍然处于发展的初级阶段，在融资方面，它们严重依赖银行等金融机构，仅依靠内部资金是根本不可能实现长期发展的。

通过外部性理论得知绿色金融具有很强的正外部性，绿色金融体系会将外部性的问题内生化，在绿色金融的相关产品中，绿色债券可以在一级市场和二级市场聚集社会闲散资金，绿色信贷和绿色投资能够为环保企业提供资金支持，绿色保险和绿色基金也能够积聚社会闲散资金实现储蓄向投资的转化，同时绿色金融投资的大部分产业都具有一定的规模带动功能，这种规模效应反过来又能吸引更多的闲散资金（何兴邦，2018）。在各种绿色金融产品的共同作用下，金融机构能聚集更多的资本，为经济可持续发展提供资金支持。

其次，绿色金融通过资金导向机制促进企业可持续发展。资金导向机制是在生产过程中，为了使资金的运用更加满足经济的发展需求，将更多的金融资源从低效产业转移到高效产业，实现金融资源的再分配和转移。金融的发展能够带来规模效应、结构效应与技术效应，带动绿色企业投资，而促进绿色企业投资，改善生态环境，就必须采用一系列金融手段改变资源的配置（黄庆华等，2019）。绿色金融政策的推行，一方面是为了推动经济发展，为了保障政府的正常运作；另一方面促进了投资由高能耗、

高污染的投资转向以节能和环境为主的投资方式，在这整个过程中，资金导向机制发挥着重要的作用。

在资金导向体系中，商业银行、政府部门和政策性银行是三个重要的主体。商业银行控制信贷的总量和流向。在绿色金融政策的倾斜下，商业银行等金融机构可以给予绿色环保企业较低利率的金融支持，鼓励绿色产业的发展，同时给予高能耗高污染产业较高利率的信贷或者直接采取限贷、断贷等措施倒逼“两高一剩”企业进行整改、重组、转型，这能够提高经济发展效率（贾雪慧，2021）。差别化的利率政策有效地引导投资资本在不同行业之间进行高效配置，一方面使节能环保企业获得低成本的资金，降低节能环保型企业融资成本，形成融资优势；另一方面通过对高污染企业进行资金限制，增加该类企业的融资成本，迫使它们要么逐步退出市场，要么积极进行技术创新，转换生产模式（瞿佳慧等，2019）。

除此之外，绿色环保产业在发展的同时，也会产生强大的规模效应，带动上游和下游行业的发展，甚至带动竞争行业的发展。在这样的模式下，“两高一剩”行业逐渐向绿色环保化发展，相关金融资产的数量增加，价格更加趋于合理，并且更直观准确地体现出资金的供求关系和绿色环保产业发展过程中的变化情况，这样就提高了资金的使用效率和资金的运作质量，使经济朝更加高效的方向发展，进而推动了经济的可持续发展（见图1）。

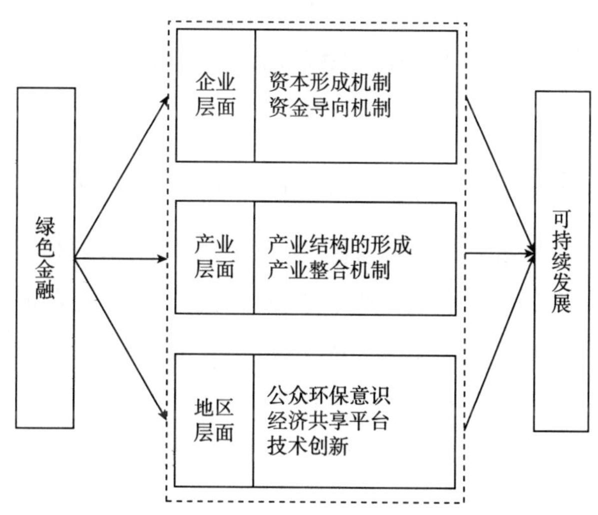

图1　绿色金融影响可持续发展的机制分析

（二）基于产业层面分析绿色金融促进城市可持续发展

从实践中可以看出，实施“绿色金融”是促进工业可持续发展的重要因素。这也是为什么绿色金融能够最大限度地优化行业结构，达到可持续发展的目的。

一方面，资本的流向对产业结构的形成起到了至关重要的作用。因为，特定的资金流向，往往会影响到特定的行业发展趋势。所以，在这种背景下，发展绿色金融，可以利用资本流动的功能，对产业结构进行合理的调整，使之达到最优（文书洋等，2021）。一是大力发展绿色工业，包括节能环保、清洁能源、交通、建筑等方面的投资；二是推进传统工业结构调整、淘汰落后产能、加速新旧动能转换、引导资金向高端产能转移（张治栋、赵必武，2021）。一个行业的发展速度和一个公司的资本聚集能力有着密切的关系。所以，通过融资的方式，可以实现绿色金融的可持续发展。另外，在促进产业融合的过程中，绿色金融也起到了很大的推动作用，可以促进绿色产业的集聚。

另一方面，经济不断发展使金融体系不断发展，企业为适应这种变化，积极改变内部管理方式，朝着多元化和集团化的方向发展，公司发展开始突破国籍、部门和行业的限制，由此便形成了产业的整合机制（Grubb et al.，2005）。产业整合的具体含义是指在行业长期发展目标的基础上，建立长期竞争优势，对生产要素在全部行业和全球范围进行重新整合，增加生产要素的流动性、提高资源的利用率和要素的配置效率，从而吸引更多资金流入优势产业，增加优势企业的凝聚力。绿色金融通过产业整合机制推动经济可持续发展主要通过以下路径：在可持续发展理念下，钢铁业和冶金业等传统产业的发展遭到了一些限制，低碳环保产业的发展前景却越来越广阔，它们的市场地位在不断提高，市场体系越完善越能够帮助环保产业吸引更多的资金（周忠宝等，2021）。

（三）基于区域层面分析绿色金融促进城市可持续发展

首先，在实际中，注重发展绿色金融，可以有效地增强公众对环境的认识，同时也可以有效地提升公众的环保意识。通过这种方式，人们才能真正认识到经济和环境保护相结合的重要性，并且在现实生活中积极地参与到环境保护中去，这样才能更好地促进社会的可持续发展。在公众对环境保护的认识上，金融行业可以适应新的经济发展方式，并通过发展绿色金融来担当起自己的社会责任。此外，通过发展绿色金融，促进相关的工作环境，从而产生更大的社会效应（Guan and Yam，2015）。另外，发展绿色金融，既能让企业发展经济，又能降低成本，促进社会的可持续发展。

其次，绿色金融的推广，意味着在发展经济时，应更加注重环境资源的保护，回归到以人为本的发展路线上。经济共享强调的是经济发展给每个人带来的福利，如教育水平的提高，医疗卫生、社会保障的完善，收入水平的上升和低就业率等。绿色金融有利于经济可持续发展和金融系统的健康运转，因此，从长远的角度来看，绿色金融有利于经济共享。

最后，绿色产业比如清洁能源、绿色交通等的发展还处在初级阶段，离不开技术创新，但技术创新存在很高的风险，若没有合理有效的风险分散机制提供支持，就无法吸引更多的投资者。此时，各种绿色金融产品的出现能一定程度规避风险，一方面，绿色金融可以通过保险公司为绿色产业提供绿色保险来管理环境风险，对企业因进行绿色创新造成的损失给予一定补偿，降低绿色投资者的投资风险，促进绿色市场长期稳定发展；也可以通过绿色信贷和绿色投资对高风险的新兴产业或创新项目提供资金支持来降低它们因资金问题造成的风险（Martin and Max，2016）；另一方面，国家绿色金融政策的出台及时向企业传递一种信号，企业会据此适当调整发展策略或是完善风险管控机制以应对政策变动带来的经营风险，也会利用绿色基金、绿色证券等金融产品来分散风险。总之，绿色金融政策可以帮助企业不断完善自身治理结构，建立健全的风险管控机制来识别和控制项目运营中的环境风险，通过不同的绿色金融产品来分散经营风险，有助于整个社会经济的稳定发展。

五、绿色金融助推城市可持续发展的对策

（一）完善金融标准，助推城市可持续发展

要不断地完善、调整与环保有关的法律保障制度，弥补我国目前存在的一些缺陷和不足。为绿色金融政策体系的有效执行提供了有力的法律支持。强化与执法机构的协作，强化规范市场行为。建立健全绿色金融监管体系。明确环境监管机构和金融监管机构之间的职责。这个架构体系应该至少用国务院规章的形式来确定，并确保其效力，最好采用国内法，这样才能起到更好的作用。

第一，金融机构要建立健全的金融监督体系，切实履行环保措施、环保行为。制定一套合理的评估标准，有助于制定一套行之有效的监督机制，促进企业的激励和约束，是促进绿色金融发展的一个重要因素。各国政府和中央银行通过借鉴绿色金融的经验，建立了一套符合我国国情的绿色信贷管理规范，并建立了相应的信用评价体系，对银行进行了相应的评价，从而将绿色金融的业务流程细化、制度化，提高了绿色金融的可操作性。在企业的经营目标中，要把社会和环保的价值观融入企业的经营目标，加强对企业的认识，注重绿色金融的实施。根据易碳家的了解，发展绿色金融，不支持高污染、高风险企业的信贷、保险等。在经济方面，避免企业为了追求短期利益而

忽视公司的长远发展。通过发展绿色金融，促进新的经济增长点，促进经济的可持续发展。

第二，为保证绿色金融体系的实施，必须建立健全的绿色财政评价体系。考核要遵循几个基本原则。首先，要确保整个投票过程都是透明的，这是一个公开的原则。其次，要坚持公平的原则，要充分吸收社会各方面的力量，包括新闻媒体的全程监督。最后，公正的原则是，要让各企业有机会进行公众的宣传。要确保绿色金融的顺利实施，就需要建立健全的环境治理体系和环境信息交流机制。以导向、实用性、科学性为基本准则制定目标与评估系统。

第三，基于评估指标的建立，科学的政策评估应该包括事前评估、事中评估和事后评估。事前评估可以估算政策的潜在影响，为决策者提供参考，从而增强决策的科学性；事中评估是对政策执行情况进行监测，以及时修正政策执行中的偏差；事后评估主要是对政策的实施效果进行检验，为以后的政策制定提供依据。在大力推进绿色金融体系的构建时，必须从多层次进行评价，构建一套完整的绿色金融体系。在实施事前评估的过程中，可以采用投入产出分析、目标论证分析、可行性论证分析、知识产区评议、影响预测等方法，为制定绿色金融政策、制定具体措施、建立机构、配置资源等提供重要的参考和依据。事中评估的主要目的在于为绿色金融政策目标的实施和流程的优化提供相关的参考依据，更多地关注于对政策的调整和优化。事后评估是指在政策实施完毕后，对政策的效果进行评估，以确定其所达到的效果，并识别其效力，以便更好地理解其发挥的机制，并促进改善和扩大其效果。所以，事后的评估是非常重要的。

（二）加大资助力度，助推城市可持续发展

目前，“绿色发展”思想已经深入人心，而“绿色经济”的发展也需要“绿色金融”的支撑。统计数字表明，“十三五”期间，国家对环保的投入需要达到 20 万亿元以上，而政府财政投入的比例一般仅为 10%~15%。然而，我国的绿色金融仍有很多问题。我国的绿色金融还处在起步阶段，绿色金融产品的融资优势还需要进一步发掘，提出了完善的绿色金融配套政策，加强对绿色金融的支持。

第一，通过放开市场准入、降低税费、健全政府服务价格等措施，健全收益与费用风险分担机制，推动绿色企业融资的风险管理与激励。进一步放开市场准入，实行全国范围内的“市场准入”和“负面清单”，确保所有市场主体都能依法享有同等的准入资格。同时，根据《国家综合改革试点实施方案》的授权，对具备国际通行资格的境外金融、税务、建筑、规划等专业机构及相关专业人员，依照有关规定，在深圳开展业务活动。鼓励符合条件的外国金融机构在深圳设立券商、基金管理人，并在具

体行业中进一步放宽市场准入。另外，为促进市场主体的成立与经营提供便利，推进工商登记行政确认制度，实现对市场主体开办的一网通办；整合设立登记、印章制作、发票申领、社保登记等各种经营活动，推进“多证”“多证合一”；推进社保、市场监管、税务、海关“多报合一”等市场主体年报，降低市场主体的行政管理压力。

第二，要进一步健全财政补助制度，通过对预设项目的贷款、贴息、担保、补助等措施，减少预设项目的融资成本。在绿色信贷、绿色保险、担保、债券、基金等领域，通过财政奖补、贴息、风险补偿等方式，强化财政与财政政策的协调，形成政策合力，建立绿色金融支持绿色发展的财政政策体系。同时，要建立健全多角度、多渠道、全方位的绿色金融奖励政策，研究制定一套系统性、一体化的绿色金融奖补政策，包括信贷贴息、债券贴息、上市奖励、保费补贴、担保奖励、风险分担等，以激励市场主体活力，撬动更多社会资本参与绿色发展。

第三，要解决中小企业融资难、融资贵等“老大难”问题，必须进一步深化融资方式的创新，强化政府融资服务平台，向市场主体提供线上、智能化、批量化投融资对接服务；强化税收、银保等金融机构的协作，把纳税人的纳税信用转变成融资信贷；加强与港澳地区金融市场的联系，加强金融产品的互认，拓展创新的跨境金融服务。同时，对银行贷款进行规范，明确了在开展信贷业务时，不能设定不合理的信贷额度，也不能强迫市场主体将一部分贷款转化为储蓄，也不能以存款为先决条件。为支持中小企业的发展，设立了绿色通道，为中小企业提供优质的服务；建立完善的金融支持体系，通过风险补偿和风险分担的方法，加大对中小企业的融资支持力度；支持政策性融资担保机构和商业融资担保机构在中小企业融资担保方面的合作。

（三）创新金融模式，助推城市可持续发展

在当今的社会，创新是一个非常重要的概念。创新的存在，不仅是一种精神上的进步，而且是一种推动民族繁荣的力量。所以，在这种背景下，要推动绿色金融的发展，使我国的金融体系能够持续地发展，就需要加强金融体系的创新。

第一，金融产品的创新促进了城市的可持续发展。通过引入绿色债券，建立起一个良好的市场引导机制，为绿色行业融资提供更多的低成本长期融资；同时，还要注意到融资贵、融资难等问题，并采取相应的对策，以保证绿色工程的可持续发展；为了更好地实现经济和环境保护的有机结合，金融机构必须在巨灾保险、绿色金融衍生品等领域中，通过金融产品来强化环境风险的管理，既能带来经济效益，又能带来环境效益。例如，金融赋能、汽车分期业务也在朝着“绿”方向发展。

第二，金融经营模式的创新，促进了城市的可持续发展，提出了一种行之有效的绿色融资管理方式。在实践中，创新绿色金融，既要创新产品，又要创新经营方式。

在实践中，绿色金融的经营方式创新，通常都是以直接或间接方式参与到产品创新之中，其核心目标是整合各种资源，使资源得到最大的优化。因此，从这个角度来看，金融机构要在金融配置、奖惩机制、风险评价等多个层面上进行改革。例如，绿色契约管理，它是一种既可以节约环境成本，又可以支持环保工程的投资。此外，近年来在金融行业盛行的各种新的融资方式，如股权融资，都是完全依靠市场运作的。它既可以降低企业的融资风险，又可以降低企业的融资成本，提高企业的融资效率。

第三，引入创新型专业技术人员，促进城市的可持续发展；加强对绿色金融专业人才的培养。在中国，“绿色金融”并非一个全新的概念，但是，真正懂得金融和人才的环保法规却是各国政府制定的。因此，要制定一项绿色财政政策，培养创新人才，加强人才储备，为绿色企业的发展打下坚实的基础，培养出高效率、创新型的人才。而这一点，可以到金融机构，甚至是大型的银行来做交易，也可以邀请国外的公司，尤其是在欧洲有较好的绿色金融发展区域，来促进我们的绿色金融发展。当前，中美两国已建立了“绿色金融”基金，英国、法国等国家也在积极开展绿色金融发展与合作，这些都为绿色金融的国际间的合作和发展带来了更多机遇。在全球经济一体化背景下，我们应该继续加强国际间的绿色金融合作，鼓励社会和国际资金在世界各地建立各种类型的民间绿色投资基金，促进绿色金融的发展。

（四）加强金融监管，助推城市可持续发展

银保监会将坚定不移地贯彻党中央和国务院的决策部署。银保监会健全监管体系框架，提高依法监管，加大对实体经济的服务，防范化解金融风险，促进金融改革，深化金融监管，把金融监管放在党和国家全局的高度，提高监管的前瞻性和有效性，保障经济金融安全稳定运行。银保监会的防范工作越来越扎实，不断巩固以往的防范工作，针对新情况、新问题，分类施策，消除各种风险。另外，对高风险的银行和保险公司进行处置，对网络平台公司的相关金融业务进行了全面的整顿，对大型企业集团的防范和化解工作取得了积极的进展。整体上，相关风险持续收敛，促进了金融和实体经济的良性互动。

第一，完善工作机制。一是修改和完善各金融机构监管工作联席会议成员单位及职责，加强各部门之间的协调配合，形成联合治理的合力。推进金融机构监督问责制的实施，保证常态化的监督工作有效、及时的应急处理。二是制定金融机构发展和监管等工作重点，提出了规范经营、消防安全、防范非法集资、扫黑除恶等工作措施和目标要求。三是制定“双随机一公开”的监督实施方案和实施细则，实行“一单两库”动态管理，强化对地方金融机构的事中、事后监管，规范行政执法。

第二，全面开展检查。一是继续加大对金融试点单位的专项治理力度。在摸清了

所属五个类型的小型信贷公司试点机构的基本信息和业务发展状况后，进一步加大清理退出力度，盘活机构设立指标资源，对其他非正常经营的试点机构有序引导退出，实现扶优限劣。二是要加强实地检验。按照《双随机抽查工作计划》要求，由各地区市场监管局、人民银行、银保监会、地方金融行业协会和评审专家等随机抽取金融机构开展现场检查，切实发挥各个职能部门作用，确保客观、公正、实效，共同下发整改通报。三是加强野外环境监测。引导小额信贷企业和融资担保公司向新的业务信息管理体系过渡，并对现有业务进行信息补录，督促指导银行按照规定填报系统，并通过核对、汇总比对，实现业务数据的分析研判和预警提示。

第三，实现分类监管。一是对评级结果进行了调整。按照日常监管与年终考核、现场检查与资料审核相结合的原则，对违规经营的银行进行年审或年度考核，并将年审和评价结果作为对金融机构实施分类监管、业务创新、经营地域与范围、政府奖励、风险补偿等的重要措施依据。二是要加强评价结果的应用。将年审 B 级的典当行列为重点监管对象，加大现场巡查频率，强化非现场监督，对未通过年审的典当行，吊销其《典当经营许可证》。对“良好”或以上的小额信贷公司，可以依法发行债券，以本公司的贷款为基础，发行证券化产品、股东借款等；对近期两年的年度考核和评估均为“优秀”的小额信贷公司，经省财政部门批准，可将业务范围扩大到全省。

参考文献

［1］Grubb，M.，Azar，C.，Persson，U. Allowance Allocation in the European Emissions Trading System：A Commentary［J］. Climate Policy，2005，5（1）：127-136.

［2］Guan J. C.，Yam R. C. M. Effects of Government Financial Incentives on Firms' Innovation Performance in China：Evidences from Beijing in the 1990s［J］. Research Policy，2015，44（1）：273-282.

［3］Lin-Sea Lau，Chee-Keong Choong，Yoke-Kee. Eng. Carbon Dioxide Emission，Institutional Quality，and Economic Growth：Empirical Evidence in Malaysia［J］. Renewable Energy，2014：68.

［4］Martin Fritz，Max Koch. Economic Development and Prosperity Patterns around the World：Structural Challenges for a Global Steady-state Economy［J］. Global Env Ironmentar Change，2016（38）：41-48.

［5］Stefan G. Considerations on the Theory of Economic Growth and Development［J］. Procedia Social and Behavioral Sciences，2012（10）：280-284.

［6］柴晶霞．绿色金融影响宏观经济增长的机制与路径分析［J］．生态经济，2018，34（9）：56-60.

［7］傅强，李四维．基于经济增长理论的经济收敛性理论研究述评［J］．经济问题探索，2016（11）：161-172.

［8］何兴邦．环境规制与中国经济增长质量：基于省际面板数据的实证分析［J］．当代经济科学，2018（2）：1-10，124.

［9］黄庆华，时培豪，刘晗．区域经济高质量发展测度研究：重庆例证［J］．重庆社会科学，2019（9）：82-92.

［10］贾雪慧．基于 SDGs 的银川市可持续性评价及路径优化研究［D］．兰州：兰州大学，2021.

［11］瞿佳慧，王露，江红莉，吴佳慧．绿色信贷促进绿色经济发展的实证研究——基于长江经济带［J］．现代商贸工业，2019，40（33）：29-31.

［12］汪涛，张家明，禹湘，等．资源型城市的可持续发展路径——以太原市创建国家可持续发展议程示范区为例［J］．中国人口·资源与环境，2021，31（3）：24-32.

［13］文书洋，林则夫，刘锡良．绿色金融与经济增长质量：带有资源环境约束的一般均衡模型构建与实证检验［J］．中国管理科学，2021（2）：55-65.

［14］张亚峰，吴兴鲁，巩灿娟，刘厚凤，李艺．环境规制对山东省经济高质量发展的时空影响［J］．生态经济，2021（8）：148-156.

［15］张治栋，赵必武．智慧城市建设对城市经济高质量发展的影响——基于双重差分法的实证分析［J］．软科学，2021（8）：65-70，129.

［16］周忠宝，邓莉，肖和录，吴士健．外商直接投资对中国经济高质量发展的影响——基于 Index DEA 和面板分位回归的分析［J］．中国管理科学，2021（3）：1-12.

城市绿色发展转型的行为博弈与演化仿真

内容提要： 城市绿色发展转型是地方政府和企业在多种因素影响下的策略互动与信念互动的演化均衡结果。由于城市发展目标和关键影响因素的阶段性差异，使城市绿色发展转型的博弈主体损益感知发生改变，导致其策略选择具有不确定性，造成城市绿色发展效率的波动与损失风险。与传统计量经济学分析不同，本文采用演化博弈分析方法，建立了城市绿色发展转型的多阶段演化博弈分析框架。研究结果表明：①城市绿色发展转型的关键在于企业生产模式的选择，而企业从自然资源消耗中获得的损益感知是影响企业生产模式选择的重要因素。②城市绿色发展转型中环境规制的强度变化取决于资源环境与经济发展之间的需求转变，对地方政府和企业的行为决策产生不同激励效果。③在城市绿色发展转型的不同阶段，地方政府与企业之间的博弈均衡存在三种可能的演化结果。最后根据不同演化阶段特征提出具有针对性的对策建议。

关键词： 城市绿色发展转型；行为演化；损益感知；博弈均衡；仿真模拟

核心观点：

（1）城市绿色发展转型的关键在于企业生产模式的选择，而企业从自然资源消耗中获得的损益感知是影响企业生产模式选择的重要因素。自然资源的有限性使企业从当前自然资源消耗中获得收益感知，对企业选择传统生产模式具有推动作用。自然资源的替代性使企业从当前自然资源消耗中获得损失感知，对企业选择绿色生产模式具有推动作用。在两种推动力的共同作用下，使企业从自然资源消耗中获得的效用感知介于收益感知与损失感知之间，导致企业在生产模式选择上存在不确定性。

（2）城市绿色发展转型中环境规制的强度变化取决于资源环境与经济发展之间的需求转变，对地方政府和企业的行为决策产生不同激励效果。一方面，环境规制强度直接影响地方政府对企业的监督处罚力度和财政补贴大小。当环境规制的强度越大时，地方政府对企业的监督处罚力度和财政补贴大小将越大。另一方面，环境规制通过控制地方政府的监督处罚力度和财政补贴大小，进而间接影响企业从自然资源消耗中获得的效用价值高低，从而达到控制和激励企业行为决策的效果。当地方政府的监督力度越大，财政补贴越高，企业在传统生产模式下的效用价值损失将越大。

（3）城市绿色发展转型经历了从“重经济轻环保”时期，到“强经济弱环保”时期，再到“环境与经济并重融合”时期的演化过程。演化结果显示，在城市绿色发展转型的不同阶段，地方政府与企业之间的博弈均衡具有不确定性，存在三种可能的演化结果：在初始阶段和扩张阶段，资源环境保护服从于城市经济发展，博弈双方的均衡策略为（消极推动，消极执行）；在调控阶段，资源环境保护滞后于城市经济发展，博弈双方的均衡策略为（积极推动，消极执行）；在转型阶段，资源环境保护逐步融入城市经济发展，博弈双方的均衡策略为（积极推动，积极执行）。

一、引言

绿色发展是一种平衡式的发展，是协调环境和发展问题所依靠的重要经济形态。不同于以效率优先为导向的传统发展模式，绿色发展强调公平与效率具有同等的重要性。城市绿色发展的最终目标是实现城市的可持续发展，绿色发展与可持续发展两者之间属于当下和长远的关系。多年来，我国许多城市发展建立在资源消耗与土地开发的传统发展模式基础上。据统计，2020 年我国 GDP 为全球的 17%，可所消耗的水泥、玻璃、钢材却占到全球总消耗量的 45%、42%和 35%。此外，我国城市土地开发速度远高于城市人口的增长速度。数据显示，2000～2018 年，我国城市人口增长了 81%，而同时期的城市建设面积却增长了 161%，为城市人口增长速度的两倍，大量新城、新区人均建设用地面积更是达到 200 平方米/人。时至今日，面对日益严峻的环境形势和逐渐消失的资源优势，以高投入、低效率和高扩张为主要特征的城市粗放发展模式已不可持续，推动城市绿色发展转型逐渐成为当下各级政府实现城市可持续发展目标的主要共识和必然选择。

绿色发展理念最早源于 1989 年 David Pierce 的著作《绿色经济的蓝图》（*Blueprint for Green Economy*），他在书中探讨了环境价值及资源环境的定价机制，提出建立一种可承受的经济增长方式。此后，联合国环境规划署（UNEP）、经合组织（OECD）、世界银行（WB）等国际机构陆续开展了绿色经济、绿色增长、绿色 GDP 核算等方面研究工作。当前绿色新政、绿色转型、绿色发展等理念被国际上广泛用于解决可持续发展问题的实践当中。在我国，自2015年党的十八届五中全会提出创新、协调、绿色、开放、共享的新发展理念，作为其中之一的绿色发展理念逐渐上升为国家战略层面。2016年国家“十三五”规划指出，绿色发展是建立在生态环境容量和资源承载力的约束条件下，低碳、节约、循环、均衡、可持续的新型发展模式。2021年国家“十四五”规划明确提出，推动绿色发展，促进人与自然和谐共生的发展要求，并将其细化为加快推动绿色低碳发展、持续改善环境质量、提升生态系统质量和稳定性、全面提高资源利用效率等方面。

随着人们对经济发展与资源环境关系的深入认识，城市绿色发展的内涵和外延也在不断拓展。当前城市绿色发展大多涉及两个方面：一是城市发展不以破坏生态环境为代价，即城市发展必须建立在资源承载力和生态环境容量的约束条件基础上，实现对资源能源的合理利用、对经济社会的适度发展，以及对损害补偿的相互平衡。二是使绿色经济成为城市新的经济增长点，在城市产业体系中体现劳动力、资本、技术、自然资源等生产要素投入强度和比例变化。本文认为，由于城市发展目标和关键影响因素的阶段性差异，使城市绿色发展转型的博弈主体损益感知发生改变，导致其策略选择具有不确定性，造成城市绿色发展效率的波动与损失风险。因此，博弈主体损益感知下的行为决策对城市绿色发展转型的演变过程产生重要作用。然而，现有研究大多基于单一因素影响下的城市绿色发展相关研究，缺乏多主体、多因素、多阶段之间的博弈行为互动对城市绿色发展转型演化过程的复合影响研究。鉴于此，本文将基于行为博弈的角度，研究博弈主体损益感知对城市绿色发展转型的影响机理及其演化规律，为制定具有针对性和指向性的城市绿色发展转型对策建议提供了新的思路，具有研究价值。

二、文献综述

本文主要从城市绿色发展转型的概念及内涵、城市绿色发展转型的主要影响因素，以及城市绿色发展转型的博弈与演化三个方面进行相关文献综述。

（一）城市绿色发展转型的概念及内涵

绿色发展是指从传统的高消耗、高污染、高排放为代价的粗放发展模式，向以资源节约和环境友好为中心的创新发展模式转变，致力于突破资源环境承载力的制约，谋求经济增长与资源环境消耗的脱钩，从而实现发展与环境的双赢。当前，城市绿色发展不仅是一种以经济发展为导向，以生态保护为约束，以社会和谐为目标的平衡式发展，也是应对传统发展模式下资源环境约束的基本途径。绿色发展模式通过将资源与环境作为增长的内生因素，以改变经济发展的动力机制，寻求在经济增长与生态环境保护之间建立平衡。

与城市传统发展模式相比，绿色发展模式更加强调经济系统、社会系统和自然系统间的系统性、整体性与协调性。李周（2016）认为，城市绿色发展转型不仅是城市产业和基础设施的绿色转型，也是不同城市根据自身的资源环境禀赋和经济社会发展定位所进行的各具特色的绿色转型。付金朋和武春友（2016）认为，城市从传统发展模式向绿色发展模式的转变意味着城市的深度转型。首先，城市绿色转型是在社会、经济、环境承载能力之内的协同发展。其次，不同城市的转型路径会因城市的资源禀赋不同而存在差异。再次，城市绿色转型应根据城市的发展过程进行动态调整。最后，评估城市绿色转型的阶段成效应建立在城市全生命周期基础上，衡量转型的成本支出及在非资源消耗下取得的效益。

（二）城市绿色发展转型的主要影响因素

城市绿色发展的影响因素既涉及宏观层面，也涵盖微观层面。在宏观层面上，资源环境因素与社会经济因素对城市绿色发展转型产生双重影响。传统经济发展的内生变量主要由物质资本、人力资本、技术进步等因素所决定，而将资源环境作为经济增长的外部条件和外生变量，认为生产率的增长不受外部的资源环境影响。由于传统发展模式的经济效率衡量方式，忽视了生产过程中的资源投入与生态环境成本，从而增加经济增长绩效评价的误差。王青和肖宇航（2021）研究发现，经济发展水平对城市绿色发展效率具有促进作用，就业结构对绿色发展效率有阻碍作用。金巍等（2018）认为，城镇化使城市产业结构、人口就业结构和能源消耗方式发生改变，是影响城市绿色发展的决定因素之一。

在微观层面上，影响城市绿色发展的主要因素包括技术创新、利益相关者、规制政策等方面。在技术创新方面，胡森林等（2022）认为，技术创新是绿色发展转型的核心动力和重要支撑。杨莉等（2019）研究发现，绿色技术进步缓慢是限制工业绿色发展水平提升的重要因素，科技创新投入和环境保护投资的增加对提升工业绿色发展水平具有积极作用。李兰冰和李焕杰（2021）研究发现，技术创新对资源型城市绿色发展的影响效应更加明显。在利益相关者方面，环境污染的负外部性使市场机制往往无法独自应对环境污染问题，需要政府部门加强对环境污染的监督管理。徐瑛等（2021）研究发现，政府环境监管和环保投入的实施效果受企业投机行为的干扰和扭曲。张华等（2017）指出，公众诉求作为一种“自下而上”的推动机制，倒逼政府提升环保支出力度和环境监管强度，以达到绿色发展效率提升效果。

在规制政策方面，黄磊和吴传清（2019）认为，绿色红利外溢和绿色政策供给对提升工业绿色发展效率具有关键作用。黄天航等（2020）研究发现，技术创新只有在环境政策的作用下才能发挥环境效益。张建华和李先枝（2017）研究发现，政府干预和环境规制的交互作用对绿色发展转型产生显著影响。蔡晓陈和徐红霞（2022）研究发现，政策上的频繁调整增加了经济发展的不确定性。经济政策不确定性与绿色经济效率存在负向关系。此外，经济政策不确定性的上升，还会造成企业可支配资金的减少，使企业降低环保投资；同时也可能加剧信息不对称、市场价格波动及银行借贷风险，引起地方政府以环境换经济的短视行为。

（三）城市绿色发展转型的博弈与演化

在城市绿色发展的博弈研究方面，李晓萍等（2019）认为，城市绿色发展的关键在于协调利益冲突及应对不确定性风险。郭建斌和陈富良（2021）研究发现，地方政府在经济赶超和环境保护之间的策略选择具有不确定性，导致绿色发展效率的波动与损失。贺晓宇和韩保江（2018）研究发现，经济增长诉求对绿色发展的负面作用最大。在以 GDP 为核心的考核激励下，地方政府可能放松环境规制，通过采取粗放型发展模式来追求短期政绩。而上级政府和公众媒体对环境问题的关注，有利于削弱地方政府政绩诉求的负面作用。郭斌（2014）研究发现，企业的策略行为选择是在时间跨度下进行成本收益权衡的结果。部分已经实施绿色技术的企业会采取顺从、妥协策略，另一部分未实施绿色技术的企业会采取回避或对抗策略。

在城市绿色发展的演化研究方面，王元聪和陈辉（2019）认为，在绿色发展的理论与实践演进中，效率优先、规模优先、公平优先三种发展理念是不同区域在不同发展阶段所具备的经济、生态与社会发展条件下的寻优策略选择。吴舜泽等（2018）对环境保护与经济发展的阶段性演化与动态转变特征进行了定性研究。他们认为，环境保护与经济发展的演化过程经历了从环境保护服从于经济发展的“重经济轻环保”阶段，到环境保护滞后于经济发展的“强经济弱环保”阶段，再到环境保护逐步融入经济发展的“环境与经济并重融合”阶段。任平和刘经伟（2019）研究了中国高质量绿色发展的形态演进过程，主要包括初始形态、转型形态和发展形态三个阶段。在初始形态阶段，高质量绿色发展以实现经济增长的单一目标为重心。在转型形态阶段，经济发展方式逐步由粗放式发展向提高效率的绿色发展转型。在发展形态阶段，将逐步形成人与自然和谐共生的新格局。

综上所述，城市绿色发展转型是从高消耗、高污染、高排放的传统粗放发展模式，向资源节约、环境友好的绿色发展模式转变，谋求在经济增长与资源环境之间建立平衡关系。地方政府、企业和居民作为城市绿色发展转型中的关键节点，地方政府与企业存在直接的博弈关系，公众通过施加社会压力而影响博弈双方的策略选择。在城市传统发展模式向绿色发展模式的演变过程中，资源环境、社会经济、技术创新、规制政策等因素的多重影响，使博弈主体的损益感知不断改变，造成博弈各方的行为决策存在更大的不确定性，引发城市绿色发展效率的波动与损失风险。然而，现有研究大多是基于单一因素影响下的城市绿色发展相关研究，且研究方法大多是实证分析和定性分析，缺乏不同影响因素之间的相互作用对城市绿色发展转型的复合影响研究。与上述研究不同，本文借鉴了 Friedman（1998）的演化博弈分析法，认为城市绿色发展转型中的博弈主体策略选择是博弈各方在多种因素影响下的策略互动与信念互动的演化均衡结果。在此基础上，通过将城市绿色发展的不同影响因素置于同一博弈分析框架下，致力于呈现多因素复合影响下的城市绿色发展转型演化机理，并以湖南省冷水江市为例，对其绿色发展转型的演化过程进行数值模拟分析，以此提出阶段性的对策建议。

三、博弈模型构建

本文首先构建企业在绿色发展转型中的收益感知、损失感知与不确定感知三种主观感知下的效用价值函数。其次将城市绿色发展转型的主要影响因素作为模型的相关参数变量，建立地方政府和企业的博弈前提假设。最后构建地方政府与企业在不同策略组合下的博弈支付矩阵，以此开展博弈双方在多因素影响下的行为演化均衡分析。

（一）不同感知下的效用价值函数

城市绿色发展转型的关键在于企业生产模式的选择，而企业在不同环境规制下从自然资源消耗中获得的损益感知是影响企业生产模式选择的重要因素。作为理性经济人，企业希望实现自身利益最大化；而当其在面临风险损失时，也会本能地表现出损失规避行为，以寻求自身损失最小化。在此基础上，本文首先构建了企业在收益感知、损失感知以及介于两者之间的不确定感知下的效用价值函数。

1. 收益感知下的效用价值

以自然资源的当前市场价格为参照点，在缺乏环境规制约束下，自然资源的有限性使企业对自然资源的未来预期价格相对较高。当企业对自然资源的未来预期价格高于当前市场价格时，企业从当前自然资源消耗中获得的效用价值为收益。以此构建企业在收益感知下的效用价值函数：

$$V_H=(P_H-P_0)^\alpha \tag{1}$$

式（1）中，V_H 为收益感知下企业从当前自然资源消耗中获得的效用价值，P_0 为自然资源的当期价格，P_H 为收益感知下企业对自然资源的未来预期价格，其中 $P_H>P_0$。α 为企业的收益感知系数，$0<\alpha<1$。当 P_H 越大，α 取值将越大，表示企业从当前自然资源消耗中获得的效用越大，促使企业增加当前生产资源的消耗量。

2. 损失感知下的效用价值

当环境规制介入时，自然资源的替代性使企业对自然资源的未来预期价格相对较低。当企业对自然资源的未来预期价格低于当前市场价格时，企业从当前自然资源消耗中获得的效用价值为损失。以此构建企业在损失感知下的效用价值函数：

$$V_L=-\lambda(P_0-P_L)^\beta \tag{2}$$

式（2）中，V_L 为损失感知下企业从自然资源消耗中获得的效用价值，P_0 为自然资源的当期价格，P_L 为损失感知下企业对自然资源的未来预期价格，其中 $P_L<P_0$。λ 为企业的损失规避系数，$\lambda>1$，用以衡量地方政府的干预行为（如监督处罚、财政补贴等措施）对企业效用价值的影响程度。当 λ 取值越大，表示地方政府的干预行为对企业造成的效用损失越大。β 为企业的损失感知系数，$0<\beta<1$。当 P_L 越小，β 取值将越大，表示企业从当前自然资源消耗中损失的效用越大，促使企业减少当前自然资源的消耗量。

3. 不确定感知下的效用价值

现实中由于环境规制在不同阶段的介入强度存在差异，使企业从自然资源消耗中获得的效用价值往往介于收益感知与损失感知之间，受到收益感知与损失感知的双重影响，导致企业在生产模式选择上具有不确定性。本文采用了离散型随机变量的表示方法，用 0 表示企业从自然资源消耗中获得的损失感知，1 表示企业从自然资源消耗中获得的收益感知，0 和 1 之间的区间变量分别表示企业从自然资源消耗中获得的不确定感知。在此基础上，将收益感知下企业从自然资源消耗中获得的效用价值比照式（1），将损失感知下企业从自然资源消耗中获得的效用价值比照式（2），则企业在不确定感知下的效用价值函数可表示为：

$$V_M=\gamma V_H+(1-\gamma)V_L=\gamma(P_H-P_0)^\alpha-(1-\gamma)\lambda(P_0-P_L)^\beta \tag{3}$$

式（3）中，V_M 为不确定感知下企业从自然资源消耗中获得的效用价值，γ 为企业的收益感知占比，$1-\gamma$ 为企业的损失感知占比，$0\leqslant\gamma\leqslant1$。当 $\gamma=0$ 和 $\gamma=1$，分别表示企业仅具有损失感知和收益感知。当 γ 越接近于 1，表示企业从自然资源消耗中获得的收益感知越强，而损失感知越弱。当 γ 越接近于 0，表示企业从自然资源消耗中获得的损失感知越强，而收益感知越弱。

（二）博弈假设

城市绿色发展转型的演变过程实质是企业和地方政府围绕传统发展模式与绿色发展模式选择问题而展开的动态博弈。在这个过程中，企业会根据其对实施传统发展模式和绿色发展模式的损益感知判断，决定是否积极执行生产模式转型；地方政府则会根据企业生产模式转型的实施情况，决定是否采取积极的干预措施。以此提出假设 1：

假设 1：在城市绿色发展转型中，地方政府和企业作为两个关键主体，存在直接博弈关系。假设地方政府的策略集合为（积极推动，消极推动），企业的策略集合为（积极执行，消极执行）。博弈双方均会根据各自的认知判断不断调整其策略选择，致力于实现各自利益最大化。

地方政府的职能决定了其不仅需要考虑经济发展利益，还需要考虑公众社会利益。当地方政府选择积极推动，需要支付一定的监督成本，用以监督企业的转型实施情况。监督成本大小与地方政府的监督力度正相关。反之，当地方政府选择消极推动，则无需支付监督成本。地方政府和企业之间存在四种策略组合情形：①当地方政府选择积极推动，企业选择积极执行，地方政府不仅需要支付监督成本，还需要给予企业一定的财政补贴，以激励企业积极实施绿色生产转型。由于地方政府的工作成效显著，其将受到上级政府奖励，并获得相应的社会收益。②当地方政府选择积极推动，企业选择消极执行，地方政府同样需要支付监督成本，但由于工作成效甚微，地方政府将受到上级政府处罚，并造成一定的社会损失。③当地方政府选择消极推动，企业选择消极执行，地方政府无须支付监督成本，但其不作为将受到上级政府更严厉的处罚，同时造成更大的社会损失。④当地方政府选择消极推动，企业选择积极执行，城市绿色发展转型由市场自发推动，此时地方政府无额外收益和损失。以此提出假设 2：

假设 2：地方政府的支付主要由监督成本、财政补贴、上级政府奖励、上级政府处罚、社会损失以及社会收益六个部分组成。

企业作为理性经济人，在城市绿色发展转型中以寻求自身利益最大化和损失最小化为目标。由于受到地方政府的监督处罚、财政补贴等因素影响，使企业从自然资源消耗中获得三种不同类型的效用价值：收益感知效用价值、损失感知效用价值以及介于两者之间的不确定感知效用价值。对应四种策略组合情形：①当企业选择积极执行，地方政府选择消极推动，企业实施绿色生产模式不受地方政府干预，此时企业需支付一定的技术研发成本。②当企业选择消极执行，地方政府选择消极推动，企业倾向于采用传统生产模式。由于缺乏地方政府监督处罚、财政补贴等外部激励影响，资源的有限性使企业对未来资源价格上涨具有较高的心理预期，此时企业从自然资源消耗中仅获得收益感知效用价值。③当企业选择消极执行，地方政府选择积极推动，由于地方政府监督处罚、财政补贴等外部激励力度不足，企业对未来自然资源价格上涨的心理预期高于下跌的心理预期，此时企业从自然资源消耗中获得的收益感知效用价值高于损失感知效用价值。因此，企业在该阶段仍然倾向于采用传统生产模式。④当企业选择积极执行，地方政府选择积极推动，随着地方政府监督处罚、财政补贴等外部激励力度的不断增强，资源的替代性使企业对未来资源价格下跌的心理预期逐渐高于上涨的心理预期，此时企业从自然资源消耗中获得的损失感知效用价值高于收益感知效用价值。因此，企业在该阶段倾向于采用绿色生产模式。该阶段企业除了需要支付一定的技术研发成本，还将获得地方政府的财政补贴。以此提出假设 3：

假设 3：企业的行为决策受其自身从自然资源消耗中获得的效用价值、地方政府的监督处罚、财政补贴、技术研发成本等因素的直接影响。

在城市绿色发展转型中，博弈双方的行为决策受到环境规制的控制与激励。一方面，环境规制强度直接影响地方政府对企业的监督处罚力度和财政补贴大小。当环境规制的强度越大，地方政府对企业的监督处罚力度和财政补贴大小将越大。另一方面，环境规制通过控制地方政府的监督处罚力度和财政补贴大小，进而间接影响企业从自然资源消耗中获得的效用价值高低，以达到激励企业行为决策调整目标。当地方政府的监督力度越大，财政补贴越高，企业在传统生产模式下的效用价值损失将越大。以此提出假设 4：

假设 4：环境规制对地方政府的行为决策产生直接影响，对企业的行为决策产生间接影响。环境规制强度与地方政府的监督处罚力度和财政补贴大小存在正相关，与企业从自然资源消耗中获得的效用价值存在负相关。

（三）博弈分析

基于上述博弈假设，建立地方政府和企业在四种策略组合下的博弈支付矩阵，将城市绿色发展转型的演变过程划分为初始阶段、扩张阶段、调控阶段和转型阶段四个阶段，如表 1 所示。

表 1　地方政府和企业的博弈支付矩阵

地方政府	企业	
	消极执行(θ)	积极执行($1-\theta$)
积极推动(δ)	（调控阶段）	（转型阶段）
	$-C-F_2-W_2$	$R-C-S+W_3$
	$\gamma(P_2-P_0)^{\alpha_2}-(1-\gamma)\lambda(P_0-P_3)^{\beta}$	$S-T$

续表

地方政府	企业	
	消极执行(θ)	积极执行($1-\theta$)
消极推动($1-\delta$)	(扩张阶段)	(初始阶段)
	$-F_1-W_1$	0
	$(P_1-P_0)^{\alpha_1}$	$-T$

初始阶段：在（消极推动，积极执行）情形下，城市绿色发展转型不受地方政府干预，而是由市场自发推动，此时地方政府无额外的收益和损失，即该阶段地方政府的支付为0。由于企业选择绿色生产模式，因此其从自然资源消耗中获得的效用价值为0，且需要支付技术研发成本。设企业的技术研发成本为T，则该阶段企业的支付为$-T$。

扩张阶段：在（消极推动，消极执行）情形下，地方政府的不作为将受到上级政府处罚，并造成相应的社会损失。设上级政府处罚为F_1，社会损失为W_1，则地方政府的支付为$-F_1-W_1$。对于企业，由于缺乏地方政府的监督处罚、财政补贴等外部激励条件，技术研发成本的增加使企业更倾向于遵循传统生产模式。该阶段企业对自然资源的有限性感知，提高了企业对未来自然资源价格上涨的心理预期，使企业从当前自然资源消耗中获得收益感知价值。假设自然资源的当期价格为P_0，未来的预期价格为P_1（$P_1>P_0$），α_1为企业在收益感知系数。因此，该阶段企业从传统自然资源消耗中获得的效用价值为$(P_1-P_0)^{\alpha_1}$。

调控阶段：在（积极推动，消极执行）情形下，地方政府需要支付一定的监督成本，由于工作成效甚微，其还将受到上级政府处罚，并造成相应的社会损失。设地方政府的监督成本为C，上级政府处罚为F_2，社会损失为W_2，根据假设2，$F_2<F_1$，$W_2<W_1$，则地方政府的支付为$-C-F_2-W_2$。对于企业，地方政府在环境规制下的监督处罚和财政补贴，使其从传统自然资源消耗中获得的效用价值具有不确定性，受收益感知和损失感知的共同影响。假设企业的收益感知比例为γ，损失感知比例为$1-\gamma$，收益感知下企业对自然资源的未来预期价格为P_2，损失感知下企业对自然资源的未来预期价格为P_3，企业的收益感知系数为α_2，损失感知系数为β，λ为企业的损失规避系数。因此，该阶段企业从传统自然资源消耗中获得的效用价值为$\gamma(P_2-P_0)^{\alpha_2}-(1-\gamma)\lambda(P_0-P_3)^{\beta}$。

转型阶段：在（积极推动，积极执行）情形下，地方政府除了需要支付监督成本外，还需要给予企业一定的财政补贴，以激励企业积极实施绿色生产转型。由于工作成效显著，其还将受到上级政府奖励，同时获得相应的社会收益。设地方政府的财政补贴为S，上级政府奖励为R，社会收益为W_3，则地方政府的支付为$R-C-S+W_3$。对于企业，由于其选择绿色生产模式，其将获得地方政府的财政补贴，同时需要支付技术研发成本。因此，该阶段企业的支付为 $S-T$。

（四）演化分析

假设地方政府选择积极推动的概率为 δ，选择消极推动的概率为 $1-\delta$，企业选择消极执行的概率为 θ，选择积极执行的概率为 $1-\theta$。就地方政府而言，选择积极推动和消极推动的期望收益分别为 $E_{(\delta)}$ 和 $E_{(1-\delta)}$，平均收益为 $E_{(G)}$，即：

$$E_{(\delta)}=\theta(-C-F_2-W_2)+(1-\theta)(R-C-S+W_3) \tag{4}$$

$$E_{(1-\delta)}=\theta(-F_1-W_1) \tag{5}$$

$$E_{(G)}=\delta E_{(\delta)}+(1-\delta)E_{(1-\delta)} \tag{6}$$

因此，地方政府选择积极推动策略的概率 δ 将按照以下复制动态方程 $F(\delta)$ 确定的方向趋势进行演化，即：

$$\begin{aligned}F(\delta)&=\delta(E_{(\delta)}-E_{(G)})=\delta(1-\delta)(E_{(\delta)}-E_{(1-\delta)})\\&=\delta(1-\delta)[\theta(-F_2-W_2+F_1+W_1-R+S-W_3)+(R-C-S+W_3)]\end{aligned} \tag{7}$$

就企业而言，选择消极执行和积极执行的期望收益分别为 $E_{(\theta)}$ 和 $E_{(1-\theta)}$，平均收益为 $E_{(I)}$，即：

$$E_{(\theta)}=\delta[\gamma(P_2-P_0)^{\alpha_2}-(1-\gamma)\lambda(P_0-P_3)^{\beta}]+(1-\delta)(P_1-P_0)^{\alpha_1} \tag{8}$$

$$E_{(1-\theta)}=\delta(S-T)-(1-\delta)T \tag{9}$$

$$E_{(I)}=\theta E_{(\theta)}+(1-\theta)E_{(1-\theta)} \tag{10}$$

因此，企业选择消极执行策略的概率 θ 将按照以下复制动态方程 F（θ）确定的方向趋势进行演化，即：

$$\begin{aligned}F(\theta)&=\theta(E_{(\theta)}-E_{(I)})=\theta(1-\theta)(E_{(\theta)}-E_{(1-\theta)})\\&=\theta(1-\theta)\{\delta[\gamma(P_2-P_0)^{\alpha_2}-(1-\gamma)\lambda(P_0-P_3)^{\beta}-(P_1-P_0)^{\alpha_1}-S]+[(P_1-P_0)^{\alpha_1}+T]\}\end{aligned} \tag{11}$$

（五）稳定性分析

根据 Friedman 提出的方法，首先通过雅可比矩阵进行局部均衡点的稳定性分析，然后对动态复制系统的雅可比矩阵的局部稳定性进行分析，以此求出地方政府和企业的演化稳定策略（ESS）。

令 $F(\delta)=\frac{d\delta}{dt}=0$，$F(\theta)=\frac{d\theta}{dt}=0$，可得复制动态系统可能的五个局部均衡点，即博弈的演化稳定状态，分别为 $D_1(0,0)$，$D_2(0,1)$，$D_3(1,0)$，$D_4(1,1)$，$D_5(\delta^*,\theta^*)$。

其中，$\delta^* = \dfrac{-T-(P_1-P_0)^{\alpha_1}}{\gamma(P_2-P_0)^{\alpha_2}-(1-\gamma)\lambda(P_0-P_3)^{\beta}-(P_1-P_0)^{\alpha_1}-S}$，$\theta^* = \dfrac{-R+C+S-W_3}{-F_2-W_2+F_1+W_1-R+S-W_3}$。

对 $F(\delta)$ 和 $F(\theta)$ 求关于 δ 和 θ 的偏导数：

$$\frac{\partial F(\delta)}{\partial \delta}=(1-2\delta)[\theta(-F_2-W_2+F_1+W_1-R+S-W_3)+(R-C-S+W_3)] \tag{12}$$

$$\frac{\partial F(\delta)}{\partial \theta}=\delta(1-\delta)(-F_2-W_2+F_1+W_1-R+S-W_3) \tag{13}$$

$$\frac{\partial F(\theta)}{\partial \delta}=\theta(1-\theta)[\gamma(P_2-P_0)^{\alpha_2}-(1-\gamma)\lambda(P_0-P_3)^{\beta}-(P_1-P_0)^{\alpha_1}-S] \tag{14}$$

$$\frac{\partial F(\theta)}{\partial \theta}=(1-2\theta)\{\delta[\gamma(P_2-P_0)^{\alpha_2}-(1-\gamma)\lambda(P_0-P_3)^{\beta}-(P_1-P_0)^{\alpha_1}-S]+[(P_1-P_0)^{\alpha_1}+T]\} \tag{15}$$

从而计算该系统的雅可比矩阵及其轨分别为：

$$J=\begin{pmatrix}\dfrac{\partial F(\delta)}{\partial \delta} & \dfrac{\partial F(\delta)}{\partial \theta}\\ \dfrac{\partial F(\theta)}{\partial \delta} & \dfrac{\partial F(\theta)}{\partial \theta}\end{pmatrix} \tag{16}$$

$$Tr(J)=\frac{\partial F(\delta)}{\partial \delta}+\frac{\partial F(\theta)}{\partial \theta} \tag{17}$$

将上面的局部均衡点分别代入可以得到四个雅可比矩阵，分别为：

$$J(0,0)=\begin{pmatrix}R-C-S+W_3 & 0\\ 0 & (P_1-P_0)^{\alpha_1}+T\end{pmatrix} \tag{18}$$

$$J(0,1)=\begin{pmatrix}-F_2-W_2+F_1+W_1-C & 0\\ 0 & -T-(P_1-P_0)^{\alpha_1}\end{pmatrix} \tag{19}$$

$$J(1,0)=\begin{pmatrix}-(R-C-S+W_3) & 0\\ 0 & \gamma(P_2-P_0)^{\alpha_2}-(1-\gamma)\lambda(P_0-P_3)^{\beta}-S+T\end{pmatrix} \tag{20}$$

$$J(1,1)=\begin{pmatrix}F_2+W_2-F_1-W_1+C & 0\\ 0 & -\gamma(P_2-P_0)^{\alpha_2}+(1-\gamma)\lambda(P_0-P_3)^{\beta}+S-T\end{pmatrix} \tag{21}$$

上述均衡点是地方政府和企业策略选择随机组合后经过不断调整和改进的结果。当且仅当 $Det(J)>0$ 且 $Tr(J)<0$ 时，此时均衡点为演化稳定策略（ESS）。以此求出上述各均衡点的行列式和迹，如表 2 所示。

表 2　各均衡点的行列式和迹

均衡点	$Det(J)$ 及 $Tr(J)$ 的数值表达式	
D_1	$Det(J)$	$(R-C-S+W_3)[(P_1-P_0)^{\alpha_1}+T]$
(0, 0)	$Tr(J)$	$(R-C-S+W_3)+[(P_1-P_0)^{\alpha_1}+T]$
D_2	$Det(J)$	$(-F_2-W_2+F_1+W_1-C)[-T-(P_1-P_0)^{\alpha_1}]$
(0, 1)	$Tr(J)$	$(-F_2-W_2+F_1+W_1-C)+[-T-(P_1-P_0)^{\alpha_1}]$
D_3	$Det(J)$	$-(R-C-S+W_3)[\gamma(P_2-P_0)^{\alpha_2}-(1-\gamma)\lambda(P_0-P_3)^{\beta}-S+T]$
(1, 0)	$Tr(J)$	$-(R-C-S+W_3)+[\gamma(P_2-P_0)^{\alpha_2}-(1-\gamma)\lambda(P_0-P_3)^{\beta}-S+T]$
D_4	$Det(J)$	$(F_2+W_2-F_1-W_1+C)[-\gamma(P_2-P_0)^{\alpha_2}+(1-\gamma)\lambda(P_0-P_3)^{\beta}+S-T]$
(1, 1)	$Tr(J)$	$(F_2+W_2-F_1-W_1+C)+[-\gamma(P_2-P_0)^{\alpha_2}+(1-\gamma)\lambda(P_0-P_3)^{\beta}+S-T]$
D_5	$Det(J)$	0
(δ^*, θ^*)	$Tr(J)$	0

当$(-F_2-W_2+F_1+W_1-C)<0$且$-T-(P_1-P_0)^{\alpha_1}<0$时，系统存在 ESS 为(0，1)，即博弈双方的演化稳定均衡策略为(消极推动，消极执行)。当$-(R-C-S+W_3)<0$且$[\gamma(P_2-P_0)^{\alpha_2}-(1-\gamma)\lambda(P_0-P_3)^{\beta}-S+T]<0$时，系统存在 ESS 为(1，0)，即博弈双方的演化稳定均衡策略为(积极推动，积极执行)。当$(F_2+W_2-F_1-W_1+C)<0$且$[-\gamma(P_2-P_0)^{\alpha_2}+(1-\gamma)\lambda(P_0-P_3)^{\beta}+S-T]<0$时，系统存在 ESS 为(1，1)，即博弈双方的演化稳定均衡策略为(积极推动，消极执行)。由于$(P_1-P_0)^{\alpha_1}+T>0$，当$(R-C-S+W_3)>0$时，则$Det(J)>0$，$Tr(J)>0$；当$(R-C+W_3)<0$时，则$Det(J)<0$，$Tr(J)$不确定，因此(0，0)不为 ESS，即(消极推动，积极执行)不是博弈双方的演化稳定均衡策略。综上所述，在城市绿色发展转型的不同阶段，地方政府与企业之间的博弈均衡存在三种可能的演化结果：(消极推动，消极执行)、(积极推动，消极执行)和(积极推动，积极执行)。

四、案例分析

本文选取了国内外知名的资源枯竭型城市——湖南省冷水江市的经济发展转型过程进行案例分析。冷水江市位于湖南省中部地区，境内矿产资源丰富，是湖南重要的能源、原材料基地，有“世界锑都”“江南煤海”和“有色金属之乡”之称。冷水江市的经济发展高度依赖于矿产资源开采，是全国最典型的资源型城市之一。然而经过多年的无序开采和过度消耗，冷水江市的矿产资源几近枯竭。2009 年 3 月，冷水江市被国务院确定为第二批资源枯竭型城市，成为全国44个资源枯竭经济转型试点城市之一。在此背景下，推动城市产业结构转型成为冷水江市经济发展的当务之急。本文根据冷水江市产业发展转型的时间序列，利用MATLAB软件对冷水江市的经济发展转型过程进行数值模拟分析。并根据不同阶段的演化结果，提出相应的对策建议。仿真结果如图1至图4所示，横轴表示演化时间t，设定模拟周期为10；纵轴表示博弈双方策略选择的概率p，在[0，1]的概率范围内进行动态演化。假定博弈双方策略选择的初始概率$\delta=\theta=0.5$，表示地方政府和企业均以50%的初始概率在不同策略之间进行选择；相关参数取值均严格限定在约束范围内。

（一）初始阶段

20世纪90年代前，冷水江市的经济发展高度依赖于采掘业，产业结构相对单一，处于单纯的资源输出初级阶段。在巨大的资源优势下，冷水江市建成投产了一批资源型和资源消耗型大型企业，形成了国有经济占绝对主体，以煤炭、电力、冶金、化工、建材五大产业为支柱的工业体系，呈现出典型的资源型经济特征。这一阶段，冷水江市的经济保持着较快的增长速度，工业总产值位居湖南城市前列。由于发展初期环境影响并不显著，因此地方政府在这一阶段无干预动机。假设地方政府的初始条件为：$F_1=F_2=0$，$W_1=W_2=W_3=0$，$R=0$，$S=0$，$C=1$。对于企业，当缺乏环境规制介入时，采掘业的产量变化和市场价格决定企业在这一阶段的生产模式选择。因此，假设企业的初始条件为：$P_1=P_2=2$，$P_3=P_0=1$，$\lambda=1.2$，$\gamma=0.5$，$\alpha_1=\alpha_2=\beta=0.5$，$S=0$，$T=2$。则仿真结果如图1所示。

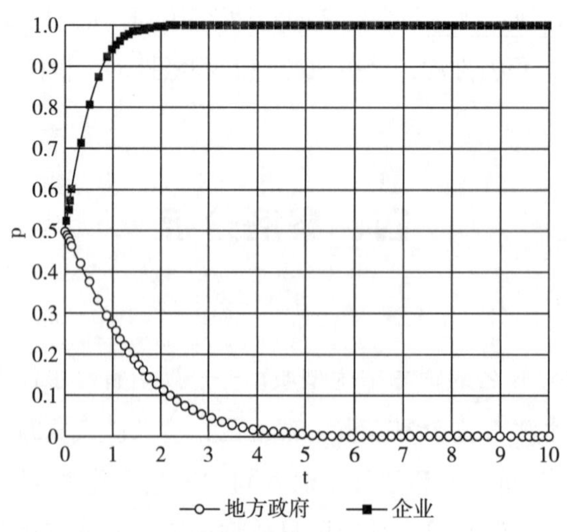

图1　初始阶段的仿真结果

由图 1 可知，当$(-F_2-W_2+F_1+W_1-C)<0$ 且$-T-(P_1-P_0)^{\alpha_1}<0$ 时，地方政府的策略选择将趋于消极推动，企业的策略选择将趋于消极执行，博弈双方的演化均衡结果为（消极推动，消极执行）。上述结果表明，当地方政府选择消极推动时，无额外的收益与损失；而当其选择积极推动时，则需要支付额外的干预成本，因此地方政府在这一阶段倾向于不干预。对于企业，当其选择消极执行时，由于缺乏地方政府监督处罚、财政补贴等外部激励影响，自然资源未来价格上涨的心理预期使其从当前自然资源消耗中获得的效用价值为正值；而当其选择积极执行策略时，则需要支付绿色生产转型的技术研发成本，因此企业在该阶段倾向于选择传统生产模式，从传统资源消耗中获得效用价值。这一阶段应重点加强对自然资源开采量的控制和市场价格的动态监测，以维持自然资源交易的市场稳定，同时为后期可能出现的企业掠夺式开采做好充分的应对准备。

（二）扩张阶段

伴随采掘业的快速发展和自然资源市场需求的不断增长，冷水江市内的资源型和资源消耗型企业数量迅速增多。截至 2009 年，冷水江市资源型和资源消耗型工业产值占全市工业总产值的比重达 78.46%；全市从事资源开采、加工、销售的就业人员超过 8 万人，占全市就业总人数的 30%；全年实现市域内税收 117029 万元，其中上缴中央、省、市税收 86381 万元，为冷水江市的经济发展做出巨大贡献。在此基础上，本文对企业初始条件进行相应改变，假设 $P_1=P_2=3$，$\gamma=1$，$\alpha_1=\alpha_2=\beta=0.7$，其他假设条件不变。则仿真结果如图 2 所示。

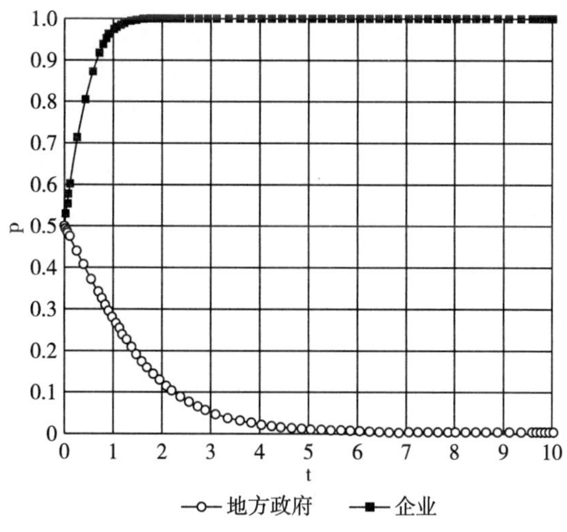

图 2　扩张阶段的仿真结果

由图 2 可知，在新的参数条件下，当（$-F_2-W_2+F_1+W_1-C$）<0 且$-T-$（P_1-P_0）$^{\alpha_1}$<0 时，地方政府的策略选择将趋于消极推动，企业的策略选择将以更快的速度趋于消极执行，博弈双方的演化均衡结果为（消极推动，消极执行）。上述结果表明，资源型和资源消耗型工业为冷水江市经济发展带来的巨大贡献，使地方政府在这一阶段倾向于不干预而选择消极推动。对于企业，资源需求的增长抬高了资源的市场价格，企业数量的增加将加快资源的开采数量和消耗速度。在缺乏地方政府有效干预条件下，企业将从传统资源消耗中获得更大的效用价值。为了实现自身利益最大化，企业在这一阶段倾向于采用传统生产模式，对自然资源进行掠夺式的开采。为了防止由于价格上涨引起自然资源的无序开采和过度消耗，一方面可通过环境规制的有效介入，提高对地方政府不作为的惩罚力度；另一方面可积极引导社会舆论和媒体宣传，提高地方政府不作为的社会损失，以促进地方政府及时干预企业行为。

（三）调控阶段

由于冷水江市经济发展过度依赖大规模、高强度的自然资源开发和粗放式的经济增长方式，使冷水江市的生态环境遭受严重破坏，主要自然资源已濒临枯竭。随着矿业效益的每况愈下，冷水江市的失业问题十分突出，直接影响城市经济社会的可持续发展。2009 年 3 月，冷水江市被国务院确定为第二批资源枯竭型城市，成为全国 44 个资源枯竭经济转型试点城市之一。为了遏制自然资源的无序开采和过度消耗，地方政府通过企业改制、矿山关闭、矿企破产等干预措施，致力于推动城市绿色发展转型。在此基础上，本文对地方政府的假设条件进行相应改变，假设 $F_1=2$，$F_2=1$，$W_1=2$，$W_2=1$，$W_3=2$，$R=2$，$S=1$，$C=1$。对于企业，环境规制的介入使其从传统自然资源消耗中获得的效用价值发生改变。因此本文对企业的假设条件进行相应改变，假设 $P_1=3$，$P_2=2.5$，$P_3=0.8$，$P_0=1$，$\lambda=1.5$，$\gamma=0.7$，$\alpha_1=0.7$，$\alpha_2=0.6$，$\beta=0.6$，$S=1$，$T=2$。则仿真结果如图 3 所示。

由图 3 可知，当$(F_2+W_2-F_1-W_1+C)<0$ 且$[-\gamma(P_2-P_0)^{\alpha_2}+(1-\gamma)\lambda(P_0-P_3)^{\beta}+S-T]<0$ 时，地方政府的策略选择将趋于积极推动，企业的策略选择将趋于消极执行，博弈双方的演化均衡结果为（积极推动，消极执行）。上述结果表明，随着环境规制的介入，地方政府不作为将面临上级政府处罚和社会损失，促使地方政府开始采取干预措施。在地方政府监督处罚和财政补贴的激励下，企业从传统自然资源消耗中获得的效用价值受到收益感知和损失感知的双重影响。然而，城市产业发展转型的长期性和复杂性，特别是矿业及相关产业失业人员的就业问题，使地方政府的干预行为在短期内往往难以达到预期效果，无法对全部的企业产生足够约束。因此，这一阶段自然资源的无序开采和过度消耗趋势较前一阶段有所缓解，但并未完全消失。这一阶段的应对关键在

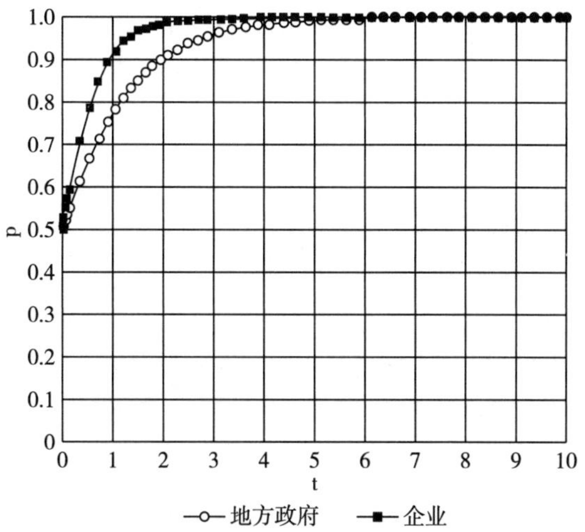

图 3　调控阶段的仿真结果

于提高地方政府的监督处罚和财政补贴力度。首先通过提高地方政府对企业无序开采和过度消耗自然资源的监督处罚力度，以降低企业从传统自然资源消耗中获得的效用价值；其次通过加大地方政府对企业实施绿色生产转型的财政补贴力度，以减轻企业绿色生产转型的成本负担。

（四）转型阶段

随着国家两型社会、美丽中国、五大发展等绿色发展理念的提出，资源枯竭型城市的经济发展转型变得迫在眉睫。冷水江市经过多年建设与改造，已具备经济转型与可持续发展的潜力与优势。首先通过重点发展医药工业、工程陶瓷、精细化工、电子信息等高新技术产业，改变了冷水江市工业初级产品多、产业链短、产品附加值低的现状；其次通过扶持发展建材、机械、轻纺、食品等劳动密集型工业，解决了矿业下岗人员的再就业问题；最后通过对现有优势企业的技术改造升级，逐步形成以产品深加工替代粗放式开采的发展路径。在此基础上，本文对地方政府的假设条件进行相应改变，假设 $F_1=2$，$F_2=1$，$W_1=2$，$W_2=1$，$W_3=2$，$R=2$，$S=1.5$，$C=1.5$。对于企业，环境规制强度的提升使其从传统自然资源消耗中获得的效用价值进一步下降。因此本文对企业的假设条件进行相应改变，假设 $P_1=3$，$P_2=1.5$，$P_3=0.6$，$P_0=1$，$\lambda=1.7$，$\gamma=0.3$，$\alpha_1=0.7$，$\alpha_2=0.6$，$\beta=0.7$，$S=1.5$，$T=1$。则仿真结果如图 4 所示。

由图 4 可知，当 $-(R-C-S+W_3)<0$ 且 $[\gamma(P_2-P_0)^{\alpha_2}-(1-\gamma)\lambda(P_0-P_3)^{\beta}-S+T]<0$ 时，地方政府的策略选择将趋于积极推动，企业的策略选择将趋于积极执行，博弈双方的演化均衡结果为（积极推动，积极执行）。上述结果表明，环境规制强度的提升使地方

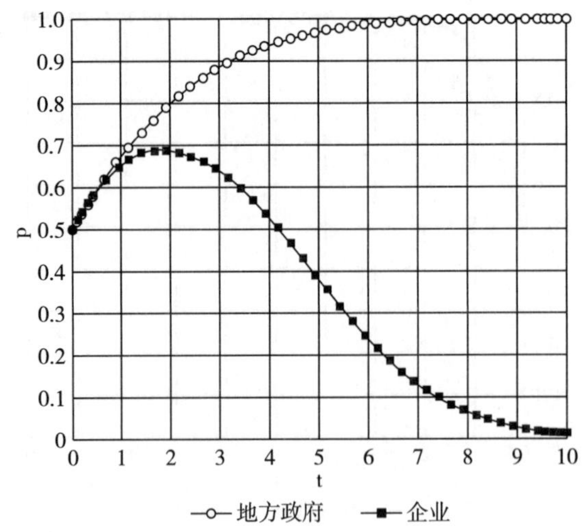

图 4　转型阶段的仿真结果

政府面临更大的发展转型压力，促使地方政府采取更为强力的干预措施。对于企业，在环境规制强度提升与企业技术进步的共同作用下，企业从传统自然资源消耗中获得的收益感知逐渐低于损失感知，此时企业将实现绿色生产模式转变。这一阶段应对新产业发展进行积极引导，确保新产业成长的持续稳定；同时也要对传统产业发展转型展开定期评估，避免自然资源无序开采和过度消耗的再度发生。

五、结论及建议

（一）研究结论

城市绿色发展转型是地方政府和企业在多种因素影响下的策略互动与信念互动的演化均衡结果。由于受到资源环境、社会经济、技术创新、环境规制等因素的多重影响，使博弈主体的损益感知不断改变，造成城市绿色发展转型的演变过程面临不确定性，引发城市绿色发展效率的波动与损失风险。与传统计量经济学分析不同，本文采用演化博弈分析方法，建立了城市绿色发展转型的多阶段演化博弈分析框架。首先，通过分析企业在收益感知、损失感知和不确定感知三种情况下的效用价值，探讨企业从不同强度环境规制约束下的自然资源消耗中所获得的损益感知对其生产模式选择的作用机制。其次，基于城市绿色发展转型的主要影响因素，构建地方政府与企业在不同阶段、不同策略组合下的博弈支付矩阵，以此开展博弈双方在多因素影响下的行为演化均衡分析。最后，以湖南省冷水江市为例，对其绿色发展转型的演化过程进行数值模拟分析，以此提出阶段性的对策建议。得出以下结论：

（1）城市绿色发展转型的关键在于企业生产模式的选择，而企业从自然资源消耗中获得的损益感知是影响企业生产模式选择的重要因素。在缺乏环境规制约束时，自然资源的有限性使企业从当前自然资源消耗中获得收益感知，对企业选择传统生产模式具有推动作用。当环境规制介入时，自然资源的替代性使企业从当前自然资源消耗中获得损失感知，对企业选择绿色生产模式具有推动作用。在两种推动力的共同作用下，使企业从自然资源消耗中获得的效用感知介于收益感知与损失感知之间，导致企业在生产模式选择上存在不确定性。

（2）城市绿色发展转型中环境规制的强度变化取决于资源环境与经济发展之间的需求转变，对地方政府和企业的行为决策产生不同激励效果。一方面，环境规制强度直接影响地方政府对企业的监督处罚力度和财政补贴大小。当环境规制的强度越大，地方政府对企业的监督处罚力度和财政补贴大小将越大。另一方面，环境规制通过控制地方政府的监督处罚力度和财政补贴大小，进而间接影响企业从自然资源消耗中获得的效用价值高低，从而达到控制和激励企业行为决策的效果。当地方政府的监督力度越大，财政补贴越高，企业在传统生产模式下的效用价值损失将越大。

（3）城市绿色发展转型经历了从“重经济轻环保”时期，到“强经济弱环保”时期，再到“环境与经济并重融合”时期的演化过程。演化结果显示，在城市绿色发展转型的不同阶段，地方政府与企业之间的博弈均衡具有不确定性，存在三种可能的演化结果：在初始阶段和扩张阶段，资源环境保护服从于城市经济发展，博弈双方的均衡策略为（消极推动，消极执行）；在调控阶段，资源环境保护滞后于城市经济发展，博弈双方的均衡策略为（积极推动，消极执行）；在转型阶段，资源环境保护逐步融入城市经济发展，博弈双方的均衡策略为（积极推动，积极执行）。

（二）对策建议

基于上述研究结论和 MATLAB 数值模拟分析结果，本文针对城市绿色发展转型的行为特征和演化规律提出以下对策建议：

（1）自然资源的公共物品属性容易导致个体理性下的集体非理性后果，制约城市绿色发展转型的顺利实施。在缺乏环境规制的有效约束下，企业寻求自身利益最大化的短视行为将不可避免地造成自然资源无序开采和过度消耗，并最终转化为需要由全社会共同承担的社会成本，引发公地悲剧、资源陷阱、囚徒困境等相关问题。上述问题的发生，反映了自然资源的所有权和使用权主体对于自身享有的权利和承担的责任缺乏明确的认知判断和行为准则。因此，首先，应逐步完善现行的自然资源产权制度，明确自然资源的所有权和使用权边界，以形成对企业行为的有效约束和监督管理。其次，自然资源产权制度设计不应一成不变，应结合不同区域自然资源的自然特征和生产实际，建立差异化的自然资源产权制度，以最大限度减少企业生产经营活动对自然资源带来的负面影响。同时，还应进一步明晰不同利益相关者之间的权责边界、产权范围、利益分配等，避免由于权责不一、利益侵蚀、成本收益不对称等原因造成自然资源产权制度冲突发生。

（2）首先，城市绿色发展转型的实现离不开稳定的政策环境，而地方政府在经济赶超与环境保护之间的政策调整客观上加剧了政策环境的不稳定性，造成城市绿色发展效率的波动与损失风险。因此，在制定城市发展政策时，应尽量保持政策上的稳定性和连续性，避免出现政策的频繁变动。其次，地方政府和企业在实现高速经济增长方面存在激励相容，导致地方政府放松环境规制和企业短视行为的发生，对城市绿色发展转型产生阻碍作用。因此选择适度的经济增长目标是推动城市绿色发展转型的重要路径。最后，随着城市发展阶段的演化，要求地方政府在考虑城市经济增长目标的同时，也需要尽可能多地考虑城市资源环境目标。政绩考核对地方政府职能发挥具有重要导向，其制度设计的适当与否直接关系到城市未来发展的基本理念和发展重心。因此应加快地方政府政绩考核机制的优化与转变，将生态保护、环境质量、资源节约等指标纳入现有政绩考核体系，促进城市经济绩效与环境绩效的协调统一，实现政绩考核向着多元化、绿色化和高质量化方向发展。

（3）根据 MATLAB 数值模拟分析结果，提出城市绿色发展转型的阶段性对策建议。在城市绿色发展转型的初始阶段，较高的绿色生产转型技术研发成本，使企业倾向于选择传统生产模式。这一阶段应加强对资源开采的控制和市场价格的动态监测，以维持资源交易市场稳定，同时为后期可能出现的企业掠夺式开采做好充分的应对准备。在扩张阶段，资源需求的增长抬高了资源的市场价格，企业数量的增加加快了资源的开采数量和消耗速度。在缺乏地方政府有效干预条件下，企业倾向于采用传统生产模式。这一阶段可提高对地方政府不作为的惩罚力度和社会损失，以促进地方政府干预企业行为。在调控阶段，环境规制的介入使地方政府开始采取干预措施，但短期内无法对全部的企业产生足够约束。这一阶段地方政府可提高对企业的监督处罚力度，以降低企业从传统自然资源消耗中获得的效用价值；同时加大对企业的财政补贴力度，以减轻企业绿色生产转型的成本负担。在转型阶段，环境规制强度提升与企业技术进步的共同作用，促使企业实现绿色生产模式转变。该阶段应对新产业发展进行积极引导，确保新产业成长的持续稳定；同时也要对传统产业发展转型展开定期评估，避免自然资源无序开采和过度消耗的再度发生。

参考文献

［1］ Daniel Friedman. Evolutionary Economics Goes Mainstream：A Review of the Theory of Learning in Games［J］. Journal of Evolutionary Economics，1998，8（4）.

［2］ Lyytimki J.，Antikainen R.，Hokkanen J，et al. Developing Key Indicators of Green Growth［J］. Sustainable Development，2017，26（1）：51-64.

［3］ Zhang J.，Chang Y.，Zhang L.，et al. Do Technological Innovations Promote Urban Green Development? —A Spatial Econometric Analysis of 105 Cities in China［J］. Journal of Cleaner Production，2018，182：395-403.

［4］ 蔡海静，章慧敏，吴扬帆．经济政策不确定性对环保投资的影响研究［J］．会计之友，2020（24）：112-117.

［5］ 蔡晓陈，徐红霞．经济政策不确定性与绿色经济效率［J］．南京财经大学学报，2022（1）：54-63.

［6］ 董直庆，王辉．环境规制的“本地—邻地”绿色技术进步效应［J］．中国工业经济，2019（1）：100-118.

［7］ 付金朋，武春友．城市绿色转型与发展进程溯及［J］．改革，2016（11）：99-108.

［8］ 郭斌．绿色需求视角的企业绿色发展动力机制研究［J］．技术经济与管理研究，2014（8）：43-46.

［9］ 郭建斌，陈富良．地方政府竞争、环境规制与城市群绿色发展［J］．经济问题探索，2021（1）：113-123.

［10］ 贺晓宇，韩保江．政绩诉求与长江经济带城市绿色发展的关联性［J］．南通大学学报（社会科学版），2018，34（4）：33-40.

［11］ 胡鞍钢，周绍杰．绿色发展：功能界定、机制分析与发展战略［J］．中国人口·资源与环境，2014，24（1）：14-20.

［12］ 胡森林，鲍涵，郝均，曾刚．环境规制对长三角城市绿色发展的影响——基于技术创新的作用路径分析［J］．自然资源学报，2022，37（6）：1572-1585.

［13］ 黄磊，吴传清．长江经济带城市工业绿色发展效率及其空间驱动机制研究［J］．中国人口·资源与环境，2019，29（8）：40-49.

［14］ 黄天航，赵小渝，陈凯华．技术创新、环境污染和规制政策——转型创新政策的视角［J］．科学学与科学技术管理，2020，41（1）：49-65.

［15］ 蒋南平，向仁康．中国经济绿色发展的若干问题［J］．当代经济研究，2013（2）：50-54.

［16］ 金巍，章恒全，张洪波，孔伟，毛广雄，张陈俊，严翔．城镇化进程中人口结构变动对用水量的影响［J］．资源科学，2018，40（4）：784-796.

［17］ 李兰冰，李焕杰．技术创新、节能减排与城市绿色发展［J］．软科学，2021，35（11）：46-51.

[18] 李晓萍，张亿军，江飞涛．绿色产业政策：理论演进与中国实践［J］．财经研究，2019，45（08）：4-27.

[19] 李周．中国经济学如何研究绿色发展［J］．改革，2016（6）：133-140.

[20] 刘治彦，岳晓燕，赵睿．城市产业绿色转型的态势与对策［J］．宏观经济管理，2012（10）：57-60.

[21] 任平，刘经伟．高质量绿色发展的理论内涵、评价标准与实现路径［J］．内蒙古社会科学（汉文版），2019，40（6）：123-131+213.

[22] 石敏俊，刘艳艳．城市绿色发展：国际比较与问题透视［J］．城市发展研究，2013，20（5）：140-145.

[23] 滕堂伟，孙蓉，胡森林．长江经济带科技创新与绿色发展的耦合协调及其空间关联［J］．长江流域资源与环境，2019，28（11）：2574-2585.

[24] 王俊豪．中国特色政府监管理论体系：需求分析、构建导向与整体框架［J］．管理世界，2021，37（2）：148-164+184+11.

[25] 王凯．中国城镇化的绿色转型与发展［J］．城市规划，2021，45（12）：9-16+66.

[26] 王青，肖宇航．华北平原城市绿色发展效率时空演变趋势及影响因素［J］．城市问题，2021（10）：65-75.

[27] 王元聪，陈辉．从绿色发展到绿色治理：观念嬗变、转型理据与策略甄选［J］．四川大学学报（哲学社会科学版），2019（3）：45-52.

[28] 吴舜泽，黄德生，刘智超，沈晓悦，原庆丹．中国环境保护与经济发展关系的40年演变［J］．环境保护，2018，46（20）：14-20.

[29] 徐瑛，仲艾芬，郑景仁．政府行为，企业投机与中国城市绿色发展——基于“高投入”与“强监管”的比较研究［J］．中国人民大学学报，2021，35（3）：14.

[30] 亚琨，罗福凯，李启佳．经济政策不确定性、金融资产配置与创新投资［J］．财贸经济，2018，39（12）：95-110.

[31] 杨海生，陈少凌，罗党论，佘国满．政策不稳定性与经济增长——来自中国地方官员变更的经验证据［J］．管理世界，2014（9）：13-28+187-188.

[32] 杨莉，余倩倩，张雪磊．江苏沿江城市工业绿色发展评价与转型升级路径研究［J］．江苏社会科学，2019（6）：249-256，260.

[33] 于成学，葛仁东．资源开发利用对地区绿色发展的影响研究——以辽宁省为例［J］．中国人口·资源与环境，2015，25（6）：121-126.

[34] 岳立，薛丹．黄河流域沿线城市绿色发展效率时空演变及其影响因素［J］．资源科学，2020，42（12）：2274-2284.

[35] 张华，丰超，时如义．绿色发展：政府与公众力量［J］．山西财经大学学报，2017，39（11）：15-28.

[36] 张建华，李先枝．政府干预、环境规制与绿色全要素生产率——来自中国30个省、市、自

治区的经验证据［J］. 商业研究，2017（10）：162-170.

［37］张治栋，秦淑悦. 环境规制、产业结构调整对绿色发展的空间效应——基于长江经济带城市的实证研究［J］. 现代经济探讨，2018（11）：79-86.

［38］赵领娣，袁田，赵志博. 城镇化对绿色发展绩效的门槛效应研究——以大西北、黄河中游两大经济区城市为例［J］. 干旱区资源与环境，2019，33（9）：10-16.

［39］周亮，车磊，周成虎. 中国城市绿色发展效率时空演变特征及影响因素［J］. 地理学报，2019，74（10）：2027-2044.

下篇　可持续利用

湖南红壤质量演变与可持续利用

内容提要：土壤具有社会、生态、经济、文化和精神层面的价值，同时也在生态系统服务中发挥着支持、供给、调节和文化服务等功能。联合国峰会上通过的《2030年可持续发展议程》中17项全球可持续发展目标，有13项目标直接或间接与土壤有关，土壤生态系统服务势必为全球可持续发展目标的实现提供关键保障。红壤是我国南方分布面积最广的土壤资源，由于其自然条件的优越，生产潜力巨大，但因不合理的土壤管理，红壤质量存在诸多问题。本文以湖南红壤资源为研究对象，通过分析红壤的肥力演变、酸化过程、污染现状与侵蚀特征等质量演变特征，探究红壤资源在可持续利用过程中的问题，最终提出湖南红壤质量调控技术与土壤可持续利用对策。旨在为实现土壤资源绿色高效利用、农业产业可持续发展和乡村振兴提供理论和实际依据。

关键词：红壤资源；质量退化；调控措施；农业可持续发展

核心观点：

（1）湖南红壤的肥力质量大多处于中下水平，林地红壤肥力退化最严重，其中，有机质退化了12%，达到了严重缺乏的等级，全氮、全磷、全钾、速效磷和速效钾分别降低了36%、58%、26%、27%和9%，肥力等级均为中度缺乏。

（2）湖南林地、耕地和水稻土均有酸化趋势。其中，林地红壤酸化最为严重，30年间土壤pH下降0.6个单位，降幅达12%，交换性酸上升0.87cmol/kg；红壤性水稻土酸化较为缓慢。

（3）湖南红壤性水稻土中耕作层的镉污染程度较高，从不同区域来看，湘南和湘东区域水稻土耕作层的污染程度高，且湘南区域的变异系数较低，说明该区域污染较为普遍。

（4）湖南蒸水流域 1995 年与 2005 年土壤侵蚀程度属于微度侵蚀等级，2000 年、2010 年和 2015 年属于轻度侵蚀等级，土壤侵蚀呈现加剧趋势。不同土地利用土壤侵蚀状况表现为：旱地>有林地>疏林地>水田。

（5）为实现红壤资源高效可持续利用，建议：①通过调整种植结构，提高耕作栽培技术来提升土壤肥力水平；②采用无机改良剂、有机改良剂和生物修复技术阻控红壤酸化；③运用工程治理、生物修复、钝化修复、农艺调控等措施来修复受污染耕地；④利用生物技术、工程技术来缓解土壤侵蚀问题。

一、引言

土壤是人类赖以生存的不可再生资源，土壤生态系统服务功能在保障粮食安全、维护生态环境健康、缓解全球气候变化、维持生物多样性等人类可持续发展目标中发挥着关键的作用（张甘霖、吴华勇，2018）。我国现阶段诸多可持续发展领域如粮食安全、精准脱贫、生态文明建设、乡村振兴等既是自身发展的需要，也是对联合国《2030 年可持续发展议程》的积极响应，而土壤资源高效利用和可持续管理是重要的应对措施。红壤是世界上分布面积最广的土壤类型之一，主要集中分布在亚洲、非洲、大洋洲、南北美洲的低纬度地区（南北纬 30°左右）（Liu and Deng，2014）。在东亚和南美洲等红壤区的农户通过改变农艺措施和新修农田设施来提高农作物的产量，实现红壤的可持续利用。如印度泰米尔纳德邦红壤地区，人们通常根据降雨模式安排合适的作物和品种，规范间作和双作制度提高肥料利用率，通过集水的土地配置缓解干旱胁迫下的土壤水分保持，并运用综合养分管理以提高土壤肥力和病虫害综合治理措施（Das et al.，2019；Singh et al.，2020）。巴西和阿根廷等红壤区的农户通过新修梯田，增施石灰和磷肥来抵御土壤侵蚀、肥力退化以及土壤酸化等问题（Campodonico et al.，2019；da Silva et al.，2021）。

在我国南方，红壤主要分布于长江以南的湖南、广东、海南、江西等 17 个省（区、市），总面积 218 万平方千米，占全国土地面积的 21.8%，其中红壤区内耕地 2.8×10^7 公顷，占全国的 30%，人口约 5.6 亿，占全国的 40%。我国红壤地区的耕地虽只占全国的 1/3，却提供了全国一半的农业产值，负担了近一半的人口。由于该区地处热带、亚热带湿润气候区，光、热、水资源十分丰富，适宜于种植多种农作和发展农业生产，因此红壤地区已成为我国重要的农业产区。红壤区的自然资源特点主要有以下几点：①水资源丰富，但季节性干旱严重；②植被资源相对丰富，但出现逆向演替的趋势；③土地类型多样，但土壤退化严重；④生产经济条件好，但产投比降低趋势明显；⑤红壤资源拥有巨大的生产潜力。

湖南是我国南方典型的红壤地区之一，也是我国主要的粮食产区，水稻产量常年位居前三（国家统计局，2021）。红壤是湖南主要的地带性土壤，分布面广，南沿五岭山北麓，北至洞庭湖滨，东起罗霄山西麓，西至雪峰山山麓东西两侧，湘西自治州云贵高原边缘部分地区也有分布。全省红壤共 8.64×10^{6} 公顷，占全省土壤总面积的51%。由于生物、气候、地形的影响，红壤土类下形成了红壤、黄红壤、棕红壤、红壤性土等亚类，从水平地带看，由南至北分布着红壤、棕红壤；从垂直地带看，由低至高分布着红壤、黄红壤，黄红壤之上为黄壤或黄壤性土，黄壤基部与水稻土、潮土、紫色土相接或呈复区分布。

红壤地区水热资源丰富，生物物质循环活跃，土壤和生物类型多样，具有较高的生物生产潜力和较高的投资效益。但由于近几十年来，人口的不断增加、化学肥效的大量投入和不合理的土地利用及施肥管理措施等一系列非持续性发展因素的累积影响，在促进农业迅速发展的同时，也引起了一系列环境、生态和资源方面的重大问题，如水土流失、土壤肥力下降、土壤酸化加剧等。目前，红壤地区土壤侵蚀面积高达100亿公顷，肥力退化面积达20多亿公顷，土壤酸化面积多达2亿多公顷，总的土壤退化面积已占该区域土地总面积的50%左右。同时，红壤的退化还会对全球气候变化、生态系统物质循环、双碳目标的实现以及农业可持续发展等产生一系列影响。基于此，为实现湖南红壤区农业绿色可持续发展，本文通过分析红壤质量演变现状，探究红壤资源在绿色可持续利用过程中的问题，提出了湖南红壤质量调控技术与农业可持续利用对策。

二、湖南红壤质量演变现状

红壤质量演变主要表现为红壤肥力演变、红壤酸化过程、红壤污染评价以及红壤侵蚀状况四个方面。总体来说，红壤质量退化严重，总体质量不高。湖南红壤主要退化类型有土壤养分不均衡性退化、土壤酸化、土壤重金属的污染、土壤侵蚀等。

（一）湖南红壤肥力演变

红壤区人多地少，光、热、水资源丰富，四季种植，是我国复种指数最高的地区，土壤利用强度高，长期忽视用养结合，导致该区土壤质量下降，土壤有机质分解迅速，团粒结构被破坏，土壤微生物区系改变，养分供应失衡，肥料效益降低，加重土壤贫瘠化。

根据红壤肥力状况评价标准（见表1），以及湖南省第二次土壤普查数据与湖南省土系调查数据，分析了30年来湖南省表层土壤肥力演变情况（见表2）。结果表明，湖南红壤肥力大多处于中下水平，而且林地和旱地红壤的贫瘠化程度相对于水稻土要严重得多。林地红壤肥力退化最严重，其中，有机质退化了12%，达到了严重缺乏的等级，全氮、全磷、全钾、速效磷和速效钾分别降低了36%、58%、26%、27%和9%，肥力等级均为中度缺乏。

表1　湖南红壤区土壤养分贫瘠化等级的划分标准

土壤类型	养分水平	等级	有机质（g/kg）	全氮（g/kg）	全磷（g/kg）	全钾（g/kg）	速效磷（mg/kg）	速效钾（mg/kg）
林地红壤	肥沃	A	>35	>1.75	>1.0	>30	>10	>150
	轻度缺乏	B	25~35	1.25~1.75	0.6~1.0	20~30	5~10	100~500
	中度缺乏	C	15~25	0.75~1.25	0.2~0.6	10~20	2.5~5	50~100
	严重缺乏	D	<15	<0.75	<0.2	<10	<2.5	<50
旱地红壤	肥沃	A	>20	>1.5	>1.0	>30	>10	>150
	轻度缺乏	B	15~20	1.0~1.5	0.6~1.0	20~30	8~10	100~150
	中度缺乏	C	10~15	0.5~1.0	0.2~0.6	10~20	5~8	50~100
	严重缺乏	D	<10	<0.5	<0.2	<10	<5	<50
红壤性水稻土	肥沃	A	>30	>2.0	>1.0	>30	>15	>150
	轻度缺乏	B	22.5~30	1.35~2.0	0.7~1.0	20~30	10~15	100~150
	中度缺乏	C	15~22.5	0.75~1.35	0.4~0.7	10~20	5~10	50~100
	严重缺乏	D	<15	<0.75	<0.4	<10	<5	<50

资料来源：何园球等（2008）。

表2　湖南红壤区表层土壤肥力演变

土壤类型	年份（年）	有机质（g/kg）		全氮（g/kg）		全磷（g/kg）		全钾（g/kg）		速效磷（mg/kg）		速效钾（mg/kg）	
		平均值	等级	平均值	等级	平均值	等级	平均值	等级	平均值	等级	平均值	等级
林地红壤	1989	15.2	C	1.4	B	0.95	B	20.8	B	5.9	C	70	C
	2020	13.4	D	0.9	C	0.40	C	15.4	C	4.3	C	64	C
旱地红壤	1989	19.9	B	1.2	B	1.05	A	25.4	B	9.8	C	85	C
	2020	17.4	B	0.8	C	0.63	B	20.5	B	5.4	C	90	C
红壤性水稻土	1989	33.7	A	1.7	B	1.22	A	21.3	B	15.2	B	76	C
	2020	39.4	A	1.4	B	0.71	B	19.7	C	20.4	A	85	C

（二）湖南红壤酸化过程

随着工业的快速发展，全球大气酸沉降的频率、广度和强度正日益加剧，大气酸沉降已被公认为是威胁地球自然生态系统及人类生存环境的全球性环境问题。我国南方红壤区酸沉降污染十分严重，已成为世界第三大酸沉降区，酸沉降造成的土壤酸化面积正在迅速扩展。另外，现代社会的集约化种植和化肥大量不平衡施用，导致红壤区农田土壤酸化进一步加剧。通过分析湖南第二次土壤普查（1989 年）及湖南省土系调查（2020 年）红壤类土壤表土酸化特征表明，林地、耕地和水稻土均有酸化情况。其中，林地红壤酸化最为严重，30 年间土壤 pH 下降 0.6 个单位，降幅达 12%，交换性酸上升 0.87cmol/kg；其次是旱地红壤，土壤 pH 下降了 0.48 个单位，交换性酸上升 1.64cmol/kg，而红壤性水稻土酸化较为缓慢（见图 1）。

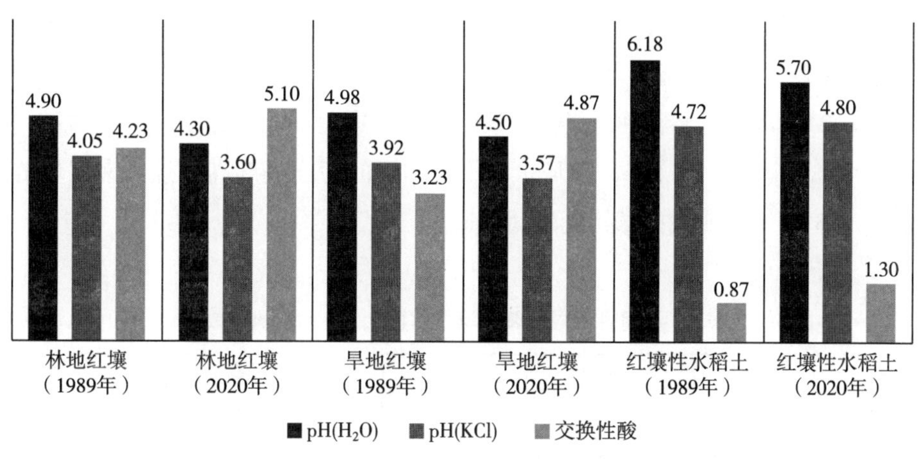

图 1　湖南省红壤区不同类型土壤表土层酸化过程

（三）湖南红壤污染评价

依据土壤环境质量标准（GB15618—2018）评价湖南红壤性水稻土中 Cd 污染状况，表 3 的污染评价表明，湖南典型水稻土耕作层和表下层单因子污染指数范围分别为 0.330~3.730 和 0.125~2.998，平均值分别为 0.998 和 0.514，其中湘南（1.336）和湘东（1.016）耕作层的污染指数较高，而湘中（0.889）和湘北（0.778）的污染程度较低。

表 3　湖南省不同区域红壤性水稻土 Cd 单因子污染指数

区域	土层	最大值	最小值	平均值	标准偏差	变异系数
湘东	耕作层	3.730	0.389	1.016	0.770	0.758
	表下层	2.998	0.160	0.487	0.539	1.106
湘中	耕作层	1.992	0.417	0.889	0.465	0.523
	表下层	1.302	0.139	0.563	0.324	0.575
湘南	耕作层	2.295	0.890	1.336	0.509	0.381
	表下层	1.208	0.133	0.578	0.418	0.723
湘北	耕作层	1.543	0.330	0.778	0.373	0.479
	表下层	1.815	0.125	0.430	0.475	1.104
湘西	耕作层	1.807	0.363	0.969	0.518	0.535
	表下层	1.074	0.144	0.510	0.340	0.666

表 4 为地累积评价计算的五个区域 62 个典型水稻土的污染指数。五个典型区域水稻土耕作层和表下层污染指数范围分别为 0.138~3.636 和−1.264~3.321，均值分别为 1.541 和 0.424。从数值上看，地累积指数评价的污染程度比单因子污染指数高，其中湘南（2.081）和湘东（1.505）区域水稻土耕作层的污染程度高，且湘南区域的变异系数较低（23%），说明该区域污染较为普遍。

表 4　湖南省不同区域红壤性水稻土 Cd 地累积指数

区域	土层	最大值	最小值	平均值	标准偏差	变异系数
湘东	耕作层	3.636	0.375	1.505	0.799	0.531
	表下层	3.321	−0.903	0.344	0.876	2.550
湘中	耕作层	2.731	0.476	1.421	0.661	0.466
	表下层	2.118	−1.108	0.691	0.871	1.261
湘南	耕作层	2.935	1.569	2.081	0.485	0.233
	表下层	2.009	−1.179	0.562	1.223	2.176
湘北	耕作层	2.363	0.138	1.218	0.718	0.590
	表下层	2.597	−1.264	0.066	1.081	16.493
湘西	耕作层	2.590	0.276	1.482	0.853	0.576
	表下层	1.840	−1.063	0.458	1.032	2.251

（四）湖南红壤侵蚀状况

随着国内外对于农业可持续发展的日益重视，有关日趋严重的土壤侵蚀及其导致的土壤退化的研究显得尤为重要。根据水土保持检测的最新结果，我国南方红壤区发生水土流失的面积占了土地总面积的15.06%，总面积达到了13.12万平方千米。在红壤区总水土流失面积中，轻度侵蚀和中度侵蚀占到83.54%，其余均为严重的红壤侵蚀，水土流失区域主要分布在湖南的湘西、湘东南等山地丘陵区（冯兆滨等，2017）。在严重侵蚀区，表土基本流失殆尽，地表寸草不生，呈现红色荒漠化景观，生态环境恶化。有效控制水土流失已成为改善红壤侵蚀区生态环境质量的关键。对于红壤区土壤侵蚀模数的准确测定，可为红壤区的土壤侵蚀状况评估和水土流失防治提供重要的基础数据。

因此，本文选取土壤侵蚀较为严重的湘南蒸水流域，利用GIS和RS技术，将CSLE模型与长时序（1995年、2000年、2005年、2010年和2015年）地面观测数据结合，定量评价蒸水流域土壤侵蚀情况。根据CSLE模型计算各年度土壤侵蚀模数分别为412、520、470、530和528t（km^2 · a）$^{-1}$，1995年与2005年属于微度侵蚀等级，2000年、2010年和2015年属于轻度侵蚀等级。利用ArcGIS软件统计功能，得到各土壤侵蚀强度等级的侵蚀面积与比例。按照水利侵蚀强度分级对土壤侵蚀模数进行划分，从分级数据来看，蒸水流域1995~2015年发生土壤侵蚀强度和面积均有增加的趋势，其中轻度、中度、强烈、极强烈和剧烈侵蚀区域的面积分别增加了12%、20%、90%、57%和100%（见表5）。

表5　蒸水流域五个年度各土壤侵蚀强度的面积　　单位：平方千米

土壤侵蚀强度 \ 年份	1995	2000	2005	2010	2015
微度	2675	2542	2574	2500	2559
轻度	735	835	834	880	826
中度	50	69	48	66	60
强烈	10	19	13	21	19
极强烈	7	12	8	11	11
剧烈	3	3	4	3	6

通过比较分别表明，1995~2015年，降水变化加剧了蒸水流域的土壤侵蚀，土地利用变化对土壤侵蚀变化不明显，其中降水变化使流域侵蚀量增加27.67%，土地利用变化使流域侵蚀量增加0.18%，降水和土地利用变化共同作用使侵蚀量增加28.16%。分区统计不同用地类型的土壤侵蚀情况。如表6所示，流域内面积大小占比靠前的土地利用类型分别为有林地（35.9%）、水田（31.2%）、疏林地（15.2%）、旱地

（11.0%），以上四类用地占研究区总面积的93.38%。土壤侵蚀强度从大到小分别为旱地>有林地>疏林地>水田，旱地土壤侵蚀模数大于有林地土壤侵蚀模数，主要原因是旱地较有林地的植被覆盖度小，其植被覆盖与生物措施因子（B值）远大于有林地的B值；有林地土壤侵蚀模数大于疏林地土壤侵蚀模数，主要原因是有林地的平均海拔高、坡度大，其坡长坡度因子（LS值）远大于疏林地的LS值；疏林地土壤侵蚀模数略大于水田土壤侵蚀模数，主要原因是水田在工程措施与耕作措施的共同影响下，保土效果略优于植被覆盖与生物措施对疏林地的影响。

表6 蒸水流域五个年度主要用地类型与土壤侵蚀模数

用地类型	面积（平方千米）	比例（%）	年均土壤侵蚀模数（$t \cdot km^{-2} \cdot a)^{-1}$				
			1995年	2000年	2005年	2010年	2015年
有林地	1251	35.9	542	645	642	667	670
水田	1088	31.2	128	220	150	229	205
疏林地	529	15.2	314	328	349	337	282
旱地	383	11.0	980	1298	1189	1316	1249

三、湖南红壤资源在绿色可持续利用过程中的问题

（一）红壤肥力退化对农业可持续发展影响

（1）红壤肥力退化导致林木生长量和品质下降。土壤养分库是植物生长发育的直接能量来源，其含量的高低直接影响植物的生长量和品质高低。上述研究表明，林地和旱地红壤的贫瘠化程度较为严重。林地红壤30年间，土壤有机质退化了12%，达到了严重缺乏的等级，全氮、全磷、全钾、速效磷和速效钾分别降低了36%、58%、26%、27%和9%，肥力等级均为中度缺乏。研究表明，当土壤有机质下降19.52%时，生长林木的胸径、树高和每公顷林木储蓄量分别下降10.20%、7.80%和15.10%（杨承栋，2016）。土壤肥力退化除导致土壤养分降低外，还导致土壤微生物数量减少，群落退化，从而影响林木生长。杨承栋（2016）在南方红壤区的研究表明，固氮菌下降45.5%，最终导致杉木林的生长量下降10%~15%。

（2）红壤肥力退化导致化肥效益下降。土壤退化对化肥效益下降的直接影响是土

壤养分耗竭，间接影响是土壤耕层变薄，结构变差，土壤保肥性能降低，肥料利用率下降。相关研究表明，1983~2011 年我国单位粮食面积化肥使用量从 43.7 千克/公顷增加到205.6 千克/公顷，增长率为334%，但粮食的单产量从2527.3 千克/公顷增加到4641.6 千克/公顷，只增加了 83.6%，显然化肥的施用增长率远高于粮食单产的增长率（尹娜，2011）。

（二）红壤酸化对区域生态系统影响

（1）红壤酸化增加了氢、铝和锰对植物的毒害。土壤酸化使土壤中氢（H）、铝（Al）和锰（Mn）等毒性元素浓度增加，活动性增强，从而影响植物的正常生长。Lu 等（2022）在长沙和郴州流域的研究表明，土壤 pH 显著影响土壤中 Al^{3+} 和 Mn^{2+} 的溶出。土壤溶液中过量的氢会影响根膜的渗透性，破坏根膜上的离子选择性载体，氢还与别的离子争夺吸附位，干扰其他离子在根表面的传输。但与铝的毒性相比，氢的毒性较小（Zhu et al.，2018）。铝毒是酸性土壤地区限制植物生长的一个主要因素，不同植物对铝毒的敏感性不同，敏感植物即使在低浓度下也会表现出中毒症状。铝能影响根尖细胞的分裂，影响根的呼吸作用，减少 DNA 双螺旋结构的复制。所以铝对植物的根系生长有明显的抑制，它影响作物生长和产量的机制是抑制根系的生长和发育。过量 Mn^{2+} 主要通过破坏植物体内几种氧化酶、降低 ATP 含量和呼吸速度来影响植物生长（Li et al.，2019）。上述研究表明，湖南林地红壤 30 年间土壤 pH 值下降 0.6 个单位，降幅达 12%，这将加剧氢、铝和锰对植物的毒害作用。

（2）土壤酸化增加了土壤重金属活性。土壤酸化导致重金属活性增加有两个方面的原因：一方面是随着 pH 的增加，可变电荷土壤的表面负电荷增加，对重金属的吸附量增加；另一方面是随着 pH 的增加，重金属离子的水解作用增强，土壤表面对水解反应形成的金属——羟基离子的吸附亲和力比对游离金属离子的大，因此重金属离子的吸附量随水解作用的增强而增加（孙波，2011）。土壤酸化使土壤中重金属的活动性增强，植物有效性增加，并导致其对植物的毒性提高，作物减产，而且作物可食部分重金属含量的增加使农产品品质下降并危害人类健康（Li et al.，2019）。

（三）红壤污染对区域生态健康影响

（1）红壤区土壤重金属危害。土壤重金属对酶活性具有抑制效应，对人体、动物、微生物、农作物等均具有毒性效应，重金属容易随水体、土壤等迁移、转化，易被植物吸收，影响农作物的生长和发育，造成农作物以及农产品的产量和质量下降，并随食物链富集，通过多种途径（食物、饮水、呼吸）进入人体，和生理高分子物质如蛋白质和酶等发生相互作用而抑制酶的活性，在人体器官中慢性累积，可造成中毒，破坏机体的生理功能并产生毒害作用（Ahmed et al.，2022）。对湖南长沙、株洲、衡阳和郴州等酸性土壤地区的典型有色金属矿周围农田土壤和植物的污染状况调查发现，耕作土壤中主要污染重金属为 Cd、Pb、As、Cu、Zn 和 Cr，调查区内蔬菜中 Cd、Pb、As、Cu、Zn 和 Cr 的含量，大米中 Cd、Pb 和 Zn 含量均明显超过我国食品卫生标准，其中蔬菜中的 Cd、Pb 和 As 与大米中的 Cd 和 Pb 对人体健康的潜在危害较大（赵其国等，2002）。上述分析也表明，湖南水稻土重金属污染主要集中分布在湘南和湘东区域的耕作层中，其中湘南区域的土壤重金属变异系数较低，污染较为普遍。

（2）红壤区土壤有机化合物污染。研究表明，在土壤中生成的难分解有机物质多达上百种，苯酚、三氯乙醛、农药等有机物的污染。其中多氯联苯类和二噁英类不仅造成农业产量下降和产品质量降低，更严重的是通过生态系统在不同营养级位富集，形成时空性持续危害，如 DDT 的迁移和富集。湖南农环站调查统计显示，蔬菜中有机磷类农药残留超标率达 15%，Cd、Pb 等重金属硝酸盐、亚硝酸盐超标率都在 60%左右，部分地方有害物质综合超标率达到 100%（唐海明等，2016；孙波，2011）。

（四）红壤侵蚀对区域生态环境影响

（1）红壤侵蚀导致了区域生态功能退化。研究表明，土地利用方式的改变导致土壤侵蚀的加剧，湖南蒸水流域旱地类型土壤侵蚀模数在 20 年间增加了 27%。土地利用方式的转变还会导致土壤粒径发生变化，湘东和湘西红壤区土壤可侵性研究表明，土地利用方式由天然林改为杉木林、果园和坡改梯耕地，土壤粒径组成整体有沙化趋势，增加了土壤侵蚀风险（张高玲等，2022）。另外，红壤在侵蚀退化过程中表土逐渐流失，心土、母质或母岩出露，进而由面蚀向沟蚀、崩岗发展。特别是在花岗岩地区，表层土壤流失之后，裸露的网纹层沙粒含量多，透水快，易冲蚀，于是形成沙砾化、砾石化生态景观；网纹层再往下就是较松散的碎石层，极易出现沟蚀和崩岗；崩岗进一步发展，沟谷面积不断扩大，形成红壤侵蚀区沟谷地貌景观，这是红壤严重侵蚀退化的生态标志（Chen et al.，2019）。

（2）红壤侵蚀加剧了洪涝灾害。红壤区多暴雨，使红壤侵蚀区洪水径流系数大，洪峰流量增多。蒸水流域的土壤侵蚀研究也表明，降水变化导致流域侵蚀量增加 27.67%。研究表明，在没有遭受侵蚀保存完整的林下红壤，面积为 1 公顷厚度为 30 厘米的地表层和表土层的田间持水量可达 1000~1500 吨，100 公顷的蓄水能力相当于一个蓄水量为 10 万~15 万立方米的水库（毛妍婷等，2022）。然而，土壤水库的总库容随土壤侵蚀的加剧而损失严重。红壤侵蚀退化导致在雨季土壤蓄水量大大降低，加剧了洪涝灾害；而在干旱季节则缺少水分供应，加剧了红壤区季节性干旱。洞庭湖被泥沙淤积的速度更快，1949~2007 年水域面积和库容平均每年以 45.9 平方千米和 2.48 亿立方米的速度萎缩，河床每年抬高3.5厘米，目前调洪能力已不及1949年的一半。这些都与红壤侵蚀水土流失加剧密不可分。

四、湖南红壤质量调控技术与可持续利用对策

由于社会经济的高速发展，人们对红壤资源的利用强度不断增大，导致了红壤质量的退化（红壤肥力退化、土壤酸化、重金属污染和土壤侵蚀），从而对农业生态环境、生态健康、生态系统以及农业可持续发展带来严重影响。因此，为实现红壤资源的高效可持续利用，需针对红壤质量退化的四个方面（红壤肥力退化、酸化、重金属污染和侵蚀退化）实施调控措施。

（一）红壤肥力退化的调控措施

湖南红壤肥力提升主要通过“作物轮套作、林茶复合种植、浅耕秸秆覆盖、绿肥种植、结构改良”等耕地水养扩容技术来实现。在实际应用中，因地制宜地提出了以下几种红壤沃土技术模式：①果园间种绿肥。即在果树行间种植一年生或多年生绿肥植物作为覆盖园地的一种果园土壤管理方法，技术措施包括绿肥植物施肥（薄肥），并进行割草覆盖园地和割草填埋相结合，可解决坡地果园土壤有机质短缺的难题，提升土壤有机质含量，提高土壤肥力；涵养水源，减少降雨对园地表层土壤的冲刷，防止水土流失。②茶园增施微肥。在茶树有机无机平衡施肥的基础上，增施镁肥和硼肥，在茶树行间套种豆科牧草，可以提高茶园土壤pH值、有机质、全氮和碱解氮含量，春秋两季鲜茶青总产量提高。③旱作物间轮套种植模式。各地区根据气候特征、农作物种植制度，形成了多种种植模式，比如花生—甘薯轮作、花生—冬菜—大豆—芝麻—冬菜—红薯轮作复种、玉米—红薯间作等技术模。不仅较好地克服了连作障碍，而且改良了土壤，提高了作物产量和种植效益。④耕作栽培技术。即通过农艺措施配合改良剂来改善土壤耕层结构和理化性状、提高作物产量的一种模式。在合理复种轮作的基础上，浅耕秸秆覆盖并结合冬种绿肥、有机无机肥料配施、施用土壤改良剂，可改善红壤旱地土壤结构板结、通气不良、保水保肥能力差、结构差的难题，在一定程度上提高土壤水养库容，提高土壤保水保肥能力，显著增加土壤氮库、磷库和碳库，同时能显著增加土壤阳离子交换量，并缓解土壤酸化问题。

（二）红壤酸化的治理措施

红壤酸化的调控技术主要是采用无机—有机改良剂和生物修复技术。目前，广泛用于红壤酸化的改良剂又可分为：无机类改良剂、有机类改良剂、有机—无机复合型改良剂三大类。分述如下：①无机类改良剂主要包括各种无机肥料和无机矿物，如钙镁磷肥及中微量元素硅、钙肥等。钙镁磷肥对酸性土壤具有改良作用，是一种弱碱性肥料，施用钙镁磷肥供给作物营养同时可以降低土壤酸性，易被农民接受。矿物类改良剂主要包括各种石灰石、磷矿粉等，尤其是石灰类物质，在酸性土壤改良上应用广泛。②有机类改良剂主要包括作物秸秆、畜禽粪便、生物质炭、培养（酿造）废渣、粉煤灰、秸秆灰、污泥等工农业有机废弃资源等，这些有机改良剂不仅会释放碱性物质，中和土壤酸度，而且降低土壤交换性铝，减弱对植物的伤害。③有机—无机复合型酸性土壤改良剂，一般是将不同无机矿物、化肥、营养元素等混合制备而成，添加上述一种或者多种有机物料，利用不同物料成分和性质上的互补性，在改良酸性土壤和提高土壤养分上具有良好的效果。这种有机—无机复合型改良剂在酸性土壤改良应用中比单施无机改良剂或有机改良剂的效果更好。南方红壤区稻草、油菜秸秆、花生秸秆和紫云英绿肥等资源丰富，可将这些有机物料粉碎后与石灰、碱渣等物质配合施用，应用于酸性红壤的改良。

生物修复主要利用土壤动物、植物和微生物对酸化土壤的修复作用，例如，蚯蚓对酸性土壤修复有一定的作用，其排泄物含有较高的交换性钙、镁、钾，在某些环境下还含有碳酸钙颗粒，排入土壤对土壤酸性改良有一定的效果；当对土壤表层施土壤改良剂时，蚯蚓的活动还有利于改良剂在土壤中上下层掺混。土壤中因硝化作用形成的硝态氮被作物吸收利用时，部分植物根系释放氢氧根离子以保持植物体内电荷平衡，可中和土壤中的部分质子。另外，一些耐酸微生物与水生植物的根共生，在根系周围形成保护层，可降低氢和铝对根系的毒害，微生物保护根系分泌氨分子，也可中和根际环境的酸度。因此，利用作物吸收硝态氮和根系释放氢氧根可在一定程度上阻控和修复土壤酸化。施用硝态氮肥配合种植西红柿、玉米和小麦等喜硝植物，可以提高土壤 pH 值，达到修复酸化土壤的目的。

（三）红壤重金属污染的消减措施

当前，关于重金属污染土壤的修复和治理措施主要有工程治理、生物修复、钝化修复、农艺调控等措施。其中：①工程治理主要就是采取各种工程措施，通过换土、去表土、深耕等方式治理土壤重金属污染。比如，将受到重金属污染的土壤转移，再通过换土方式置换干净的土壤。再如，对土壤进行深耕，有效降低土壤中重金属元素的浓度。工程治理措施适用于重度污染的场地土壤的修复，具有效果快速、治理彻底的优点，但工程量大、费用高，破坏土壤结构，导致土壤肥力下降。②生物修复指利用生物技术来净化和分解土壤中的重金属物质，主要包括微生物修复和植物修复。微生物修复就是利用微生物来对重金属元素进行吸收、代谢和分解，将其转化为无机盐、水和二氧化碳等，从而改变重金属的化学形态，达到解毒效果。植物修复通过种植某些植物，利用植物的根系特性来对重金属进行吸收，将重金属转移并存储到植物的茎叶中，再对植物茎叶进行处理，从而达到消解重金属的目的。生物修复措施均适用于重度、中度污染的场地、农田土壤修复，植物修复措施的优点是成本低、对环境的扰动小，缺点是周期较长、生物量小，并且受外界环境影响较大。③钝化修复是指结合土壤中重金属元素的化学性质，采取有针对性的化学措施，尽可能降低土壤中重金属元素的活性，从而达到土壤修复的目的。钝化修复措施的优势是简单易行、效果显著、经济实用，可以边修复边生产，其缺点是有造成二次污染的风险，同时对土壤质量下降有一定影响。④农艺调控措施是指通过优化农业生产技术措施，尽可能减少农业生产过程的重金属积累。首先，要减少农药的使用。应对农作物病虫害时，要更多地采取生物防治、物理防治等举措，通过放养天敌、喷洒微生物药剂、利用害虫趋光性诱捕等措施来代替传统方式，从而减少土壤污染。其次，要做到合理施肥。该措施主要适用于轻度、中度污染的农田土壤修复，其优点是容易操作、成本低，但治理周期较长，且效果不显著。

（四）红壤侵蚀退化的防控措施

湖南红壤侵蚀的治理技术通过生物和工程技术相结合的方式。生物技术就是通过植树造林，乔、灌、草立体种植，材林、防护林、经济林多用的树种组合栽种，增加红壤侵蚀区域内的植被覆盖率，可以有效地涵养水源，减少水土流失。根据地形和坡度大小，治理模式主要有以下几种：①封禁治理模式，封禁即自然封育，亦称封育、封山育林，适宜于交通不便、人口较少、经济发展落后以及不宜人工造林的山区。②坡耕地立体农业模式，该模式以小流域为单元进行综合治理，已成为治理大江大河、改善农业生产条件和开展生态建设的主要做法，该模式高度重视因地制宜和协调流域内自然、社会和经济发展，通过种草养畜等生态模式、“大封禁，小治理”模式等有效降低流域内水土流失，并促进种植养殖业的同步发展，有效提高了区域生态安全。③“香根草篱”坡耕地水土保持耕作模式，利用香根草适应性广、抗逆性强等特点，发挥其在拦截泥沙、固坡护堤、改善农业生产条件等方面的优势，适于缓坡地红壤水土保持治理。④“林下流”治理模式，采用“林下补种草灌”“针阔混交”等治理模式，取得了显著的治理效果。⑤废弃矿场处理模式，对于废弃的矿场在处理过程中采用单一的措施效果不明显，除了采用生物措施外还应该采用工程措施，对于废矿的裸岩区、矿床区、冲淤区等均可采用，区域类型不同，采用的植物种类不同，如果是裸岩区，爬藤类植物是最佳选择，对于冲淤区，可以将当地存活率较高的植被直接移植过去。⑥河岸治理模式，主要是在河流两侧种植柳树或者是枫杨树，从而形成较好的植物篱笆，阻拦水土流失。⑦水源区保护模式，包括“山江湖库”综合治理模式和库区“生态修复”模式，前者通过整体规划和综合治理，建立层次性植被保护带，改造和利用现有水利工程等措施，实现整体治理的目标；后者针对实际情况，因地制宜开展库区生态修复，提高林草覆盖率，提升区域生态质量。

参考文献

[1] Ahmed S. F., Kumar P. S., Rozbu M. R., et al. Heavy Metal Toxicity, Sources, and Remediation Techniques for Contaminated Water and Soil [J]. Environmental Technology & Innovation, 2022, 25: 102114.

[2] Campodonico V. A., Pasquini A. I., Lecomte K. L., et al. Chemical Weathering in Subtropical Basalt-derived Laterites: A Mass Balance Interpretation (Misiones, NE Argentina) [J]. Catena, 2019, 173: 352-366.

[3] Chen J., Xiao H., Li Z., et al. Threshold Effects of Vegetation Coverage on Soil Erosion Control in Small Watersheds of the Red Soil Hilly Region in China [J]. Ecological Engineering, 2019, 132: 109-114.

[4] da Silva K. A., Nicola V. B., Dudas R. T., et al. Pesticides in a Case Study on No-tillage Farming Systems and Surrounding Forest Patches in Brazil [J]. Scientific Reports, 2021, 11 (1): 1-14.

[5] Das D., Dwivedi B. S., Datta S. P., et al. Potassium Supplying Capacity of a Red Soil from Eastern India After Forty-two Years of Continuous Cropping and Fertilization [J]. Geoderma, 2019, 341: 76-92.

[6] Li C., Zhou K., Qin W., et al. A Review on Heavy Metals Contamination in Soil: Effects, Sources, and Remediation Techniques [J]. Soil and Sediment Contamination: An International Journal, 2019, 28 (4): 380-394.

[7] Li J., Jia Y., Dong R., et al. Advances in the Mechanisms of Plant Tolerance to Manganese Toxicity [J]. International Journal of Molecular Sciences, 2019, 20 (20): 5096.

[8] Lin Q., Zhang L., Riaz M., et al. Assessing the Potential of Biochar and Aged Biochar to Alleviate Aluminum Toxicity in an Acid Soil for Achieving Cabbage Productivity [J]. Ecotoxicology and Environmental Safety, 2018, 161: 290-295.

[9] Liu C., Deng C. The Effect of Weathering on the Grain-size Distribution of Red Soils in South-eastern China and Its Climatic Implications [J]. Journal of Asian Earth Sciences, 2014, 94: 94-104.

[10] Lu H., Li K., Nkoh J. N., et al. Effects of pH Variations Caused by Redox Reactions and pH Buffering Capacity on Cd (II) Speciation in Paddy Soils During Submerging/Draining Alternation [J]. Ecotoxicology and Environmental Safety, 2022, 234: 113409.

［11］ Shetty R. , Prakash N. B. Effect of Different Biochars on Acid Soil and Growth Parameters of Rice Plants Under Aluminium Toxicity ［J］. Scientific Reports, 2020, 10 (1): 1-10.

［12］ Singh R. K. , Chaudhary R. S. , Somasundaram J. , et al. Soil and Nutrients Losses under Different Crop Covers in Vertisols of Central India ［J］. Journal of Soils and Sediments, 2020, 20 (2): 609-620.

［13］ Zhu Q. , Liu X. , Hao T. , et al. Modeling Soil Acidification in Typical Chinese Cropping Systems ［J］. Science of the Total Environment, 2018, 613: 1339-1348.

［14］ 冯兆滨，刘光荣，王萍，等．我国红壤改良利用技术研究现状与展望［J］．江西农业学报，2017，29（8）：57-61.

［15］ 国家统计局．中国统计年鉴 2021［M］．北京：中国统计出版社，2021.

［16］ 毛妍婷，崔荣阳，陈安强，等．垄作方向对不同坡位红壤坡耕地耕层土壤水分特征曲线的影响［J］．土壤通报，2022，53（2）：308-314.

［17］ 孙波，梁音，徐仁扣，等．红壤退化与修复长期研究促进东南丘陵区生态循环农业发展［J］．中国科学院院刊，2018，33（7）：746-757.

［18］ 孙波．红壤退化组控与生态修复［M］．北京：科学出版社，2011.

［19］ 唐海明，肖小平，汤文光，等．湖南稻田现代农作制特征及发展对策［J］．农业现代化研究，2016，37（4）：627-634.

［20］ 王伯仁，李东初，周世伟．红壤质量演变与培肥技术［M］．北京：中国农业科学技术出版社，2014.

［21］ 徐慧芳，李淑娟，李娜，等．南方红壤丘陵区旱地多熟种植的发展现状与研究进展［J］．生态科学，2022，41（1）：213-221.

［22］ 杨承栋．我国人工林土壤有机质的量和质下降是制约林木生长的关键因子［J］．林业科学，2016，52（12）：1-12.

［23］ 尹娜．中国农田化肥投入的时空变化及效益分析［J］．农村经济与科技，2011，22（10）：33-34.

［24］ 张甘霖，吴华勇．从问题到解决方案：土壤与可持续发展目标的实现［J］．中国科学院院刊，2018，33（2）：124-134.

［25］ 张高玲，谢红霞，盛浩，等．亚热带山区红壤可蚀性对土地利用变化的响应［J］．长江科学院院报，2022，39（2）：63-69.

［26］ 张杨珠，周清，盛浩，等．中国土系志·湖南卷［M］．北京：科学出版社，2020.

［27］ 赵其国．红壤物质循环及其调控［M］．北京：科学出版社，2002.

长株潭都市圈县域公共服务可持续发展

内容提要：培育建设现代化都市圈，是形成高质量发展区域布局的必经之路。公共服务的发展是都市圈建设的重要内容，本文梳理了长株潭都市圈建设的背景和有关公共服务的规划方向，从教育、医疗、养老三个方面测度了长株潭都市圈各县域公共服务的能力。发现各类公共服务在不同的空间存在明显的等级差异，并且分析了各因素对服务能力的影响程度。空间上的不匹配、资金上的不充足、监督上的不完善是都市圈各县域公共服务发展的重要问题，在此基础上，提出长株潭都市圈公共服务发展的政策建议。

关键词：长株潭都市圈；县域；公共服务发展；影响因素

核心观点：

（1）长株潭都市圈在经济发展、同城化趋势和交通区位等方面都具有明显优势，但区域内部发展还存在不平衡不充分的现象，基础设施、生态环境、公共服务一体化发展水平仍有待提高。

（2）对长株潭都市圈县域公共服务能力进行评估，芦淞区和韶山市处于第一梯队；芙蓉区、浏阳市、雨湖区处于第二梯队；岳塘区、渌口区、望城区、长沙县、湘潭县、雨花区处于第三梯队；荷塘区、石峰区、开福区、宁乡市处于第四梯队；天心区醴陵市、岳麓区、天元区处于第五梯队。

（3）人均教育经费、千人拥有学校数量、千人拥有专任教师数量、人均医疗经费、千人拥有床位数量、千人拥有专任医生数量、人均养老经费、千人拥有养老院床位数量八个指标是影响长株潭都市圈县域公共服务可持续发展的重要因素。

一、引言

长株潭三市沿湘江呈“品”字形分布，市中心两两相距不足 50 千米，是湖南发展的核心增长极。从 1984 年正式提出建设长株潭经济区方案至今，长株潭一体化发展经历几十年有效探索，已成为全省现代化建设和全方位开放的战略支撑。战略上已融入国家区域发展体系，《长株潭都市圈发展规划》于 2022 年 1 月得到国家发改委批复同意。规划提出：建立标准化公共服务体系。完善长株潭三市统一、有效衔接的基本公共服务制度。实施基本公共服务标准化，优化资源配置、规范服务流程、提升服务质量，推动都市圈基本公共服务互认共享，初步实现基本公共服务均等化，确保基本公共服务覆盖全民、兜住底线、均等享有。统筹考虑经济社会发展水平、城乡居民收入增长等因素，建立与财政承受能力相适应的基本公共服务保障标准。

（一）文献综述

公共服务的概念最早由德国学者 Adolf Wagner 在 1882 年提出，并认为提供公共服务是政府的职责。法国学者 Leon Duguit（1912）指出国家是政府为公共利益而进行的公共服务的总和。欧美经济学家和社会学家从不同角度对公共服务尤其是农村基本公共服务进行研究，研究范围涉及公共服务的提供者及其能力、提供公共服务的基本原则等问题：Adam Smith（1976）提出国家有义务公平地提供公共服务。James Buchanan（1950）认为财政均等是公共服务均等化关键的一环。Paul A. Samuelson（1954）认为，政府行使职能转变的目的之一就是实现公共服务均等化，将均衡理念与公共服务相结合。Robert Nozick（1991）认为公共服务需要保障程序和权利公平，要求政府承担起重要角色，保障社会公正的基础是政府的有效作为。Arthur Cecil Pigou（1920）从增加社会福利的角度提出“社会最优配置”和“收入均等化”概念，强调实现收入均等化对社会福利扩大的重要意义，将居民所能享受公共服务的均等化程度与社会经济福利、收入分配均等化和国民收入总量结合起来。Amartya Sen（1970）认为，要保障每个人的可行动能力，需要兼顾公共服务均等化、公平与效率、结果平等与程序平等之间的关系。H. George Frederickson（1980）进一步把社会公平作为行政决策和政治决策的指导理念，指出政府要考虑居民享有公平公正的公共服务。Rapp（1996）指出公共服务均等化是指接受服务的权利平等并且没有任何的歧视性配给。Boyne 等（2001）从公共服务需求、权利和努力程度分析英国的基本公共服务均等化情况。Berman 和 Bowman

(2012) 从人本主义角度，探析了公共服务配置在不同类型人群中的分配过程以及存在的问题与矛盾。Fiorito (2002) 阐释了公共服务的内涵。Patrick (2000) 和 Fairma (2013) 对公共服务的供给模式与实现路径进行了分析。Cuadrado (2013) 评价了政府的公共服务供给效率。Batley (2015) 研究了公共服务的政策效应。关于基本公共服务的发展模式，由于发展历史、基本国情、政治制度以及文化治理等方面的差别，各国的模式不尽相同，可分为市场主导型、公平至上型和自主积累型。市场主导型主要出现于美国和法国，主张以市场手段为主，政府和社会参与为辅的多元竞争模式，提供教育、文化、社会保障等服务。公平至上型以北欧国家为代表，国家以公平为原则，承担对全体国民的各项保障责任，社会福利程度相当高。自主积累型主要被新加坡和俄罗斯采用，为实现公共服务均等化，国家通过立法的形式强制家庭或个人储蓄进行自我保障。

国内的研究侧重于基本公共服务内涵和实践，分析基本公共服务非均等化现状、成因，探究实现均等化路径。其中，对基本公共服务均等化评价是研究的重点。"均等化"内涵体现在居民享受的基本公共服务机会均等和结果均等，但"均等"非绝对的相等，只是大体相等。在研究内容方面，有对公共服务的各项内容进行总体评价的，如针对某一城市公共服务设施的空间布局合理性做分析，对省域内农村公共服务区域分异进行分析，提出促进农村公共服务区域均等化的对策建议。韩增林等 (2015) 从教育、文化、医疗卫生、基础设施、社会保障和信息化六方面构建指标体系，对各省份城市和农村基本公共服务水平进行综合评价。李敏纳、覃成林 (2010) 构建指标体系从教育、文化、卫生、社会保障、环境五方面系统分析 1990 年以来中国社会性公共服务空间分异过程、特征及机制。安体富、任强 (2007) 建立了基础教育、基础设施和社会保障等指标体系。王新民、南锐 (2011) 用灰色关联综合评价模型构建了基本公共服务均等化水平评价指标体系，对我国各省进行了评价。马慧强等 (2011) 从教育服务、卫生服务、基础设施服务、社会保障服务、文化服务、信息化服务、生态环境服务七个方面研究了我国东北地区基本公共服务均等化。邓宗兵等 (2014) 基于三阶段 DEA 模型对我国各省级行政区公共服务供给效率进行实证研究。王肖惠等 (2013) 从基础设施完善度、公用服务完备度、环境友好度三方面构建指标体系，利用熵值法研究了陕西省 11 个地级市公共服务的质量。谭勇等 (2014) 综合利用核密度分析和通径分析，分析了基本公共服务设施空间差异及其成因。此外，也有学者对教育、文化等单项公共服务进行研究的。如沈有禄、谯欣怡 (2009) 从入学机会、教育过程、学业成就和义务教育经费等城乡、区域公平等角度构建均衡指数，对基础教育均等化水平进行了衡量。刘成奎、王朝才 (2011) 对城乡基本公共服务均等化的指标体系问题进行了研究。韩艳红、陆玉麒 (2012) 以教育为研究对象，从地理空间正义与空间可达性角度，以江苏省仪征市高级中学为例对教育公共服务设施可达性进行了评价，并探索规划路径。梁立新（2014）研究了民族地区的基本公共文化服务均等化。在研究方法方面，基于地理学传统方法，不断借鉴和融合数理统计、空间分析、空间计量方法。如基于公共服务方面的统计数据，利用主成分分析法、灰色关联法、熵值法、层次分析法和 Spearman 相关分析法测度区域公共服务均等化水平及其影响因素。空间分析和空间计量的方法也被逐渐用于公共服务的研究。史卫东、赵林（2015）对山东省基本公共服务质量空间的格局特征进行测度。赵林等（2015）采用空间杜宾模型对河南省的基本公共服务质量空间格局进行了研究，探究了基本公共服务的空间溢出效应与影响因素。崔治文、韩清（2016）在研究我国 8 个区域 12 年的基本公共服务均等化水平和城镇化水平之间的关系时，采用了面板向量自回归的方法，并建立了一阶滞后 PVAR 模型，对其进行实证研究。迟瑶等（2016）对连片特困区农村基本公共服务的均衡化进行了研究，构建贫困县农村基本公共服务综合评价体系，从片区—省—县尺度多角度揭示农村基本公共服务的时空发展差异，运用圈层结构和脱钩模型系统分析其与县域经济间的协同发展程度。

综上所述，国内外研究在理论分析、研究主题、关注重点、综合方法方面都取得了丰富的成果，为公共服务的研究奠定了理论和经验基础。同时，随着经济社会的发展，都市圈内部产业、人口、交通等动态变化也为区域公共服务整体研究的创新发展提供了可能。《长株潭都市圈发展规划》提出：提升公共服务便利化水平，统筹规划三市公共服务基础设施布局和共享，需要优化基础教育，推进优质教育资源共享；推进医疗资源共享，全面提升都市圈薄弱领域医疗服务能力；推进社会保险异地办理、养老保险信息互通，畅通城乡基本养老保险制度衔接。所以，推进长株潭都市圈公共服务一体化，重点在于推进教育、医疗、养老服务一体化。前提在于探究长株潭各县区（市）的公共服务发展状况，提出有针对性的补短板和合作措施。

（二）研究区域概况

长株潭都市圈范围包括长沙市全域（芙蓉区、雨花区、岳麓区、望城区、天心区、开福区、长沙县、浏阳市、宁乡市）、株洲市中心城区（天元区、芦淞区、荷塘区、石峰区、渌口区）及醴陵市、湘潭市中心城区（雨湖区、岳塘区）及韶山市和湘潭县，面积 1.89 万平方千米，2021 年常住人口 1484 万，经济总量 1.79 万亿元。

（1）经济实力全省领先。2021 年地区生产总值、工业增加值、地方一般公共预算收入、进出口总额、实际使用外资达到 17893 亿元、5712 亿元、1454 亿元、520 亿美元和 20.7 亿美元，分别占全省的 38.8%、40.3%、44.7%、56.2%和 85.6%。

（2）同城化加速发展。城镇化率达到 80.9%，高出全省平均水平 21.2 个百分点，长株潭一体化上升为全省战略，三十大标志工程启动建设，规划融合、交通互联等

“十同”行动取得重大进展，通信同号、同城同费、“一卡通”应用等公共服务共享不断拓展，都市圈内部人流物流更加便捷，经济社会联系更加紧密。

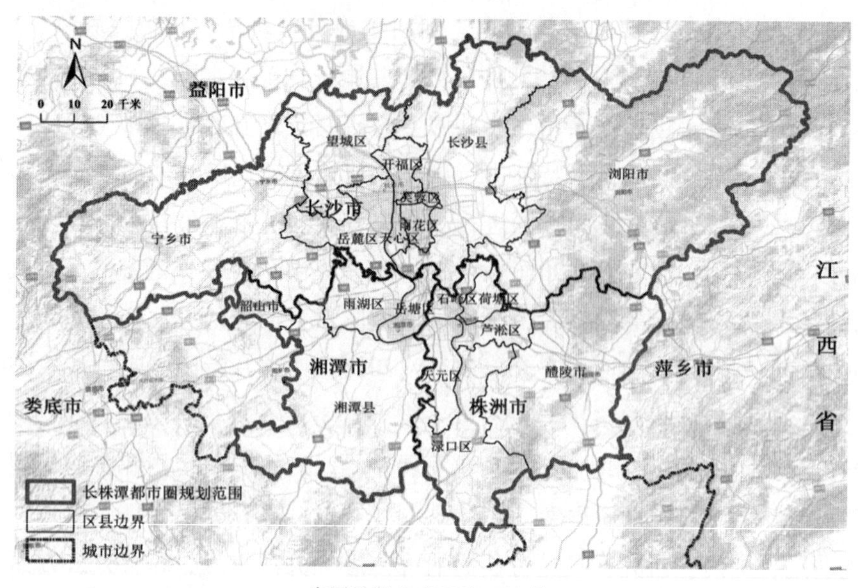

审图号湘 S（2022）034 号

图 1　长株潭都市圈规划范围

资料来源：《湖南省人民政府关于印发〈长株潭都市圈发展规划〉的通知》（湘政发〔2022〕6 号）。

（3）区位交通优势凸显。京广、沪昆、渝长厦高铁及京港澳、沪昆等多条高速动脉交汇，长沙机场区域枢纽功能显著提升，航线网络日益完善，湘江航道联通长江“黄金水道”实现通江达海，城际铁路、芙蓉大道等域内交通骨干陆续贯通，已形成高铁、城铁、高速、城际快速道、高等级航道、国际国内航线等协调发展的立体交通网络。

长株潭都市圈在经济发展势头、同城化发展趋势和交通区位等方面，都展现了明显的优势。但是，区域内部发展不平衡不充分，基础设施、生态环境、公共服务一体化发展水平有待提高，产业融合协同不足、城市间分工协作水平有待提升，长株潭经济社会全面发展仍然面临较大挑战。

二、研究方法与数据来源

（一）研究方法

1. 指标标准化

因为各指标所带的计量单位不相同，计算前需要将各指标的数据转化为无量纲化数值，其值域在 0~1 之间。本文中采用极差标准化方法，公式如下：

$$r_{ij}=\frac{c_{ij}-\min c_{ij}}{\max c_{ij}-\min c_{ij}}\text{正向指标} \tag{1}$$

$$r_{ij}=\frac{\max c_{ij}-c_{ij}}{\max c_{ij}-\min c_{ij}}\text{逆向指标} \tag{2}$$

式中，r_{ij} 为标准化值，c_{ij}、$\min c_{ij}$、$\max c_{ij}$ 分别为指标计算值、指标最小值和指标最大值。

2. 权重确定——熵权 TOPSIS 模型

TOPSIS 模型是一种排序方法，又被称为“逼近理想解的排序法”。其过程是将标准化之后的数据建立规范化矩阵，找出正理想解和负理想解；再测量各目标对象接近正负理想解的程度；以目标对象与正理想解的贴近度衡量目标对象的优劣性。熵权 TOPSIS 模型是对传统 TOPSIS 模型的改进，优化了目标对象与正负理想解的取值公式。先用熵权法计算评价指标的权重，再利用改进的 TOPSIS 模型对目标进行排序。使测度结果更加客观，与真实情况更加切合。模型如下：

（1）在指标标准化的基础上，计算熵值：

$$E_j=-k\sum_{i}^{m}p_{ij}\ln p_{ij} \tag{3}$$

式中，E_j 为熵值；k 为常数项，$k=1/\ln m$；p_{ij} 为第 i 项服务第 j 项指标的指标值比重，$p_{ij}=R_{ij}/\sum_{i=1}^{m}R_{ij}$。

（2）计算指标权重 w_j：

$$w_j=(1-E_j)/\sum_{j=1}^{n}(1-E_j) \tag{4}$$

（3）建立规范化决策矩阵 V：

$$V=R_{ij}\times w_j=\begin{bmatrix} R_{11}w_1 & R_{12}w_2 & \cdots & R_{1j}w_n \\ R_{21}w_1 & R_{22}w_2 & \cdots & R_{2j}w_n \\ \vdots & \vdots & \ddots & \vdots \\ R_{i1}w_1 & R_{i2}w_2 & \cdots & R_{ij}w_n \end{bmatrix} \tag{5}$$

（4）确定正、负理想解：

正理想解：$V^+=\{\max_j V_{ij}\mid i=1,2,\cdots n;j=1,2,\cdots m\}$ （正向指标）

负理想解：$V^-=\{\min_j V_{ij}\mid i=1,2,\cdots m;j=1,2,\cdots m\}$ （负向指标） (6)

正理想解：$V^-=\{\min_j V_{ij}\mid i=1,2,\cdots m;j=1,2,\cdots m\}$

负理想解：$V^+=\{\max_j V_{ij}\mid i=1,2,\cdots n;j=1,2,\cdots m\}$

因为本文采用的指标都是对最终评价结果有正向作用的指标，故采用正向指标确定正、负理想解。

（5）计算各城市正、负理想解的距离：

$$D_i^+ = \left\{ \sum_i^n (V_{ij} - V_j^+) \right\}^{1/2} \tag{7}$$

$$D_i^- = \left\{ \sum_i^n (V_{ij} - V_j^-) \right\}^{1/2} \tag{8}$$

式中，D_i^+、D_i^- 分别为正、负理想解的距离。

（6）计算综合评价得分：

$$Y_i = D_i^- / (D_i^+ + D_i^-) \tag{9}$$

式中，Y_i 为被评价目标对象与最优方案的贴近度，Y_i 越大说明评价结果好。

3. 障碍度模型

利用障碍度模型，测度各指标对各县区服务综合能力具体影响的大小。计算如下：

$$C_j = \left(R_{ij}w_j / \sum_j^m R_{ij}w_j \right) \times 100\% \tag{10}$$

式中，C_j 为 j 项指标对某城市中心性的影响程度；R_{ij} 为 i 城市 j 项指标标准化值；w_j 为 j 项指标的权重。C_j 越大，表示该项指标对县区服务综合能力的影响越大。

（二）数据来源

表 1 为教育、医疗、养老服务的需求指标。表 2 为长株潭都市圈个区县常住人口、学龄人口和老龄人口。选取长株潭都市圈各县域教育、医疗、养老方面的八个指标：人均教育经费、千人拥有学校数量、千人拥有专任教师数量、人均医疗经费、千人拥有床位数量、千人拥有专任医生数量、人均养老经费、千人拥有养老院床位数量（见表 3）。

上述指标由如下数据计算而得：常住总人口、学龄人口、劳动年龄人口、老龄人口、教育支出、医疗卫生支出、社会保障支出、高中数量、中职数量、初中数量、小学数量、高中专任教师、中职专任教师、初中专任教师、小学专任教师、执业医生数量、医疗机构实有床位、养老机构床位数。以上数据来源于 2021 年长沙、株洲、湘潭三市以及各区县统计年鉴和公报，以及部分专项报告统计数据。

表 1　教育、医疗、养老服务的需求指标

服务类别	需求指标（万人）
教育	学龄人口
医疗	常住总人口
养老	老龄人口

表 2　长株潭都市圈个区县常住人口、学龄人口和老龄人口

区县	常住总人口（万人）	学龄人口（万人）	老龄人口（万人）
芙蓉区	64. 20	8. 87	8. 71
雨花区	126. 49	21. 48	17. 49
岳麓区	152. 66	25. 84	17. 67
望城区	89. 02	14. 91	13. 15
天心区	83. 62	12. 72	11. 96
开福区	82. 08	12. 59	12. 92
长沙县	137. 45	22. 29	18. 36
浏阳市	142. 94	26. 99	27. 12
宁乡市	126. 33	21. 52	26. 60
天元区	47. 83	8. 41	6. 87
芦淞区	30. 70	4. 96	5. 46
荷塘区	34. 89	5. 72	5. 69
石峰区	22. 36	3. 03	4. 47
渌口区	26. 05	4. 26	6. 52
醴陵市	88. 60	16. 69	19. 17
雨湖区	61. 61	8. 16	8. 32
岳塘区	48. 38	6. 34	9. 35
韶山市	10. 34	1. 72	2. 37
湘潭县	79. 28	12. 89	19. 29

表 3　教育、医疗、养老服务的供给指标

服务类别	服务供给	供给指标	备注
教育	财政投入	人均教育经费（元）	人均教育经费=教育财政投入/学龄人口
	设施配置	千人拥有学校数量（所）	千人拥有学校数量=学校数量/学龄人口（千人）
	人员配置	千人拥有专任教师数量（人）	千人拥有专任教师数量=专任教师数量/学龄人口（千人）
医疗	财政投入	人均医疗经费（元）	人均医疗经费=医疗财政投入/总人口
	设施配置	千人拥有床位数量（张）	千人拥有床位数量=床位数量/总人口（千人）
	人员配置	千人拥有专任医生数量（个）	床位数量=专任医生数量/总人口（千人）
养老	财政投入	人均养老经费（元）	人均养老经费=养老财政投入/老龄人口
	设施配置	千人拥有养老院床位数量（张）	千人拥有床位数量=床位数量/老龄人口（千人）

三、结果分析

（一）服务能力分析

表 4 为教育、医疗、养老服务各供给指标权重。

表 4　教育、医疗、养老服务各供给指标权重

指标	权重	指标	权重
人均教育经费	0.1034	千人拥有床位数量	0.1676
千人拥有学校数量	0.1069	千人拥有专任医生数量	0.1538
千人拥有专任教师数量	0.0912	人均养老经费	0.0663
人均医疗经费	0.1559	千人拥有养老院床位数量	0.1550

第一梯队 2 个，为芦淞区和韶山市；第二梯队 3 个，为芙蓉区、浏阳市、雨湖区；第三梯队 6 个，为岳塘区、渌口区、望城区、长沙县、湘潭县、雨花区；第四梯队 4 个，为荷塘区、石峰区、开福区、宁乡市；第五梯队 4 个，为天心区、醴陵市、岳麓区、天元区。

综合服务能力前三梯队区县其单项服务能力都较为突出：在第一梯队中，芦淞区医疗服务能力和养老服务能力显著，得分都位于第二，教育服务能力得分位于第八；韶山市教育服务能力和养老服务能力优势明显，得分都位于第一，医疗服务能力得分位于第六。在第二梯队中，芙蓉区医疗服务能力得分位列第一；浏阳市的教育和医疗服务能力分别位于第五；雨湖区的教育和养老服务能力位于第六。在第三梯队中，岳塘区的养老服务能力位于第四；渌口区教育服务能力位于第四；望城区教育服务能力位于第三；长沙县养老服务能力位于第三；湘潭县养老服务能力位于第二；雨花区医疗服务能力位于第四。

表 5　长株潭都市圈各区县服务能力综合得分

区县	服务能力综合得分	区县	服务能力综合得分
芦淞区	0.5821	雨花区	0.4063
韶山市	0.5417	荷塘区	0.3909

续表

区县	服务能力综合得分	区县	服务能力综合得分
芙蓉区	0.4915	石峰区	0.3848
浏阳市	0.4695	开福区	0.3802
雨湖区	0.4615	宁乡市	0.3789
岳塘区	0.4344	天心区	0.3030
渌口区	0.4259	醴陵市	0.2949
望城区	0.4203	岳麓区	0.2437
长沙县	0.4202	天元区	0.2143
湘潭县	0.4081		

（二）服务影响因素分析

在各指标影响程度方面，人均教育经费对望城区、天心区、长沙县、石峰区、浏阳市、芙蓉区、渌口区、岳麓区、宁乡市、醴陵市、雨花区、开福区、韶山市的服务综合能力的影响程度超过10%；千人拥有学校数量对湘潭县、韶山市、渌口区、浏阳市、雨湖区、长沙县、望城区、天心区、岳麓区、岳塘区服务综合能力的影响程度超过10%；千人拥有专任教师数量对雨湖区、岳塘区、湘潭县、岳麓区、渌口区、天心区服务综合能力的影响程度超过10%；人均医疗经费对醴陵市、荷塘区、宁乡市、渌口区、望城区、韶山市、湘潭县服务综合能力的影响程度超过20%；千人拥有床位数量对雨花区、岳麓区、开福区、芙蓉区、雨湖区、荷塘区服务综合能力的影响程度超过20%；千人拥有专任医生数量对芙蓉区、天心区、天元区、芦淞区、岳塘区服务综合能力的影响程度超过15%；人均养老经费对望城区、岳麓区、长沙县、芙蓉区、醴陵市、荷塘区服务综合能力的影响程度超过10%；千人拥有养老院床位数量对岳塘区、石峰区、天元区、韶山市、长沙县、芦淞区服务综合能力的影响程度超过20%。

但各县区服务供给明显存在短板，芙蓉区的千人拥有养老院床位数量的影响程度仅为1%；荷塘区千人拥有养老院床位数量、千人拥有专任教师数量、千人拥有学校数量影响程度不足5%；岳麓区千人拥有专任医生数量和千人拥有养老院床位数量影响程度不足5%；望城区千人拥有养老院床位数量影响程度不足1%；湘潭县和渌口区千人拥有养老院床位数量和千人拥有专任医生数量影响程度不足4%；雨湖区人均教育经费和人均医疗经费影响程度不足2%；长沙县千人拥有养老院床位数量影响程度不足1%；韶山市千人拥有专任医生数量影响程度不足2%；岳塘区人均养老经费、人均医疗经费、人均教育经费影响程度不足3%。

表6　各指标对长株潭都市圈各区县服务能力的影响程度　　单位：%

县区	人均教育经费	千人拥有学校数量	千人拥有专任教师数量	人均医疗经费	千人拥有床位数量	千人拥有专任医生数量	人均养老经费	千人拥有养老院床位数量
芦淞区	9.76	7.56	7.94	11.29	17.45	16.62	4.14	25.24
韶山市	10.16	16.93	5.79	27.51	3.40	1.73	7.12	27.35
芙蓉区	12.66	6.18	5.82	6.71	26.10	30.55	10.99	1.00
浏阳市	13.40	13.98	6.37	17.96	12.85	13.69	7.24	14.50
雨湖区	1.85	13.71	20.31	1.03	25.15	14.97	4.27	18.70
岳塘区	0.20	10.77	15.26	1.30	17.80	16.10	2.10	37.41
渌口区	12.60	16.78	10.82	28.88	2.45	3.78	8.76	15.94
望城区	27.30	11.67	6.05	27.74	0.55	5.62	17.52	3.56
长沙县	17.87	13.41	7.46	19.31	0.60	4.84	11.17	25.34
湘潭县	8.55	26.51	12.15	24.71	3.96	2.00	6.48	15.64
雨花区	11.37	7.20	9.15	3.69	45.15	7.31	6.00	10.13
荷塘区	7.01	2.45	2.57	38.38	22.62	13.37	10.42	3.18
石峰区	14.78	6.16	5.80	9.37	16.38	11.55	6.15	29.81
开福区	10.97	9.05	7.68	8.32	31.26	11.75	9.48	11.48
宁乡市	12.24	9.48	8.10	29.20	12.43	9.77	8.54	10.25
天心区	22.00	11.33	10.11	7.42	5.04	29.15	8.48	6.47
醴陵市	11.83	3.00	2.50	41.30	9.64	6.20	10.63	15.36
岳麓区	12.58	11.08	10.89	6.30	38.43	4.41	12.83	3.47
天元区	1.00	6.67	8.01	10.74	18.83	20.53	5.05	29.17

四、结论和建议

（一）研究结论

（1）长株潭都市圈范围内不同县域存在需求和服务不匹配现象，处于城市中心地区的服务供给较强，但也面临着其他县域甚至城市和省份的需求压力；处于都市圈边缘县域的服务供给较弱，往往无法满足本地区的需求，并且人口基数少同样无法支持大规模服务的提供。

（2）长株潭都市圈各县域发展的不均衡，导致政府资金存在差异，进而影响到基本公共服务的均衡发展。经济发展水平、财政实力、服务型政府建设水平等因素导致区域间基本公共服务保障水平不均衡。长株潭都市圈受县域财政水平和分配政策影响，基本公共服务供给差距大。

（3）政府调到资源配置公共服务或者购买公共服务，有助于以财政资金为支点撬动社会福利的帕累托改进。在财政资源比较紧张的情况下，为满足人民对美好生活的需要，必须尽快完善政府配置或购买公共服务监督机制，使其成为实现政府公共服务供给规模和供给质量持续提升的重要保证，进而切实增强民众对公共服务的获得感和满足感。

（二）政策建议

（1）公共服务部门加强沟通对接，进一步修改完善合作协议、细化重点合作项目、完善合作工作机制。大胆探索公共服务优质均衡发展新路径，制定公共服务一体化规划，既同步协调，又要突出各地特色，着力优势互补采取集团互建、资源互享的模式，推进“融城”教育、医疗、养老的深度合作，让优质公共服务资源在三地“流动”起来。为有效解决制约教育和医疗发展不均衡的问题，积极探索社区养老和家庭养老模式，应对老龄化加剧的压力，《中共中央　国务院关于加强新时代老龄工作的意见》明确要求，注重发挥家庭养老的作用，进行一体化管理和适老化改造。

（2）应及时拨付公共服务资金。县级各公共服务部门要主动会同当地财政部门按照每年的基础教育、基本公共卫生和养老服务人均经费标准以及区域内学龄人口、常住人口和老龄人口总额预算，整体打包给公共服务共体，由共体按规定统筹管理，及时足额将基本公共服务经费下达到区域内各基层服务卫生机构，并同步下达任务和绩效目标。

（3）为了有效提升县域社会公众对基本公共服务的满意程度，确保基本公共服务质量管理体系的适用性并持续改进其有效性，长株潭都市圈县域政府应策划并实施测量分析和改进过程，形成具有自我改进、自我完善功能的基本公共服务质量管理体系。通过测量分析发现问题，分析基本公共服务质量管理环境、质量目标、质量特性、管理地位等方面可能存在的影响因素，并注重从公众需求、领导推动、自我完善、过程控制、方法优化等方面提出相应的改进路径。

参考文献

［1］Adam Smith. An Inquiry into the Nature and Causes of the Wealth of Nations［M］. Edwin Cannan's Annotated Edition. Chicago：University of Chicago Press，1976.

［2］Beatriz Cuadrado-Ballesteros，Isabel-María García-Sánchez，José-Manuel Prado-Lorenzo. Effect of Modes of Public Services Delivery on the Efficiency of Local Governments: A Two-stage Approach [J]. Utilities Policy, 2013, 26 (5): 23-35.

[3] Berman E. M., Bowman J. S. West. Human Resource Management in Public Service: Paradoxes, Processes, and Problems [M]. California: Sage Publications, 2012.

[4] Boyne G., Powell M., Ashworth R. Spatial Equity and Public Services: An Empirical Analysis of Local Government Finance in England [J]. Public Management Review, 2001, 3 (1): 19-34.

[5] Fiorito R., Kollintzas T. Public Goods, Merit Goods, and the Relation between Private and Government Consumption [J]. European Economic Review, 2002, 48 (6): 1367-1398.

[6] Francois P. Public Service Motivation as an Argument for Government Provision [J]. Journal of Public Economics, 2000, 78 (3): 275-299.

[7] James M. Buchanan. Federalism and Fiscal Equity [J]. The American Economic Review, 1950, 40 (4): 583-599.

[8] Paul A., Samuelson. The Pure Theory of Public Expenditures [J]. Review of Economics & Statistics, 1954, 36 (4): 387-389.

[9] Rapp L. Public Service or Universal Service [J]. Telecommunications Policy, 1996, 20 (6): 391-397.

[10] Richard Batley, Claire Mcloughlin. The Politics of Public Services: A Service Characteristics Approach [J]. World Development, 2015, 74: 275-285.

[11] Steve Fairman. Collaborative Governance for Innovation in the National Health Service: Early Reflections on the Development of Academic Health Science Networks [J]. Public Administration Review, 2013, 73 (6): 831-832.

[12] [印] 阿马蒂亚·森. 以自由看待发展 [M]. 任赜, 译. 北京: 中国人民大学出版社, 2002.

[13] [英] 阿瑟·塞西尔·庇古著, 晏智杰编. 福利经济学 (下) [M]. 金镝, 译. 北京: 华夏出版社, 2017.

[14] 安体富, 任强. 公共服务均等化: 理论、问题与对策 [J]. 财贸经济, 2007 (8): 48-53.

[15] 安体富, 任强. 中国公共服务均等化水平指标体系的构建——基于地区差别视角的量化分析 [J]. 财贸经济, 2008, 29 (6): 79-82.

[16] 蔡媛青, 张红文, 王文娟. 我国医疗卫生服务模式的变迁及优化路径 [J]. 行政管理改革, 2018 (12): 100-107.

[17] 常修泽. 中国现阶段基本公共服务均等化研究 [J]. 中共天津市委党校学报, 2007 (2): 66-71.

[18] 迟瑶, 王艳慧, 房娜. 连片特困区贫困县农村基本公共服务与县域经济时空格局演变关系研究 [J]. 地理研究, 2016, 35 (7): 1243-1258.

[19] 崔治文, 韩清. 基本公共服务均等化水平与城镇化互动关系研究 [J]. 华中农业大学学报

（社会科学版），2016（2）：118-125.

［20］邓宗兵，吴朝影，封永刚，等．中国区域公共服务供给效率评价与差异性分析［J］．经济地理，2014，34（5）：28-33.

［21］丁焕峰，曾宝富．中国区域公共服务水平均等化差异演变：1997-2007［J］．城市观察，2010（5）：24-29.

［22］冯骁，牛叔文，李景满．我国市域基本公共服务均等化的空间演变与影响因素［J］．兰州大学学报（社会科学版），2014，42（2）：86-93.

［23］高军波，周春山，王义民，等．转型时期广州城市公共服务设施空间分析［J］．地理研究，2011，30（3）：424-436.

［24］辜胜阻，李文晶，曹冬梅．新时代教育供给侧结构性改革的战略思考［J］．河北学刊，2018，38（3）：148-154.

［25］韩艳红，陆玉麒．教育公共服务设施可达性评价与规划——以江苏省仪征市高级中学为例［J］．地理科学，2012，32（7）：822-827.

［26］韩增林，李彬，张坤领．中国城乡基本公共服务均等化及其空间格局分析［J］．地理研究，2015，34（11）：2035-2048.

［27］胡彬，仲崇阳，王媛媛．公共服务、人口再配置与城市生产率［J］．中国人口科学，2022（1）：30-43，126-127.

［28］胡忠，张效莉．中国沿海省份经济发展质量评价及障碍因子诊断［J］．统计与决策，2022，38（4）：112-117.

［29］湖南省人民政府关于印发《长株潭都市圈发展规划》的通知［J］．湖南省人民政府公报，2022（7）：3-28.

［30］李敏纳，覃成林．中国社会性公共服务空间分异研究［J］．人文地理，2010，25（1）：26-30.

［31］梁立新．民族地区基本公共文化服务均等化问题研究［J］．哈尔滨师范大学社会科学学报，2014，5（5）：21-25.

［32］刘成奎，王朝才．城乡基本公共服务均等化指标体系研究［J］．财政研究，2011（8）：25-29.

［33］刘学之．基本公共服务均等化问题研究［M］．北京：华夏出版社，2008.

［34］罗伯特·诺齐克．无政府、国家与乌托邦［M］．何怀宏，译．北京：中国社会科学出版社，1991.

［35］马慧强，韩增林，江海旭．我国基本公共服务空间差异格局与质量特征分析［J］．经济地理，2011，31（2）：212-217.

［36］么泽恩，蔡海生，张学玲，曾珩，邵晖．基于CRITIC-TOPSIS模型的浮梁县土地生态安全时空分异及其障碍因素分析［J］．长江流域资源与环境，2021，30（10）：2452-2463.

［37］皮灿，杨青山，明立波，等．马赛克式聚落景观下的广州市基本公共服务均等化研究［J］．经济地理，2014，34（3）：51-57.

［38］［美］乔治·弗雷德里克森．新公共行政学［M］．曾冠球，许世雨，译．台北：智胜文化

事业有限公司，2007.

［39］若愚，吴俊培．政府提供公共服务受到了资源诅咒吗［J］．财贸经济，2020，41（6）：19-34.

［40］沈有禄，谯欣怡．基础教育均衡发展：我们真的需要一个均衡发展指数吗？［J］．教育科学，2009，25（6）：9-15.

［41］史卫东，赵林．山东省基本公共服务质量测度及空间格局特征［J］．经济地理，2015，35（6）：32-37.

［42］宋潇君，马晓冬，朱传耿．江苏省农村公共服务水平的区域差异分析［J］．经济地理，2012，32（12）：133-139.

［43］谭勇，皮灿，何东进，等．广州市城乡公共服务设施空间特征及其成因分析［J］．热带地理，2014，34（2）：241-247.

［44］汤旖璆，刘琪，王佳龙．地方财政卫生投入与城市医疗卫生公共服务——基于"规模效应"与"质量效应"的双检验［J］．财经论丛，2021（7）：36-47.

［45］王淑婧，李俊峰．长三角城市群高质量绿色发展的均衡性特征及障碍因素［J］．自然资源学报，2022，37（6）：1540-1554.

［46］王肖惠，杨海娟，王龙升．陕西省农村基本公共服务设施均等化空间差异分析［J］．地域研究与开发，2013，32（1）：152-157.

［47］王新民，南锐．基本公共服务均等化水平评价体系构建及应用——基于我国31个省域的实证研究［J］．软科学，2011，25（7）：21-26.

［48］文珺，熊斌．加快推进健康养老产业发展［J］．宏观经济管理，2022（5）：67-75，84.

［49］杨帆，杨德刚．基本公共服务水平的测度及差异分析——以新疆为例［J］．干旱区资源与环境，2014，28（5）：37-42.

［50］翟羽佳．河南省2011年基本公共服务均等化水平测度与分析［J］．地域研究与开发，2013，32（5）：57-61.

［51］张思锋．中国养老服务体系建设中的政府行为与市场机制［J］．社会保障评论，2021，5（1）：129-145.

［52］赵林，张宇硕，张明，等．东北地区基本公共服务失配度时空格局演化与形成机理［J］．经济地理，2015，35（3）：36-44.

［53］赵一红，庞志．城市社区养老服务供给主体的结构化分析［J］．学术研究，2020（9）：52-58.

［54］周静，高颖．国内基本公共服务供给的测度及其对民生福祉的影响：一个文献综述［J］．当代经济管理，2022，44（3）：67-74.

［55］邹磊，刘慧媛，王飞宇，陈婷，董怡．长江中游城市群绿色发展水平的地区差异及其影响因素［J/OL］．［2022-07-18］．中国科学：地球科学：1-14.

洞庭湖地区流行性疫情风险的绿色治理模式

内容提要： 疫情预警与防控对疫情流行的风险感知能力、监测预警精度和综合边际效益尚无法满足公共卫生体系高质量需求。疫情潜在风险的动态演变和时空转移已成为公共卫生应急预防面临的新挑战。本文以洞庭湖血吸虫疫情为研究对象，运用地学空间分析技术和方法，结合流行病学基础数据，重点对流行病潜在风险的生态化评价体系构建、洞庭湖地区血吸虫病潜在风险监测与预警、流行病风险防控的主要问题分析、洞庭湖地区血吸虫病潜在风险防控模式构建等方面展开研究，提出绿色防控模式构建要点和生态化预警与防控的政策建议。

关键词： 洞庭湖地区；血吸虫病；风险时空分析；绿色防控

核心观点：

（1）本文将2006~2016年洞庭湖地区易感环境中的钉螺密度作为重要指标，引入具有相对比较意义的潜在疫源区、可疑滋生区、可疑扩散区和其他区域概念。钉螺滋生和扩散的潜在疫源区和可疑滋生区环境类型有集中分布的趋势，2006年和2016年洞庭湖区潜在疫源区和可疑滋生区的主要环境组成中均包含农田、沼泽湿地、冬陆夏水区和其他林地四个环境类型，且各自环境类型的细分组成也有较高的相似度。

（2）2006~2016年洞庭湖区潜在钉螺滋生地分布主要呈现的演变特征为：滋生风险总体下降，风险分布由破碎化向集中化形态转变。钉螺滋生的环境依赖度逐步增强，种群流动性逐步减弱。

（3）洞庭湖地区的血吸虫疫情潜在风险的空间分布主要呈现出核心区域高、外围区域低，大型湖泊水域周边高、其他地区低，中部偏西北的西洞庭地区高、中部偏东北的东洞庭地区低的总体格局特征。

（4）经济发展水平的提高，不仅有效改善了湖区城乡环境，也为湖区血防工作的开展提供了重要的资金保障，对于湖区血吸虫病的防控发挥着重要作用，但同时也会促使血吸虫病传播。

(5) 以防病抑螺、功能复合、综合施策、统筹布局、环境改善、健康教育为目标原则，提出了绿色防控要监测精准、预报精准，因地制宜、对症下“策”的要点，并划分了湖草资源开发利用型、生态抑螺型和临水生态经济型三种水利血防模式。

一、引言

日本血吸虫病作为我国影响最大的自然疫源性地方流行病（Natural Focus Infection Disease，NFID），在我国“两湖”地区的流行有近3000年的历史，多年来一直威胁着洞庭湖区居民的健康。根据当前的疫情发展趋势，仍具有复杂性、顽固性和反复性的特点。全力防范血吸虫病疫情反弹趋势，全力保证湖区长期维持血吸虫病控制和消除状态是未来十年血吸虫病防控工作所面临的最严峻考验。因此，必须尽早采用更科学、更具前瞻性的方法改进或替代传统的、滞后的疫情监测和预警工作，必须大力实施更加有效的控制策略来降低湖沼地区，尤其是垸外地区的血吸虫病流行风险。化学疗法曾是血吸虫病控制的主要方法，但由于长期药物使用造成的居民依从性下降、生态环境隐患等问题，大量的化学方法不再适合现阶段针对垸外地区的疫情防控工作。

本文遵循“提出问题—分析问题—厘清目标—解决问题”的总体思路。从洞庭湖地区血吸虫疫情潜在风险的生态化监测和绿色消除出发，按照“明确警意—识别警源—监测警势—呈现格局—探究模式”的研究框架，构建基于疫情—生态—经济的潜在风险评估策略和防疫—生态—经济的绿色防控体系。重点对流行病潜在风险的生态化评价体系构建、洞庭湖地区血吸虫病潜在风险的生态化监测与预警、流行病风险防控的主要问题分析、潜在风险绿色防控模式构建及防控政策建议等方面展开研究。探究以下三个科学问题：①如何厘清地区环境、社会经济及流行病学特征与血吸虫疫情风险的内在联系；②如何建立科学、精准、生态、安全的疫情监测体系，评估血吸虫疫情风险及其消涨趋势；③如何对疫情风险的演变趋势进行预警，从而指导防疫措施的调控优化。

二、疫情潜在风险的生态化内涵

（一）潜在风险内涵构建

首先，洞庭湖地区血吸虫病流行具有流动性强、易反复和不均衡的特点。其次，疫情的发展变化是一个长期因果累积的过程，且与螺情、病患、病畜关系密切。最后，疫情流行因素复杂多变，不同地区不同流行类型的血吸虫病分布特征、规律和趋势差异明显。通过梳理21世纪以来发生的重大自然疫源性流行病资料，重点分析该类疫情的流行性特征、阶段性特征和防疫性特征，本部分拟从疫源滋生风险、疫情流行风险、区域易感风险等方面对疫情潜在风险的内涵和定义进行研究，其中：

（1）疫源滋生风险：NFID类流行病具备病原体（或）媒介的存在、分布与环境因素密切相关的特性，环境因素的改变能显著影响疾病和媒介的消长，且这些环境特征能够被实地勘察、遥感技术所识别和监测。遂利用空间信息技术和数据挖掘技术获取NFID疫情的关键地理环境的要素属性，对地区疫源地样本的生态环境特征进行分类统计和量化分析，探测和统计病毒、虫媒等疫源滋生、流行所需的独特“区位”条件，根据不同地物类别、遥感光谱和生境特征下的疫源集聚差异性，量化不同样本区域环境的滋生风险。

（2）疫情流行风险：疫情流行风险是根据流行区历史疫情态势反映下一个时间节点的疫情流行趋势的综合性指标，属于对传统的流行病学统计数据进行综合测算的定量指数或指标体系。考虑到NFID风险传播链的复杂性，本文拟从易感环境、人畜疫情和媒介易感等方面构建指标体系对潜在疫源进行全面分析，并利用聚类赋权方法进行加权运算，获取疫情流行的风险指数，对疫情流行风险的内部演化和空间演变特征开展时序分析。

（3）区域易感风险：由于疫区的社会经济活动与疫情风险之间相互作用的隐性人—地矛盾所驱动，特定的社会经济活动增加了人和环境接触可疑风险源的概率，增加了疫情传播链的广度和复杂度，提升了外部的确定性风险对内部的潜在风险的影响。本文拟通过引入“区域易感风险”概念，运用空间统计学模型建立基于土地利用类型的疫情风险描述方式，测算出各地区不同用地类型的疫情敏感度系数，利用土地要素反映对血吸虫疫情风险正向、负向变化敏感的社会经济活动在区域空间上的相互匹配、相互制约的状态。

（二）潜在风险生态化内涵阐述

传统的疫情风险的内涵属于概率性问题的滞后性研判，多用于疫情发生后的防疫和风险评估工作。但从近年陆续暴发的各类疫情的发展规律来看，在传播阻断阶段甚至消除阶段，疫情的时间、空间偶发可能性依然存在。且从流行病统计学角度来看，疫源地产生的零散性、随机性大，疫情传播链的隐秘性、复杂性强，极大地提升了复杂疫源性流行病的评估和溯源难度。本文提出的疫情潜在风险研究更加侧重于从流行动力和流行载体层面探讨疫情流行的优势“区位”，且将具有触发疫情发生的流行源头纳入。其中疫源滋生风险具备病原体（或）媒介的存在、分布与环境因素密切相关的特性，环境因素的改变能显著影响疾病和媒介的消长。疫情流行风险是根据流行区历史疫情态势反映下一个时间节点的疫情流行趋势的综合性指标，属于地域大环境特征。而在研究过程中发现，在几乎相同的疫情流行态势和滋生风险条件下，由于该地区的社会经济活动与疫情风险之间相互作用的隐性人—地矛盾所驱动，仍然会出现部分地区从疫情发生概率、发生时间和发展速度上明显强于其他地区，从而引入概念“区域易感风险”。三者在空间上的相互作用是流行感染、环境感染和疫情滋生的充要条件，三者在空间上的叠加共同形成疫情潜在风险发展的源头、载体和动力（见图 1）。

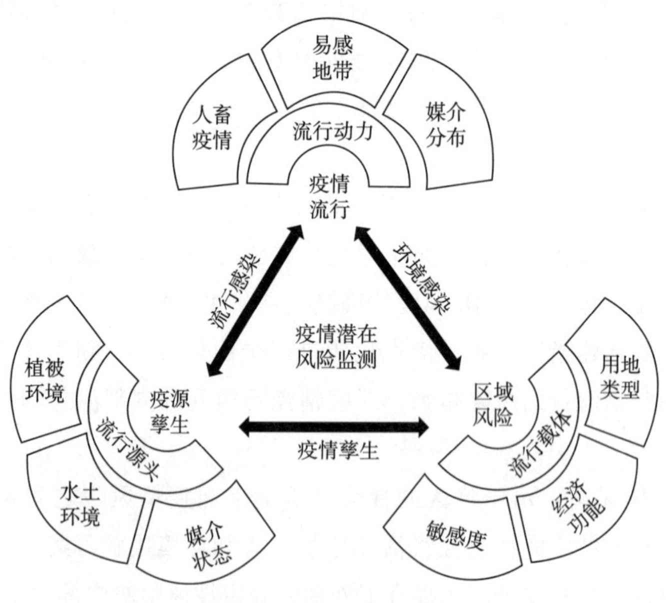

图 1　疫情潜在风险生成机制及研究框架

（三）疫情潜在风险的指标和评价方法

根据疫情潜在风险的内涵架构，本文以洞庭湖地区主要的血吸虫疫情流行区为研究对象，分维度采用空间计量和空间数据融合方法，在 GIS 地理信息技术平台构建格网系统数据库，将遥感影像数据、流行病学数据和地区特征数据（包括易感环境、社会经济、土地利用数据等）进行融合测算。研究框架如图 2 所示。

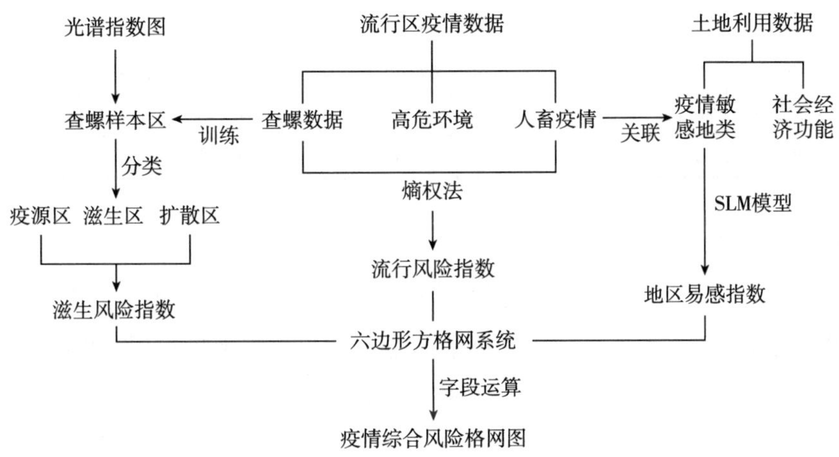

图 2　疫情潜在风险评价总体框架

1. 疫源滋生风险测算

结合血吸虫的生物周期特性及其所需的外部环境特性评估疫源地的潜在滋生风险。其主要依据是联合采用中科院 LUCC 地类编号及分类标准的土地类型数据和通过 Landsat 遥感影像数据测算获取的能够充分反映地区植被特征的植被指数（如 NDVI、BI、GVI 等）。以 2016 年数据为例，利用结合大量的实地植被调查样本和历年的实地查螺数据，通过统计学置信区间测算方式，将钉螺密度与植被环境类型进行量化关联。其中，洞庭湖地区的主要有草洲、芦苇、农田、欧美杨、沼泽湿地、套种油菜、农村居民区、城乡建设区、裸质沙地九种典型环境的样本图斑，而钉螺滋生地的滋生情况可由查螺样本地区的钉螺密度进行等级划分。再将环境类型数据与钉螺样本数据进行量化关联，即可得到由环境特征指示的洞庭湖地区的血吸虫疫情滋生风险分布，部分测算结果如表 1 所示。

表 1　典型环境校正植被指数、亮度指数和绿度植被指数均数及 95%可信区间

时间	环境类型	校正植被指数		亮度指数		绿度植被指数	
		均数	95%可信区间	均数	95%可信区间	均数	95%可信区间
2006～2016 年	草洲	0.3104	0.062～0.5467	32.4086	22.5031～40.5052	40.1239	28.1911～56.0568
	芦苇	0.3350	0.079～0.5277	34.4983	27.3046～42.9054	29.7008	3.2190～47.1827
	农田	0.2693	0.14080～0.3606	35.1751	28.1257～41.2246	23.8503	7.6918～32.0088
	欧美杨	0.3985	0.2699～0.5671	37.9259	32.5773～47.2746	32.3634	10.2227～65.5041

续表

时间	环境类型	校正植被指数		亮度指数		绿度植被指数	
		均数	95%可信区间	均数	95%可信区间	均数	95%可信区间
2006~2016年	沼泽湿地	0.2849	0.0169~0.6335	32.0914	25.8689~44.3140	26.5878	15.6165~61.5592
	套种油菜	0.4276	0.3365~0.6286	36.3749	32.6313~49.7186	35.7424	19.5987~72.8860
	农村居民区	-0.1146	-0.1629~0.0464	32.3392	29.2740~37.4045	-10.9413	-18.1069~14.1709
	城乡建设区	-0.1701	-0.2368~0.0234	33.9498	18.7841~51.1156	-16.0183	-21.5961~10.4405
	裸质沙地	-0.0935	-0.2685~0.0710	28.9623	24.7032~32.2213	-7.0728	-11.2031~5.9424

2. 区域疫情风险指数构建

参照许骏、贺清云等人的研究成果，从洞庭湖区《血防工作年报》中筛选出13项直接描述疫区环境、家畜疫情和居民疫情的指示性数据作为指标层。指标具体如表2所示，包括垸内、外钉螺面积，垸内、外查螺面积，垸内、外查出有螺面积，垸内、外易感地带面积，检查总人数，血检粪检血检人数，粪检阳性人数，血检阳性人数，耕牛数量、病牛数量，实有病人数13项指标。按照我国血吸虫病控制和消灭标准中的测算方法或者具有统计学意义自拟公式进行指标综合，最终整合成居民易感、家畜易感、区域螺情、历史患者、危险环境五个反映疫情潜在风险的综合指标。以2006~2016年数据为例，通过熵值法加权获取洞庭湖地区各风险区疫情风险指数 R_{ij}，结果如表3所示。并保存至ArcMap中的2006~2016年洞庭湖区土地利用图属性数据中。

表2 洞庭湖区血吸虫病流行区潜在风险评估指标体系

目标层	准则层	指标层	综合层	符号
疫情风险指数（R）	疫区环境	垸内、外钉螺面积	居民易感指标	X_1
		垸内、外查螺面积		
	家畜疫情	垸内、外查出有螺面积	家畜易感指标	X_2
		垸内、外易感地带面积		
	居民疫情	血检粪检人数	历史患者占比	X_3
		血检粪检阳性人数		
		耕牛数量、病牛数量	区域螺情指标	X_4
		实有病人数	危险环境指标 X_5	

表3 2006~2016年洞庭湖地区血吸虫病潜在风险区流行疫情风险指数 R_{ij}

地区	2006年	2008年	2010年	2012年	2014年	2016年	平均值
汉寿县	0.0846	0.0831	0.0870	0.0846	0.0806	0.0791	0.0832
安乡县	0.3222	0.2942	0.3432	0.4910	0.4363	0.4089	0.3826

续表

地区	2006年	2008年	2010年	2012年	2014年	2016年	平均值
澧县	0.2976	0.3038	0.2829	0.2141	0.1872	0.2543	0.2567
津市市	0.5458	0.4671	0.2233	0.5366	0.4371	0.4847	0.4491
临澧县	0.0250	0.0699	0.0606	0.0745	0.0741	0.0419	0.0577
常德市辖区	0.2719	0.2873	0.3450	0.3880	0.3840	0.3066	0.3305
岳阳县	0.0877	0.0771	0.1224	0.1481	0.1505	0.1401	0.1210
湘阴县	0.0715	0.1097	0.0744	0.0851	0.0578	0.0549	0.0756
华容县	0.2354	0.1896	0.1416	0.1658	0.2265	0.2470	0.2010
汨罗市	0.0605	0.0726	0.0489	0.0803	0.0927	0.1926	0.0913
临湘市	0.0439	0.0560	0.0473	0.0461	0.0394	0.0468	0.0466
岳阳市辖区	0.1906	0.2022	0.2585	0.4006	0.2806	0.3393	0.2786
沅江市	0.2312	0.3776	0.2611	0.2235	0.3394	0.2753	0.2847
南县	0.2617	0.3853	0.2389	0.2709	0.3166	0.5466	0.3367
益阳市辖区	0.2281	0.2623	0.3336	0.3334	0.2761	0.2816	0.2859

3. 易感风险指数

引入易感风险指数概念用于量化测度不同土地利用类别及其组合对地区血吸虫疫情发展趋势的综合影响力。先将2006~2016年洞庭湖区土地利用类型数据与潜在风险区疫情指数在ArcMap中进行关联，并运用MATLAB中的t-Distributed Stochastic Neighbor Embedding（以下简称t-SNE）工具箱进行降维处理。最终输出与疫情发展关联性较强的用地类型为：52（农村居民点）、43（水库坑塘）、23（疏林地）、64（沼泽湿地）、21（有林地）、42（湖泊）、11（水田）、31（高覆盖度草地）、53（其他建设用地），如表4所示。并利用空间滞后模型（SLM）来计算土地类型贡献度，以此为依据进行赋权，建立基于土地利用类型的疫情风险描述方式，探索不同地区疫情与土地类型之间的量化关系。其公式为：$r_i=\alpha_0+\rho Wr_i+X_{ij}\times\beta_{ij}+\varepsilon_{ij}$。其中，$i$表示不同的地区，$j$表示不同的用地类型；$r_i$是模型中的被解释变量，即第$i$地区在特定年份的居民血吸虫感染率；$W$表示空间权重矩阵，$\rho$表示空间自回归系数并且度量了空间滞后$Wr_i$对$r_i$的影响。$X_{ij}$为解释变量，表示各地区不同用地类型面积的百分比；$\alpha_0$为常数项，假设扰动项$\varepsilon\sim N(0, \sigma^2 I_n)$；未知系数$\beta_{ij}$表示$i$地区用地类型$j$的疫情敏感度系数。利用$R$统计分析软件对15个地区分别进行空间滞后模型回归分析，最终得到15个流行疫区9种土地利用类型的疫情敏感度系数β_{ij}的估计值。敏感度系数β_{ij}是对不同土地利用类型在不同区域中对血吸虫疫情影响力的估计，因此需要定义易感指数Y_{ij}来测度特定区域内具有不同疫情敏感度系数属性的土地利用类型在特定区域内的组合，对该区域血吸虫疫情形成的综合影响力，其测算公式为：$Y_{ij}=\sum_{j=1}^{n}X_{ij}\times\beta_{ij}+C_{ij}$（$i=1$，…，$n$），其中，$X_{ij}$ 为格网 i 的土地利用类型 j 的面积；β_{ij} 为格网 i 的土地利用类型 j 的疫情敏感度系数，C_{ij} 为常数项。运用上述方法，可对 2006~2016 年潜在风险区内任意指定片区进行字段运算，输出该片区特定时间的易感指数 Y_{ij}。

表 4　t-SNE 降维筛选的土地利用类型结果

地类编号	变量符号	用地类型
11	X_1	水田
21	X_3	有林地
23	X_5	疏林地
31	X_7	高覆盖度草地
42	X_{10}	湖泊
43	X_{11}	水库坑塘
52	X_{14}	农村居民点
53	X_{15}	其他建设用地
64	X_{16}	沼泽湿地

4. 潜在风险数据融合和可视化

由于钉螺滋生风险、地区流行风险和地区易感风险三个维度的量化评估涉及多种不同空间分辨率的子数据，本部分主要参考许骏等（2019）、欧阳晓等（2020）发表的研究成果，利用 ArcGIS 的蜂巢网格工具（Tessellation），从建立的洞庭湖区格网系统中截取由海量六边形单元格组成的潜在风险区格网系统。将多源数据的量化尺度统一在相同单位面积的方格网中，并利用 ArcGIS 的分区统计工具（Zonal Statistics as Table），计算各单元格在各时间段中的各类用地面积、钉螺滋生风险、疫情指数和疫情敏感度系数等数据，保存到格网系统属性表中，生成 2006~2016 年洞庭湖地区潜在风险评价格网系统（见表 5）。利用灰色关联方法（Grey Relation Analysis，GRA）获取各类二级指标和一级指标权重，并按照大样本数据的拉依达 3σ 准则对研究区方格网的疫情风险、易感风险和钉螺滋生风险数据进行初步划分和离散化处理，最终获取流行区疫情潜在风险。对每个方格网最终的得分按照以上分数值区间进行等级分类，根据《中华人民共和国突发事件应对法》，可按照公共卫生事件可能造成的社会经济危害程度、波及范围、影响力大小、人员及财产损失及爆发概率等因素，将公共卫生事件的预警级别分为四级，即Ⅰ级（特别严重）、Ⅱ级（严重）、Ⅲ级（较重）、Ⅳ级（一般）。参照上述定级和赋色方式对洞庭湖血吸虫疫情流行区的疫情潜在风险预警进行可视化表达，具体结果如图 3 所示。

表 5　血吸虫疫情潜在风险评估指标体系及权重

一级指标	一级指标权重	二级指标	二级指标权重
疫情风险指数	0. 2791	居民易感指标	0. 0131
		家畜易感指标	0. 0355
		历史患者密度	0. 0006
		区域螺情风险	0. 2036
		危险环境风险	0. 0263
滋生区分类指数	0. 2916	可疑疫源地环境	0. 1060
		潜在钉螺滋生环境	0. 0530
		潜在钉螺扩散环境	0. 0530
		其他环境	0. 0796
易感风险指数	0. 4293	用地 11（水田）	0. 0211
		用地 21（有林地）	0. 0304
		用地 23（疏林地）	0. 0365
		用地 31（高覆盖度草地）	0. 1478
		用地 42（湖泊）	0. 0153
		用地 43（坑塘水库）	0. 0455
		用地 52（农村居民点）	0. 0188
		用地 53（其他建设用地）	0. 0906
		用地 64（沼泽地）	0. 0233

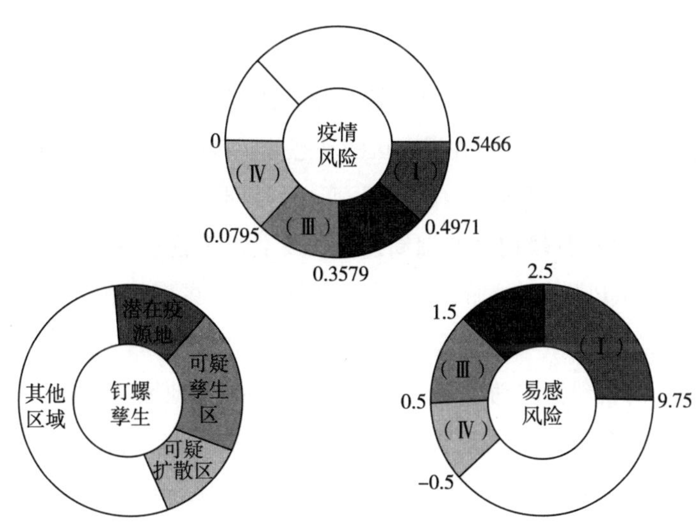

图 3　多维数据离散化及分层赋色示意

三、洞庭湖地区血吸虫病潜在风险监测与预警

（一）潜在风险演变特征分析

1. 血吸虫疫情潜在风险历史演变概况

2006~2016年，血吸虫疫情潜在风险在西洞庭湖地区呈现明显的集聚性，集聚特征表现为以沿大型湖泊为主、以沿江为辅的基本形式。东洞庭地区则呈现出稳定均衡态势，疫情潜在风险特征为沿洞庭湖向外逐步下降。近十年间，洞庭湖地区的血吸虫疫情潜在风险处于总体稳定、局部反复的周期当中。其中，2006~2010年的潜在风险较为稳定，各等级风险区的面积和分布变化很小，且位于西洞庭的津市、常德市辖区和汉寿等地区有好转趋势。2010~2012年的潜在风险较之前则有明显提升，该年间长江中游地区洪、旱灾害种类多，受灾程度大，出现气候异常、极端灾害事件多发、频发、重发等现象。2012~2016年，洞庭湖地区的血吸虫疫情潜在风险总体处于稳中有降的向好态势，位于东、西洞庭湖周边的华容县、湘阴县、沅江市、汉寿县及常德市辖区的疫情潜在风险持续下降，风险级别降低。

2. 血吸虫疫情潜在风险空间演变特征

洞庭湖地区的血吸虫疫情潜在风险的空间分布主要呈现出核心区域高、外围区域低，大型湖泊水域周边高、其他地区低，中部偏西北的西洞庭地区高、中部偏东北的东洞庭地区低的总体格局特征。从各级潜在风险区的动态分布特征来看，十年间，Ⅰ级、Ⅱ级风险区稳定分布于西洞庭地区津市市境内的毛里湖、西湖周边，常德市辖区境内的柳叶湖以北区域，洞庭湖腹地的南县境内大通湖周边，以及上述区域与澧水流域之间形成的低洼坑落区域；Ⅲ级、Ⅳ级风险区之间的空间交互作用明显，各区域相互转化频繁。其中Ⅲ级风险区总体表现为由洞庭湖西南部地区向东北部地区扩散再逐步转为破碎化缩减的态势。Ⅳ级风险区则表现为波动渐进式递增，逐步吸纳其他风险区域向其转化。

运用GIS探索性空间数据分析方法（ESDA）中的局部空间自相关分析探究疫情流行区潜在风险的局部空间自相关特征。2006~2016年洞庭湖潜在风险区的潜在风险的高值、低值分布及其演变具有明显的空间关联性和时空延续性。通过十年间疫情潜在风险的冷点和热点区域的变化，说明潜在风险下降区域的时空演变模式开始由集中连片的规模化下降转为重点区域重点突破，潜在风险上升区域的时空演变模式开始由集中连片的规模化发展转变为核心区内部分化加剧的零散化溃缩。

采用标准差椭圆（Standard Deviational Ellipse）方法对洞庭湖地区血吸虫病潜在风险区潜在风险分布和演变方向等特征进行呈现和分析，2006~2016 年洞庭湖地区血吸虫病潜在风险区潜在风险分布和演变总体平稳，中心有西北向偏移趋势，分布轴线为东偏北—西偏南的延伸，演变侧重方向为先东西后南北，潜在风险的空间分布方向呈沿主轴向心性增强，沿次轴离散性增强的非均衡特征。

（二）重点流行区分析

对洞庭湖区血吸虫疫情潜在风险区特征概括，可分为高风险区、中风险区和低风险区，将各级风险区的潜在风险值（Gi）及其光谱指数、疫情风险、易感风险等分指标特征进行归总如表 6 所示。

表 6　洞庭湖地区血吸虫疫情潜在风险区指标特征

潜在风险等级	潜在风险值（Gi）	环境光谱特征	疫情指数（R_i）特征	易感指数（Y_i）特征
Ⅰ级（高风险区）	8. 92~12. 09	BI 值：29. 31~39. 45	≥0. 44	≥3. 92
		GVI 值：11. 69~42. 51		
		NDVI 值：0. 15~0. 35		
Ⅱ级（较高风险区）	6. 10~8. 81	BI 值：27. 30~44. 64	≥0. 35	≥1. 5
		GVI 值：3. 45~59. 37		
		NDVI 值：0. 09~0. 40		
Ⅲ级（中风险区）	4. 68~6. 05	BI 值：18. 46~29. 31∪39. 45~46. 36	0. 07~0. 49	0~2. 5
		GVI 值：−19. 27~11. 69∪42. 51~62. 55		
		NDVI 值：−0. 04~0. 15∪0. 35~0. 61		
Ⅳ级（一般风险区）	2. 63~4. 64	BI 值：18. 46~27. 30∪42. 69~46. 36	≤0. 35	≤1. 5
		GVI 值：−19. 27~15. 68∪59. 51~62. 55		
		NDVI 值：−0. 04~0. 09∪0. 39~0. 61		

1. 高风险流行区

从流行病学数据上看，该类区域具有相对突出的人畜感染基础和占比较大的易感环境及可观钉螺数量，对疫情的流行和发展具有强劲的推动作用。从土地利用数据来看，该类区域中易感地类的面积占比较大且主要地类的易感指数较高，属于疫情发生和传播的适宜载体。从分布特征来看，高风险流行区主要分布于靠近湖泊流域且距离集中居民点和城乡建设用地边界 2~6 千米的、介于居民和畜禽惯常活动圈与非惯常活动圈之间的地区，该类区域人水—疫水相互作用强度较低，区域内的人畜活动均为生产、生活之外的非日常性活动，属于未经人为环境改造、血防工作较难覆盖且容易被进入该区域活动对象所忽略的区域，也是未来需要重点关注和治理的区域。

2. 较高风险流行区

从流行病学数据上看，该类区域的人畜感染基础、易感环境占比及垸内、外钉螺数量指标中存在较为突出的危险性指标，或者三类指标均处于高位，对疫情的流行和发展具有较强的导向性作用。从土地利用数据来看，该类区域中易感地类的面积占比较大或者主要地类的易感指数较高，在疫情发生和传播过程中能起到较好的助推作用。从分布特征来看，较高风险流行区主要分布于西洞庭及南县、沅江境内，中风险流行区主要分布于靠近湖泊流域且距离集中居民点和城乡建设用地边界 2～6 千米之间的、介于居民和畜禽惯常活动圈与非惯常活动圈之间的地区，主要包括人水—疫水相互作用强度较低的区域，是地区的疫情潜在风险的监测难点。

3. 中风险流行区

从流行病学数据上看，该类区域的三类指标均处于潜在风险区域中的全局平均水平，对疫情的流行和发展能够起到一定的中间介质作用。从土地利用数据来看，该类区域中易感地类的面积占比和主要地类的易感指数适中，在疫情发生和传播过程中能起到一般性的助推作用。从分布特征来看，中风险流行区主要分布于西洞庭、南洞庭地区，覆盖城乡建设用地、农村集中居民点及其周边 6 千米以内的主体环境，涵盖了居民和畜禽惯常活动圈和非惯常活动圈范围，该类区域潜在风险年际变化速率快，扩张、收缩变化大，覆盖了各等级人水—疫水相互作用强度区，是区域潜在风险变化的主要对象区域，也是疫情风险变化不确定因素较多的区域。

（三）风险模拟与预警分析

由钉螺滋生风险（Bi）、流行疫情指数（Ri）和区域易感指数（Yi）共同定义潜在风险，对潜在风险值的量化主要侧重于从数值层面分析和评估 2006～2016 年洞庭湖流行区风险的相对高值区与低值区。本文采用 2006～2016 年洞庭湖流行区潜在风险数据作为基准数据和训练样本，采用由 GAM 模型输出的 14 个主要疫情影响因子数据作为预测模拟的观测数据，利用 BP 神经网络模型方法，对 2020～2030 年洞庭湖流行区潜在风险数据进行模拟预测。

1. 2020～2030 年潜在风险区演变预警分析

2020～2030 年，从流行区潜在风险值的变化情况来看，风险区全域潜在风险的均值呈现逐步下降后缓慢反弹的状态。从流行区潜在风险的分布特征来看，洞庭湖地区各级血吸虫潜在风险区的演变总体表现出稳定的时空延续性、局部的周期反复性和适度的偶发性特征，同时疫情潜在风险值呈现出与 2006～2016 年相似的西洞庭地区明显集聚，东洞庭地区稳定均衡，沿洞庭湖向外逐步下降的态势。

2. 血吸虫疫情潜在风险时空演变特征模拟

2020~2030年洞庭湖地区血吸虫疫情潜在风险的总体格局延续了2006~2016年间所呈现的核心区域高、外围区域低，大型湖泊水域周边高、其他地区低，中部偏西北的西洞庭地区高、中部偏东北的东洞庭地区低的主要特征。同时，未来十年，Ⅰ级、Ⅱ级风险区在常德市辖区境内的柳叶湖以北区域、洞庭湖腹地南县全境、沅江市区以北的洞庭湖沿线黄茅洲镇、泗湖山镇、茶盘洲镇及汉寿县迎风桥、月明潭、蒋家嘴等乡镇潜在风险的异动概率较大，有可能成为疫情反复的新区域。Ⅲ级、Ⅳ级风险区之间的空间交互作用依然明显，交互区域主要发生在安乡县南部的下渔口镇、陈家嘴镇，华容县东部的良心堡镇、东山镇，湘阴县北部沱涟港、横岭湖沿岸乡镇以及临湘市、岳阳县部分乡镇。另外，2020~2030年，Ⅱ级、Ⅲ级风险区之间的交互作用明显增强，大部分新增的Ⅱ级风险区源于Ⅲ级风险区转化，重点关注区域包括常德市辖区、南县、沅江市以及汉寿县部分乡镇。

运用GIS局部空间自相关分析（Getis-OrdGi*）探究洞庭湖地区2020~2030年血吸虫疫情潜在风险的局部空间自相关特征和空间演变模式。通过分析疫情潜在风险的热点、冷点区域的空间分布、面积和数量变化，2020~2030年，洞庭湖地区潜在风险提升的热点区域将由全局零散、局部集中转变为北向移动并集聚分布的态势，洞庭湖以北的地区或将成为潜在风险集中连片提升的主要区域。在维持当前防控强度的情况下，潜在风险下降区域的时空演变具有良好的延续性和稳定性，潜在风险分布和演变总体平稳，中心有东北向偏移趋势，演变侧重方向为先东西后南北，潜在风险的空间分布方向性呈沿主轴离散性增强，沿次轴向心性增强的微弱非均衡特征。

四、流行病风险防控的主要问题分析

（一）流行病学防控的问题

1. 传染源未彻底清除

（1）人群传染源：洞庭湖区水上流动渔民、船民是血吸虫病主要传染源之一，其感染率高于当地居民。目前，洞庭湖区依然存在数量较多的渔船民，虽然当前该湖区实施“长江流域十年禁渔”政策，但捕捞业仍是湖区渔民的主要谋生手段，捕鱼捞虾屡禁不止，季节性捕鱼捞虾、摸螺蛳的靠湖居民数量规模甚至超过专业渔民。此外，洞庭湖区还存在2万余名从事运输和采砂作业的船民。上述人群频繁接触流行区水体，感染风险仍然较高。

（2）家畜传染源：洞庭湖区22个重度流行县（市、区、场）距易感大堤3千米以内的牛羊已全部淘汰，至今未出现大范围复养。但由于引导转产工作未能落实落细，某些既往养殖大户与贫困人口受利益驱动或生计所迫私下复养牛羊。在湖南省淘汰牛羊的22个重度流行县（市、区、场）中，80%以上在淘汰牛羊后出现小范围复养。

（3）野生动物传染源：随着人、牛、羊等主要传染源在血吸虫病传播中的作用逐步降低，淘汰牛羊后，大量易感野生动物如啮齿类动物成为血吸虫病重要传染源。

2. 钉螺控制难度大

三峡建坝后，洞庭湖水位持续偏低，加之其他因素的存在，对湖区长期形成的较稳定的“春湿、夏淹、秋露、冬干”现象产生了影响，钉螺滋生所需的“冬陆夏水”环境面积有扩大趋势，钉螺存在扩散可能。与此同时，随着国家对生态环境保护的重视，在长江流域和洞庭湖区沿岸有螺环境开展药物灭螺面临巨大挑战。目前尚存的血吸虫病流行区地形、地貌复杂，水位难以控制，钉螺难以消灭，有时受汛情等影响，会出现新发或复发钉螺。另外，尽管湖南省基本消灭了垸内钉螺，同时采取了开沟沥水等一系列水利血防措施来控制垸外钉螺，但垸外钉螺控制仍无突破性进展。

3. 缺乏消除技术手段

要实现从传播阻断向消除阶段推进，离不开敏感高效的技术和方法的支撑。目前，湖南省血吸虫病消除技术手段缺乏主要表现在四个方面：①在目前低度流行状况下，由于缺乏敏感高效的检测工具，难以及时发现隐匿性血吸虫病病人、感染性钉螺和阳性野粪；②洞庭湖区的野生动物尚未纳入常规监测体系，随时可能会形成新的传染链；③缺乏可行的钉螺控制技术；④缺乏有效的易感者保护技术，且抗血吸虫病疫苗尚无突破性进展，消除人群血吸虫感染风险的技术与监测手段仍需进一步探索。此外，目前湖南省尚未形成敏感高效的血吸虫病监测响应体系。

4. 血防能力有弱化趋势

（1）组织保障方面。血防人员结构不合理，专业人员素质偏低，基层血防机构大多房屋陈旧、设备简陋、人员待遇差，导致人才流失严重，使整体防治能力较低，与当前防治工作需求不相适应。为解决上述问题，近年来湖南省采取了多种措施，如进行基层血防站维修改造与实验室建设，将血吸虫病防治专业高级职称单列，公费委托省内医学院校开办血防本科、专科学历班以提升血防人员能力素质等，但短期难以改变现状。

（2）经费保障方面：2018年将血吸虫病防治工作纳入中央事权后，地方财政停止（或减少）了对血防工作的投入，但中央财政投入无法满足全部防治工作经费需求。此外，血防物资价格上涨幅度大，进一步加剧了血防工作经费不足而引起的供需矛盾。

输血功能不足，造血功能不够成为影响疫情防控和风险抑制的重要因素。

（二）社会经济人地矛盾分析

第一，经济发展水平的提高，不仅有效改善了湖区城乡环境，也为湖区血防工作的开展提供了重要的资金保障，对于湖区血吸虫病的防控发挥着重要作用。随着湖区经济社会发展水平的提高，湖区农村居民生活条件显著改善，居民避免日常生产、生活中与疫水的接触，对于血吸虫病感染率下降有着重要作用。第二，社会经济发展促使血吸虫病传播。开发水利资源有利于工农业生产促进社会经济发展，同时也造成了血吸虫病的蔓延。修建水坝是开发水利资源的重要措施，而水坝又是血吸虫中间宿主适宜的生活场所，钉螺随水流扩散造成血吸虫病疫情加重或扩散。第三，土地开发改变了生态环境，可能使原本不适宜血吸虫及其中间宿主生长繁殖的环境变成了适宜的栖息地。第四，环境的改变也使人群定居和活动的方式发生了变化，这些变化有利于血吸虫病的传播，最终使非流行区变成了流行区，造成了血吸虫病的传播和蔓延。第五，城市化是经济发展的产物，也是促进经济发展的重要措施。然而，在城市建设过程中，由于基础设施和卫生条件较差，有螺环境没有得到清理或周围水体与有螺水体相通造成钉螺向城市扩散，加之生活、娱乐用水取自有螺水体，逐渐使该地区成为血吸虫病流行区。

五、洞庭湖地区血吸虫病潜在风险防控模式构建

（一）生态化防控模式构建的目标

血吸虫病防控，作为洞庭湖生态经济区建设的重要民生工程，应合理构建多目标下的血吸虫病防控体系，预计至2025年底，湖区所有血吸虫病疫区达到血吸虫病消除标准。目标设置如下：

1. 防病抑螺目标

通过水利血防设施改造和建设改变钉螺滋生环境，降低钉螺密度，压缩有螺面积，阻断疫水形成和扩散，切断人畜接触传染途径，确保水利血防工程建设有效降低人畜血吸虫病感染率，确保《湖南省消除血吸虫病规划（2016—2025年）》目标有效推进。在保持洲滩水土和景观，防洪固堤的工作中加入沟渠硬化工程、灭螺工程等方式以杀死钉螺；通过水利血防工程与其他血防工作的相互衔接，完善对低度流行风险区的综合治理，以更加长远、可持续的方式降低和阻断血吸虫疫情滋生和发展。

2. 功能复合目标

在生产组织和水土资源开发的基础上，构建既能缓解疫水—人水相互作用矛盾，又能保障地区经济效益的模式，从根本上阻断生产、生活性疫水的接触感染，统筹兼顾疫区居民的生计问题。水利血防工程建设和布局不仅能够有效提高水利工程基础能力且能有效提高水利资源的利用价值；在保障水利工程的主要功能的基础上加入血防功能改造，因地施策，尽量发挥水利血防工程的复合作用，使其社会经济的附加价值最大化。

3. 综合施策目标

水利血防工程能通过影响水情水势、引导水流等方式对工程周边区域的水土环境产生影响。遵循因地制宜、综合施策的原则，在工程布局前充分了解地区疫情和环境，并做好分析；同时以统筹兼顾、协同发展为导向，坚持存量和增量并重，提升水利血防设施的发展，打造高效、绿色、科学、经济的防控体系，并做好工程与其他血防措施、景观和环境工程之间的衔接。

4. 统筹布局目标

强化湖区生物安全风险防控和治理体系，改革血吸虫病预防控制体系，贯彻预防为主的工作方针。将关口前移，健全防控结合、联防联控体系，完善血吸虫疫情重大风险的研判、评估、决策、防控协同机制。第一，必须坚持全面规划，科学决策，因地制宜，形成体系，达到统筹全局、优化配置的目的；第二，水利血防工程要根据疫情流行风险区分布特点及风险程度，坚持按水系分片块，按顺序由点及面，做到全面治理，巩固预防；第三，建设前要充分做好调查研究，在工程选择上要做好与山、水、田、林、路及其他开发建设项目的有机衔接。在布局上，要坚持洞庭湖地区全域防治思维，水利血防、农业、林业、财政等多部门参与的防控模式，保障工程设施高效配置，全面服务于全区社会经济发展。

5. 环境改善目标

开展环境综合治理。通过改建或新建鱼池，对易于钉螺滋生的水塘、低洼积水地等环境进行改造；养殖鱼和水禽，利用生物灭螺，减少钉螺滋生面积和钉螺数量；改种旱地经济作物，以减少人畜因下水作业而感染的机会。利用好水利血防工程防洪、抗涝、调控流向、流速和水深的功能，优化水资源分布，改善湿地沼泽的水土保持力，以水利血防工程现代化发展保障农林牧渔业现代化发展；通过水利血防工程提高植被覆盖率，改善区域内小气候、微环境等，形成可持续发展的湖区生态环境。

（二）绿色防控模式分类与区划

1. 湖草资源开发利用型水利血防模式

湖草洲滩地区主要分为洲岛（滩）型、湖汊型和洲垸亚型流行疫区，包括临水种植区、临水沼泽湿地、临水居住区和水淹区等社会经济功能区。血防模式的构建应以防洪抗涝、水土保持结合发展洲滩特色经济和兴林抑螺为核心，充分挖掘草洲湿地资源，提高洲滩开发利用强度，形成具有湖区特色的机械化、产业化、可持续发展的湖草资源开发利用模式。目前，洲滩地区的潜在利用资源以草洲湿地及草洲动植物为主：湿地地区可依托肥沃土壤、茂密植被和丰富的生物、微生物资源，为发展特种养殖（家禽、特色鱼类、蟹类、珍珠类等）、农林产品加工（绿色食品、植物饲料、造纸原料、木材等）、生物医药（菌类养殖、微生物科研、药材种植、良种培育等）提供可持续的物质保障。

因此，湖草资源开发利用型水利血防模式（见图4）的关键在于：①注重水利血防工程建设的前置性，确保洲滩血吸虫疫情的零风险；②保护为主，适度开发，统一管控，加快招商引资和技术投入，联合水利和林业部门做好洲滩生产设施和水土保持工作，推进该类地区基础设施和科学技术水平提升；③引导该类疫区的居民向安全地带集中居住；④改变单一落后的芦苇经济和渔民经济，推动机械化和产业化发展，避免作业人员与湖水直接接触，同时运用工程建设对洲滩的环境改造，破坏钉螺生存环境；⑤规范和保护草洲资源，设立湿地公园、生态保护区和适宜开发区，保护湖区自然资源和生物多样性。

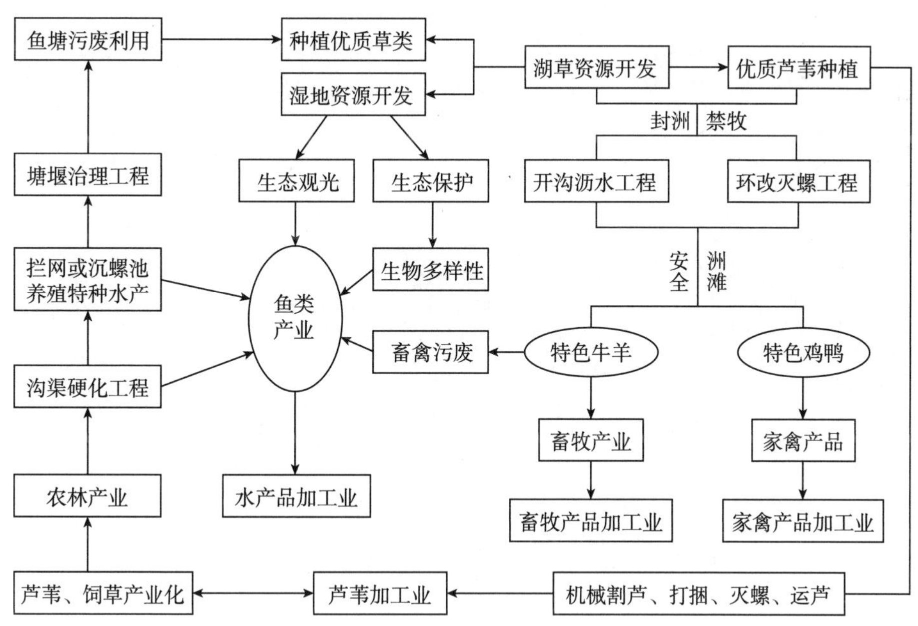

图4　湖草资源开发利用型水利血防模式

2. 生态抑螺型水利血防模式

采取以林为主，林、农、副、渔等多种开发模式协同的生态经济型防控模式，根据滩地不同的自然条件，以抑螺防病为中心，充分利用光、热、水和土地等自然资源，做到因地制宜，将林业和农、副、渔业有机结合。建立以林为主的生态、经济复合生态系统，通过改善洲滩地区自然环境，提高湿地生物多样性，获得生态改善和经济收益，达到抑螺防病，实现复合效益。构建该种血防模式（见图 5）的关键在于：①充分利用水利血防工程对水土保持、地形改造和环境营造的积极作用，从生态、水土和人为限制等方面改变钉螺滋生环境，切断血吸虫病传播发展途径，提升湿地沼泽和洲滩的生态、景观和经济价值。②注重植物搭配的功能性和多样性，综合考虑水土保持、耐潮湿、防虫害及适合候鸟栖息等原则。③注重林下科学间种，选择间作具有抑螺作用的植物与具有较高经济效益作用的植物。④生态抑裸水利工程措施应做到相互接连，全面覆盖，功能复合。这样既有利于林木经济作物生长、提升经济空间利用效率，又有利于钉螺滋生，减少人畜与疫水接触，降低血吸虫病感染率。⑤通过开新填旧、抬

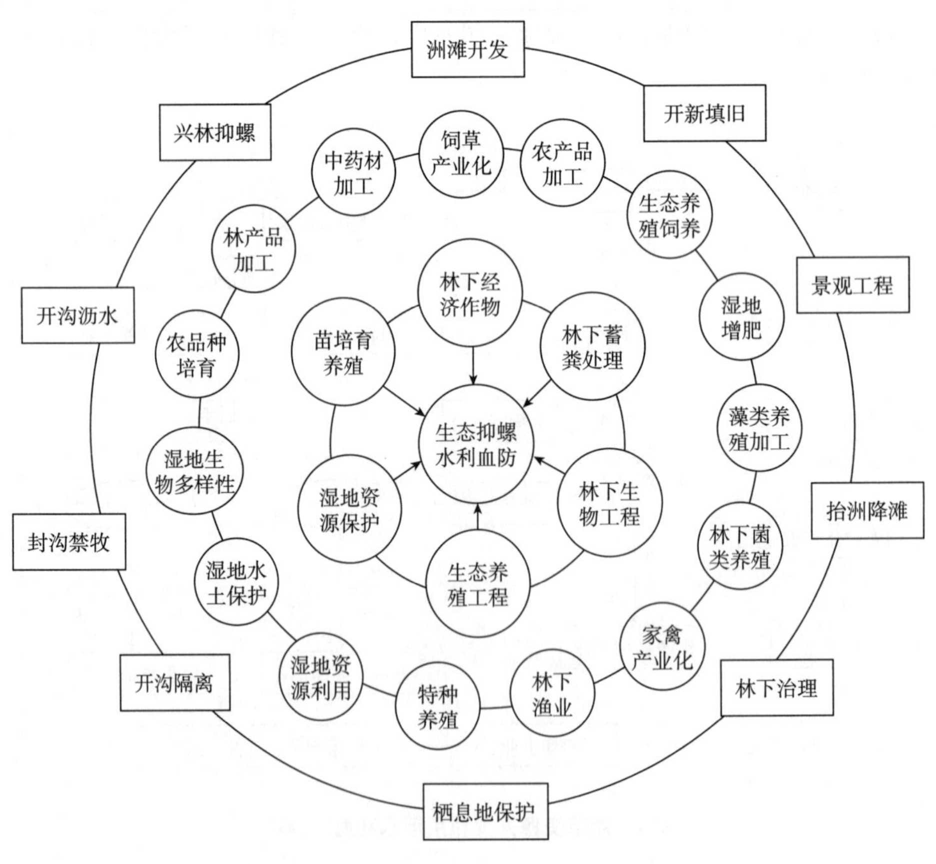

图 5　生态抑螺型水利血防模式

洲降滩，将低洼滩套蓄水养鱼，发展水产，增加收入。长时间水淹可以灭螺，同时养殖可以吃钉螺的鱼类、禽类，引入与钉螺产生食物链竞争的螺类或特种生物群体，增强灭螺效果。

3. 临水生态经济型水利血防模式

水陆循环型血防模式主要应用于河湖洲垸内的“垸子”地带，兼具紧急泄洪、调蓄水位和一定的生产生活功能，以洲垸型、洲垸亚型和垸内亚型流行疫区为主，包括临水种植区、农林混合种植区、耕住混合区等社会经济功能区。临水生态经济型水利血防模式（见图6）的总体思路是以“垸改”和地区产业结构升级为重点，充分挖掘地区自然资源优势，并通过水利基础设施建设阻断垸内外疫水传播途径，构建临水生态经济型水利血防模式。

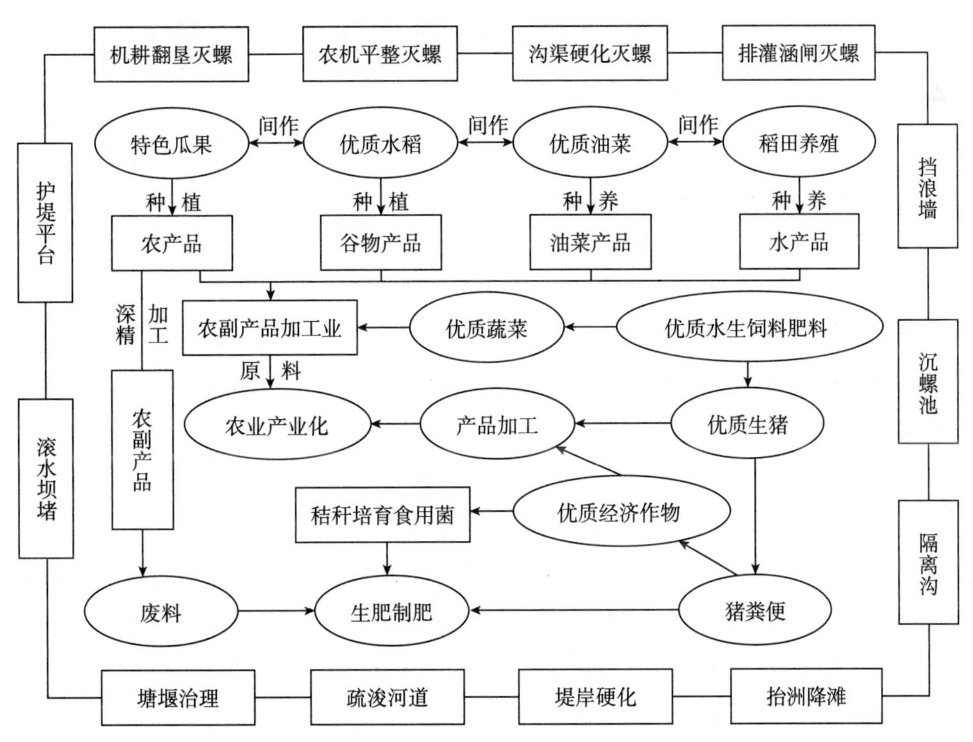

图6 临水生态经济型水利血防模式

一要通过临水区域产业结构优化，促使居民生产性活动远离疫水和钉螺，人为干预人水—疫水相互作用强度。疫区产业结构优化的主要内容包括：①通过优化水利工程配置方式，促进种植产业结构调整。通过种植方式的改变和翻整频率的增加减少“垸子”中的土壤水分和死水面积，破坏钉螺和血吸虫生存的潮湿环境。②通过抬洲降滩和硬化工程，严格控制畜牧业发展空间，调整畜牧业生产结构。大力发展承包制养禽业，推行标准化无螺绿色牧场和无病牲畜养殖基地，规范疫区畜牧业的准入制度和管理制度。③调整渔禽结构，对垸内浅滩、沼泽进行长期性改造，改变适宜钉螺生存的水环境。二要积极探索培育观光农业，积极探索以观光农业、休闲农业、设施农业为主导的洲垸型现代农业综合体，从而改变居民生产生活方式，避免在生产生活中接触疫水。且能提升地区经济发展水平，促进血防工程建设、改造与市场机制相结合，吸引更多涉农项目投资。三要通过农业基础设施建设与水利血防工程强化共同作用来消灭血吸虫病。通过农田水利基础设施建设结合河道疏浚、水渠硬化、涵闸改造等水利血防工程来消灭血吸虫病。

六、疫情风险生态化预警与防控政策建议

（一）预警及监测方式多样化

我国有害生物控制尚缺乏前瞻性的策略和计划，缺乏连续准确的宿主动物和媒介监测情报，大大弱化了其辅助疫情预测预警的功能。为了增加自然疫源性疾病风险预测预警的强度、精度，全面准确地认识特定传染病暴发流行可能发生的事实条件、危险因素等，提高自然疫源性疾病预防控制工作的主动性和预见性，提出科学有效的预防控制措施，我们需要在现有的检测预警方法上进一步促进预警和检测方式多样化。

一要构建、使用数学模型，加强自然疫源性疾病的预测和相关影响因素的研究，提高监测预警能力。建立适于传染病传播动力学分析数学模型，并对传播过程进行定性定量分析和计算机模拟，有效改善传染病监测预警系统，可采用多维预警模型对传染病时间聚集性变化、传染病空间聚集性变化进行分析预测。二要运用地理信息系统（GIS）技术探究自然疫源性疾病的影响因素，预警、探测自然疫源性疾病的流行趋势。自然疫源性疾病与媒介和宿主种群数量的变动及活动性等受气象、自然因素和人类的社会活动影响较大，可通过将相关因素指标与 GIS 技术有机结合，直观地表达出自然疫源性疾病时空分布特征，定量分析疾病分布与气象、自然因素之间的关系。采用“风险特征探测—风险因子探测—分线预测建模”一套完整的过程来预测自然疫源性疾病风险扩散和流行的可能性。三要建设高效的监测网络，多学科、多部门协作检测。大部分重大流行性疾病的潜伏期（或寄生周期）特性增加了排查难度等原因，疫源地产生的零散性、随机性大，疫情传播链的隐秘性、复杂性强，极大地提升了复杂疫源

性流行病的评估和溯源难度。这就要求低水平流行疫情的风险研究更加全面地考虑事件发生的生物学、地理学等交叉性机理，利用病原体基因组学、统计学与数学建模、人工智能技术等进行分析，提高检测的准确度，缩短检测时间，实现自然疫源性疾病检测预警不断向智能化、数字化、技术集成化发展。需进一步加强国家卫生部门与农林牧等部门的密切联系，建立定期交流机制，形成互通信息、定期交流、信息共享的局面。

（二）疫情防控手段现代化

一要根据疾病传播的主导因素“对症下药”。自然疫源性疾病受气候、地形地貌、土壤等自然因素的影响。有关部门可以在确定病株适宜生长的条件后，运用科技手段，人为改变环境条件，促使病株所处的生长环境转变为不适宜其生存的环境。亦可运用主成分分析等模型，分析影响病株主要的自然因素，并对其进行改变以达到消除疫情的目的。二要加强媒介生物和宿主动物的综合治理。开展媒介生物的耐药性监测，了解抗药性水平，加强广谱、高效、安全、环保的化学药物研制和筛选，重视利用生物或生物的代谢产物进行生物防制的研究，并制定相应的抗性治理策略。各级疾病预防控制机构要加强对媒介生物和宿主动物的排查消灭工作力度，制定方案，落实经费和实施部门，实时掌握动态，做好预警。三要强化智慧技术赋能，加强监测预警系统的研发。根据监测数据的来源，当前主要的预警系统可分为三种，即基于病例监测、事件监测、症状监测的预警系统。除了现行预警系统正在使用的时间模型、空间模型和时空模型外，大数据、云计算等新型智慧技术已逐渐成熟，可逐步开展在传染病监测领域的应用探索工作。做好监测预警系统的评估，从系统的管理和运转流程、数据的及时性和真实性、系统的灵活性和稳定性等方面，建立一套完整的系统评估体系。

（三）疫情防控管理生态化

生态管理的理论核心在于运用其涵盖的学科内容和知识解答人与自然的关系问题，并从科学、客观的视角重新思考人类和自然如何和谐相处。生态管理理论的视角较为全面，要求人们从整体、系统的角度看待问题、发展生产、做好管理。总的来说，自然疫源性疾病与人和自然存在紧密的联系。因此，我们在进行疫情防控管理时，可采用生态化管理范式。其要点是：一要控制化学药剂的使用，发展生态经济型防控策略。过量使用化学试剂再增加病株的耐药性、抗药性，严重削弱化学试剂效能的同时也严重破坏了环境。因此，以化学试剂取得的胜利是短暂的，需要以环境为代价的防控措施，防控形势依然严峻，需要寻找、发展新的防控策略来取代以化学试剂为主要防控策略。二要健全“政府领导、部门协作”的工作机制，强化各项综合治理措施落实。

实施河流治理、抑螺林营造和水利血防改造等项目工程。科学引导畜牧养殖业的发展，设置惩罚制度；及时处理好动物的粪便，避免出现交叉感染的可能性。落实退耕还林政策，守住绿水青山，防止出现农业开垦过度、森林砍伐等建设，影响生态环境，造成媒介生物种群的迅速扩增或被动扩散，增加传染病的流行风险。减少原始林区的原生态旅游，避免与野生动物以及媒介生物的接触机会，降低感染病原体的概率。三要优化传染病报告预警工作机制。洞庭湖地区仍然存在乡、县、地、省级医防协同和上下联动传染病诊断报告、症状监测、异常信息发现、疑似事件调查以及预警阳性率低、假阳性率高等问题，需进一步优化传染病报告预警体系，聚焦乡、县、地、省级医防协同和上下联动特定时空某种传染病暴发流行探测、监测、预警问题，落实乡镇社区级疑似传染病聚集性病例与苗头事件等异常信息发现报告和县、地、省级传染病早期探测、有效监测和有效预警工作。

参考文献

[1] Alassane A. W，Emmanuel Nicolas Cabral. Bayesian Estimation of the Functional Spatial Lag Model [J]. Journal of Time Series Econometrics，2020，12（2）.

[2] Jonathan A. Patz，Thaddeus K. Graczyk，Nina Geller，Amy Y. Vittor. Effects of Environmental Change on Emerging Parasitic Diseases [J]. International Journal for Parasitology，2000，30（12）.

[3] Lai S. J.，Feng L. Z.，Leng Z. W.，et al. Summary and Prospect of Early Warning Models and Systems for Infectious Disease Outbreaks [J]. Chin J Epidemiol，2021，42（8）：1330-1335.

[4] Marano N.，Arguin P.，Pappaioanou M.，et al. Role of Multisector Partnerships in Controlling Emerging Zoonotic Diseases [J]. Emerging Infectious Diseases，2005，11（12）：1813.

[5] Matthew C. Cieslak，Ann M. Castelfranco，Vittoria Roncalli，Petra H. Lenz，Daniel K. Hartline. t-Distributed Stochastic Neighbor Embedding（t-SNE）：A Tool for Eco-physiological Transcriptomic Analysis [J]. Marine Genomics，2020，51.

[6] Mouchet J.，Carnevale P. Impact of Changes in the Environment on Vector-transmitted Diseases [J]. Sante，1997，7（4）：263-269.

[7] Ouyang X.，Wang Z.，Zhu X. Construction of the Ecological Security Pattern of Urban Agglomeration under the Framework of Supply and Demand of Ecosystem Services Using Bayesian Network Machine Learning：Case Study of the Changsha-Zhuzhou-Xiangtan Urban Agglomeration，China [J]. Sustainability，2019，11（22）：6416.

[8] Tambo E.，Ai L.，Zhou X.，et al. Surveillance Response Systems：The Key to Elimination of Tropical Diseases [J]. Infect Dis Poverty，2014（3）：17.

[9] Van D. C.，Gordon A. F.，Rodents L. Y. Goats and Dogs—Their Potential Roles in the Transmission of Schistosomiasis in China [J]. Parasitolo-gy，2017，144（12）：1633-1642.

[10] Walz Yvonne, Wegmann Martin, Dech Stefan, et al. Modeling and Validation of Environmental Suitability for Schistosomiasis Transmission Using Remote Sensing [J]. PLoS Neglected Tropical Diseases, 2015, 9 (11).

[11] World Health Organization Global Influenza Program Surveillance Network. Evolution of H5N1 Avian Influenza Viruses in Asia [J]. Emerging Infectious Diseases, 2005, 11 (10): 1515.

[12] Wu X. H., Zhang S. Q., Xu X. J., et al. Effect of Floods on the Transmission of Schistosomiasis in the Yangtze River Valley, People's Republic of China [J]. Parasitol Int, 2008, 57 (3): 271-276.

[13] Zhu Z. Spatial Structure of the Changsha-Zhuzhou-Xiangtan Urban Agglomeration Based on Dynamic Simulation Analysis [J]. Journal of Urban Planning and Development, 2015, 141 (4): 357-369.

[14] 蔡凯平，赵正元，黄平辉，等．垸外易感地带药物灭螺消除水体血吸虫感染性效果的研究 [J]．中国血吸虫病防治杂志，2007，19 (5)：354-356.

[15] 曹淳力，李石柱，周晓农．特大洪涝灾害对我国血吸虫病传播的影响及应急处置 [J]．中国血吸虫病防治杂志，2016，28 (6)：618-623.

[16] 鄂竟平．坚定不移践行水利改革发展总基调　加快推进水利治理体系和治理能力现代化——在2020年全国水利工作会议上的讲话 [J]．中国水利，2020 (2)：1-15.

[17] 方绪顺，王蔚，邹鹰，等．水利血防工程中生态抑螺护岸设计与应用 [J]．南水北调与水利科技，2017 (1)：102-106.

[18] 何家昶．血吸虫病流行与社会经济的关系 [J]．中国寄生虫病防治杂志，2005 (1)：76-79.

[19] 胡本骄，易平，罗志红，彭再之，李小松，李以义，赵正元，夏蒙，任光辉．2011年湖南省垸外血吸虫病易感环境分布现状调查 [J]．中国血吸虫病防治杂志，2013，25 (4)：396-398.

[20] 胡本骄，赵正元，夏蒙，等．2004—2011年湖南省居民血吸虫感染时空特征研究 [J]．中国血吸虫病防治杂志，2017，29 (4)：406-411.

[21] 胡光伟．洞庭湖水沙时空演变及其对水资源安全的影响研究 [D]．长沙：湖南师范大学，2014.

[22] 黄庆妮，唐伶俐，姜小光，等．基于 QuickBird 影像提取江滩钉螺分布生态环境要素的研究 [J]．中国寄生虫学与寄生虫病杂志，2007，25 (4)：304-309.

[23] 靳艳军，蔡黎，张耀光．2005—2015年上海市输入性血吸虫病疫情风险分析 [J]．中国血吸虫病防治杂志，2017，29 (6)：700-703.

[24] 雷正龙，周晓农．消除血吸虫病——我国血吸虫病防治工作的新目标与新任务 [J]．中国血吸虫病防治杂志，2015，27 (1)：1-4.

[25] 李胜明，邓维成，程湘晖，贺宏斌，周艺彪，周杰，胡本骄，刘寒秋，卢世魁，李岳生，周晓农，任光辉．新时期湖南省血吸虫病防治工作面临的挑战及应对策略 [J]．中国血吸虫病防治杂志，2020，32 (3)：225-229.

[26] 李一凡，王卷乐，高孟绪．自然疫源性疾病地理环境因子探测及风险预测研究综述 [J]．地理科学进展，2015，34 (7)：926-935.

［27］刘起勇，孟凤霞，鲁亮，等．探索中国病媒生物可持续控制之路［J］．中国媒介生物学及控制杂志，2006，17（4）：261-264.

［28］罗成旺，刘起勇．自然疫源性疾病流行因素分析及对策［J］．中国媒介生物学及控制杂志，2007（4）：293-297.

［29］吕山，吕超，李银龙，等．阻断血吸虫病传播策略与措施专家共识［J］．中国血吸虫病防治杂志，2021，33（1）：10-14.

［30］马巍．鄱阳湖水利枢纽对湖区钉螺滋生及消长影响研究［C］//中国水利学会．中国水利学会 2013 学术年会论文集——S2 湖泊治理开发与保护．中国水利学会，2013：6.

［31］孟长来，蒋俊明，唐人权，费世民，周金星，张旭东，彭镇华．四川山丘区林业血防的农林复合经营模式解析［J］．四川林业科技，2012，33（6）：9-19.

［32］欧阳晓，朱翔．中国城市群城市用地扩张时空动态特征［J］．地理学报，2020，75（3）：571-588.

［33］欧阳晓，朱翔，贺清云．基于生态系统服务和生态系统健康的生态风险评价——以长株潭城市群为例［J］．生态学报，2020，40（16）：5478-5489.

［34］钱凯霞，宋红波，严浩．水利血防规划与实践［J］．人民长江，2013（10）：113-115.

［35］任洪蔚．水位变化对鄱阳湖区血吸虫病传播的影响及综合防治策略研究［D］．南昌：江西师范大学，2012.

［36］赛书元，薛健，阎丙申．自然疫源性疾病的控制［J］．医学动物防治，2003，19（12）：706-762.

［37］唐家琪．自然疫源性疾病［M］．北京：科学出版社，2005.

［38］唐雯茜，黄铿凌，石云良，等．2015—2019 年广西壮族自治区国家血吸虫病监测点螺情分析［J］．中国血吸虫病防治杂志，2021，33（2）：205-208.

［39］卫生计生委财政部等六部门联合印发《“十三五”全国血吸虫病防治规划》［J］．中国应急管理，2017（3）：29-31.

［40］魏望远，卜开明，魏凯林，罗志红，任光辉，陈祥麟，易健民，刘宇，向阳，唐课文，阎建辉，夏蒙，丁良，卢先江，聂东宋，李援．洞庭湖洲滩开沟沥水控制钉螺繁殖的研究［J］．中国血吸虫病防治杂志，2015，27（3）：241-245.

［41］谢谦．基于疫水人水相互作用机理的洞庭湖区血吸虫病防控研究［D］．长沙：湖南师范大学，2016.

［42］许静，胡薇，杨坤，等．“十四五”期间我国血吸虫病防治重点及研究方向［J］．中国血吸虫病防治杂志，2021，33（1）：1-6.

［43］许骏．基于血吸虫疫情综合风险时空演变的洞庭湖地区水利血防工程调控研究［D］．长沙：湖南师范大学，2021.

［44］许骏，贺清云，胡本骄．洞庭湖地区血吸虫病潜在风险区识别及风险监测［J］．中华疾病控制杂志，2019，23（5）：555-560.

［45］杨革，何莉，常镛，罗艳梅．新农村建设在控制血吸虫病过程中的作用［J］．寄生虫病与感染性疾病，2010，8（3）：145-148.

［46］杨艳，汤玉喜，唐洁，李永进，吴敏．洞庭湖区林业血防的农林复合经营模式探析［J］．绿色科技，2018（11）：78-80.

［47］张超，吕雅慧，郧文聚，高璐璐，朱德海，杨建宇．土地整治遥感监测研究进展分析［J］．农业机械学报，2019，50（1）：1-22.

［48］张剑锋，杜海娟，严晓岚，等．2015—2019 年浙江省国家血吸虫病监测点疫情分析［J］．中国血吸虫病防治杂志，2021，33（2）：195-199.

［49］张世清．加强血吸虫病监测推进我国消除血吸虫病进程［J］．中国血吸虫病防治杂志，2021，33（2）：107-109.

［50］周进，陈瑛，黎玲君．中国对美国高新技术产业直接投资的时空演变和驱动机制分析［J］．经济地理，2018，38（12）：16-24.

［51］周晓农，姜庆五，郭家钢，等．我国血吸虫病传播阻断实现路径的探讨［J］．中国血吸虫病防治杂志，2012，24（1）：1-4.

［52］朱培华，徐惠庆，沈月根，张剑锋，骆田斌，朱秋荣，余梦华．2013—2015 年嘉兴市秀洲区血吸虫病潜在传播因素监测［J］．中国血吸虫病防治杂志，2019，31（5）：538-540.

东洞庭湖湿地南荻重金属累积特征及绿色发展研究

内容提要：本文以东洞庭湖湿地南荻为研究对象，探究了五种重金属（Cd、Cu、Mn、Pb 和 Zn）在南荻的六个器官（穗、叶、茎、根、根状茎和芽）中的生物累积，以评估该植物在洞庭湖湿地中累积重金属的潜力。结果表明，南荻的不同部位中累积的重金属元素各不相同，每年收割地上部分用于造纸，可以从湖区提取出一定的重金属，并且南荻中的重金属含量与环境因子存在一定的相关性。近年来，在污染整治和结构调整的大背景下，洞庭湖区造纸企业数量大幅减少。因此，有必要科学地开发利用洞庭湖湿地植物资源，促进造纸产业转型，创建南荻资源绿色利用产业，实现洞庭湖湿地生态功能与经济功能双赢的绿色发展。

关键词：东洞庭湖；重金属；南荻；绿色发展

核心观点：

（1）通过对底泥重金属含量的分析可知，东洞庭湖湿地底泥中 Cd、Cu、Zn 含量均高出国家底泥标准，其中 Cd 含量比国家一级底泥标准高出 2.5 倍，说明湖区中的重金属污染严重，尤其是 Cd 污染问题突出。

（2）南荻各器官对重金属的累积及分配有明显差异，其中 Cd 含量在穗和叶片中最高，在茎、根和芽中最低；Cu 含量在根中最高，在叶和茎中最低；Mn 含量在根中最高，在根状茎和芽中最低；Pb 含量在穗中最高，在茎中最低；Zn 含量在穗和芽中最高，在叶、茎和根状茎中最低。

（3）南荻的重金属含量与环境因子的线性回归分析可知，南荻 Cu 含量与高程、底泥有机质呈正相关，与底泥湿度和电导率呈负相关；南荻 Mn 含量与底泥有机质呈正相关，与底泥湿度呈负相关；南荻 Pb 和 Zn 含量与底泥全磷呈正相关。

（4）南荻每平方米可累积 Cd、Cu、Mn、Pb 和 Zn 重金属总量分别为 $2.2mg/m^2$、

86.7mg/m^2、290.3mg/m^2、15.9mg/m^2 和 307.8mg/m^2。结合南荻在洞庭湖湿地的分布范围，计算出南荻每年地上器官可累积 0.7 吨的 Cd、22.9 吨的 Cu、77.5 吨的 Mn、3.1 吨的 Pb 和 95.9 吨的 Zn。

（5）综上所述，南荻是可用于从湖中去除重金属的潜力物种。因此，利用东洞庭湖湿地典型植物南荻来移除底泥中的重金属是一种经济可行的方法，也是实现其生态功能与经济功能的双赢。

一、引言

湿地是指陆地和水生系统之间的过渡地带，土壤每年中至少有一部分时间被水饱和，或被浅水覆盖，并有特色的湿地植物物种，是自然界最富生物多样性和生态功能最高的生态系统（文高辉等，2022）。湿地在调节全球气候、维持全球水循环、防洪抗旱、降解污染物、美化环境、保护生态系统多样性、保障人类福祉等方面发挥着不可替代的作用，与森林、海洋一起并称为全球三大生态系统，被誉为“地球之肾”（Sall et al.，2020）。近年来，由于城镇化、工矿业生产和生产养殖业等的迅速发展，大量的重金属在湿地中积累（Salam et al.，2016；Xia et al.，2020；Wu et al.，2022）。由于重金属的高毒性和生物积累，这些积累在湿地中的重金属对人类健康造成潜在威胁。据报道，Cd、Cu、Pb、Zn 和 Cr 等几种重金属在陆地和水生生态系统中共存，并构成复合重金属污染（Tauqeer et al.，2016；Fang et al.，2021）。2018 年 4 月，习近平总书记在东洞庭湖国家级自然保护区巡护监测站视察时指出，“修复长江生态环境，是新时代赋予我们的艰巨任务，也是人民群众的热切期盼，绝不容许长江生态环境在我们这一代人手上继续恶化下去，一定要给子孙后代留下一条清洁美丽的万里长江”。因此，抓好洞庭湖生态环境综合治理，是落实“生态优先、绿色发展”战略思想和“守护好一江碧水”重要指示的具体行动。

利用植物组织对重金属的累积来去除水和底泥中的重金属污染物是一种有效的策略（Liu et al.，2007；Yao et al.，2018）。大量研究表明，湿地植物可以从根系分泌出特殊的有机物质，在这种特殊有机物的作用下，重金属很容易进入根系，从而促进根系对重金属的吸收和转运，或者是根毛直接从土壤颗粒中交换和吸附重金属离子（Gupta et al.，2016；Yao et al.，2018；Khan et al.，2021）。植物通过自身特有的酶与重金属污染物螯合，降低重金属生物毒性，例如，富集植物体内含有一种可以降低重金属毒性的有机酸，分泌的酸性物质可以强化植物根系对重金属污染物的活化和吸收

(Liu et al. 2007; Tauqeer et al., 2016)。此外，植被的吸收和积累也会影响重金属在底泥中的分布，并且植物类型也可能对重金属有显著影响（Huang et al., 2012; Antonkiewicz et al., 2017; Bezinová and Vymazal, 2022）。一方面，植物器官对不同的金属元素的累积量各有不同（Bonanno et al., 2017; Kim et al., 2020; Khan et al., 2021）。例如，Cd 的移动性较强，易于被植物吸收和转移到地上器官中（Bonanno and Giudice, 2010）；而 Cu 的移动性较弱，易于富集在地下器官中（Bonanno and Giudice, 2010; Xu et al., 2020）；另外，植物器官中的重金属富集与其功能有关，作为主要的生殖器官的种子更倾向于储存一些在发芽过程中必须要消耗的矿物质，比如 Mn 元素（Hänsch and Mendel, 2009; Pinheiro et al., 2010）。然而，植物累积的重金属含量也与环境因素有关，如底泥 pH 值、底泥有机质和底泥结构（Adamczyk-Szabela et al., 2015; Ashraf et al., 2018; Kim et al., 2020; Prabagar et al., 2021; Yang et al., 2022）。已有大量研究证明，改变 pH 值可以改变底泥中重金属的形态和溶解度，从而影响植物对重金属的吸收（Zhao et al., 2010; Zeng et al., 2011）。水文情势可以改变底泥的物理性质和化学性质，从而影响植物对重金属的吸收与富集（Ashraf et al., 2018）。此外，pH 值、水文情势和底泥结构这些影响因子既能促进又能抑制植物对重金属的吸收（Deng et al., 2014; Bonanno and Giudice, 2010）。所以，重金属在自然生态系统中的富集十分复杂（Zeng et al., 2011; Ashraf et al., 2018; Zou et al., 2018; 张晓斌等, 2021）。

南荻群落是洞庭湖洲滩湿地上面积最大、最为典型的挺水植物群落，面积可达 9.05×10^4 公顷，且常与芦苇（Phragmites Australis）混生而形成优势群落（赵媛媛等, 2021）。南荻属于禾本科芒属（芒属植物简称“芒草”），为 C4 植物，是多年生湿生植物，为中国所特有，仅在我国长江中下游地区分布。南荻为东洞庭湖区提供了重要的生态功能。首先，它以高效的光合作用，吸收二氧化碳，放出氧气，调节气候，改善空气质量。其每合成 1 吨干生物质可固定 1.47 吨二氧化碳，按目前洞庭湖每年产出 100 万吨的干生物质计算，每年可减排 147 吨二氧化碳。其次，南荻具有极其深厚坚硬的根状茎，可含蓄相当于它自身重量近 8 倍左右的水量，有“大型天然水库”的美誉。在降雨的分配和年度平均分配不一致时，特别是发生在大暴雨期间和洪汛期间，南荻能有效储存过量的降水，通过南荻对湿地洪水的动态调节，实现均匀地调节径流和放出，减弱洪水对下游的危害。南荻还是有效防止江河洲滩水土流失灾害和江河防洪排涝的重要的天然植被，能有效控制减缓岸边洪水的流速和波浪对防洪堤的冲击力，防止洪水对河岸、堤防的侵蚀，具有极其良好的蓄水防浪固土以及护坡作用。最后，南荻还是野生鸟类、珍稀生动物麋鹿等的栖息场所和食物来源，为洞庭湖区的生物多样性提供了保障。因此，南荻群落作为洞庭湖湿地生态服务系统的核心要素，被称为

“洞庭之宝”，这是大自然赐予我们的宝贵物种资源。我们不能将其当成是全球都有的廉价芦苇而任其自生自灭，保护并利用好洞庭湖区的南荻资源是我们湖湘人的历史使命。

20世纪中后期，洞庭湖区的南荻资源主要用于制浆造纸，是国家轻工业部的重要造纸原料基地，当地的造纸业得到蓬勃发展，在高峰期造纸企业可达200余家（薛帅等，2022）。近年来，在污染整治和结构调整的大背景下，湖区的造纸企业数量大幅减少。目前，湖区所建漂白化学苇浆生产线的总设计能力还有60万吨，仍在生产的造纸企业还有沅江纸业有限公司、沅江金太阳纸业有限公司、沅江林源纸业有限公司和岳阳丰利纸业有限公司等几家，产值近15亿元。此外，用南荻幼茎加工成的“芦笋”，营养丰富，是湖区传统食材，当地政府相关部门和一些企业一直在探索芦笋的开发与产业培育。由于南荻的生物质灰分含量低，热值高，挥发性成分含量高，还可以作为一种不错的燃料来源（Purdy et al.，2013）。许多研究报道，南荻对重金属元素具有耐受性，并能积累大量的重金属元素（Guo et al.，2016；Ghimire et al.，2020）。所以，当含有重金属的南荻被收割造纸或作为燃料燃烧时，重金属将被提取和精炼（Arduini et al.，2003）。因此，本文报告了一项实地调查研究的结果，旨在探索南荻重金属的富集特征和分配格局，并评估其在洞庭湖湿地中去除重金属的潜力，促进湖区造纸产业积极转型，创建南荻资源绿色利用产业，最终达到洞庭湖湿地生态功能与经济功能双赢的绿色发展。

二、研究区域概况

洞庭湖是中国第二大淡水湖（111°40′~113°10′E，28°38′~29°45′N），是典型的吞吐型湖泊，湖泊面积为2625平方千米。北接长江之水，东、西、南三方有汨罗江、新墙河、湘江、资江、沅江和澧水汇入。具有涵养水源、蓄洪防旱、降解污染调节气候、补充地下水、控制土壤侵蚀以及维护生物多样性等多种生态系统功能，被誉为“长江中游的明珠”，对维护长江中下游生态安全具有不可替代的作用。洞庭湖又包括西洞庭湖、南洞庭湖和东洞庭湖三个湖，其中东洞庭湖（112°43′~113°14′E，29°0′~29°38′N）位于长江中下游以南，与长江直连，约占整个洞庭湖面积的50%，是洞庭湖系中最大的流域。东洞庭湖总面积约1900平方千米，核心区为290平方千米，湖区范围是从南洞庭湖与湘江相交后的磊石山开始，然后从北流经至城陵矶再汇入长江去。湖泊西侧以环湖防汛大堤为界，东侧主要为洞庭湖东部低山丘陵地（张晓斌等，2021）。共有

131 种水生植物、117 种淡水鱼、340 种水禽，其中 39 种列入国际红皮书（Liu et al.，2007）。由于东洞庭湖具有重要的生态价值，自 1994 年以来，东洞庭湖是被湖南省认定的唯一国家级别的湿地保护区。

三、研究材料与方法

（一）研究材料

2016 年 11 月，在东洞庭湖湿地选取 24 个南荻典型样地，在每个样地，选取 1 个 1 米×1 米的样方进行调查。在每个样方内，采用手持式全球定位系统（GPS）记录每个样方的经纬度。将每个样方内南荻的地上器官（穗、叶和茎）剪下，再挖出其地下器官（根、根状茎和芽），清除掉附着在其周围的泥土，分别装袋带回实验室。并在每个样方内，采用五点取样法采集 0~20 厘米的混合土壤样品，将土壤样品分别密封在塑料袋中带回实验室，备用待测。

（二）研究方法

1. 植物生物量分析

植物样品用去离子水洗掉泥土，以除去泥渍对植物样分析的影响，再分好地上部分（茎、叶、穗）和地下部分（根、根状茎、芽）称取鲜重，并记录叶数、穗数、芽数，将各部位分别放入信封袋中并置于 105℃烘箱中杀青 30 分钟以终止样品中酶的活动，从而保持植物样品中化学成分不发生转变和损耗。再将植物样置于烘箱中 75℃烘干至恒重，烘干所需的时间因样品数量和含水量、烘箱的容积和通风性能而定。取适量样品通过磨粉机进行磨碎，在磨碎样品前后都应彻底清除磨粉机内部的残留物，以免不同样品混杂，对实验结果造成影响。最后样品研磨后通过 100 目网筛，将过筛样品装入自封袋中贴上标签，注明样品的采取地点、试验处理、采样日期等，备用。

2. 底泥理化性质测定

理化性质测定如下，底泥 pH 值和电导率分别采用 pH 计（PHSJ-4A，上海仪电科学仪器股份有限公司）和电导率仪（DDSJ-318，上海仪电科学仪器股份有限公司）测定；底泥有机质含量采用重铬酸钾容量法测定，即在外加热条件下，用一定含量的重铬酸钾—硫酸溶液氧化底泥有机质，剩余的重铬酸钾用硫酸亚铁来滴定，从所消耗的重铬酸钾量，计算有机碳含量；底泥全氮和碱解氮含量分别采用凯氏定氮法和硫酸氢溶液稀释滴定法测定，凯氏定氮法即在有催化剂的条件下，用浓硫酸消化样品将有机氮都转变成无机铵盐，然后在碱性条件下将铵盐转化为氨，随水蒸气蒸馏出来并为过量的硼酸液吸收，再以标准盐酸滴定，计算出样品中的氮量；底泥全磷和有效磷含量分别用氢氧化钠碱熔—钼锑抗比色法和盐酸—硫酸浸提法测定。盐酸—硫酸浸提法即土样以盐酸和硫酸溶液浸提，使土样中较活性的磷酸铁、铝盐被溶解，以钼锑抗光度法测定磷；底泥全钾含量用原子吸收仪测定。

3. 重金属含量分析

（1）植物重金属含量分析：准确称取粉碎后的植物样品 0.5g，加入体积比为 4∶1 的硝酸—高氯酸混合液 10mL 浸泡过夜，然后在消解板上加热，消解到澄清透亮为止，取下冷却后并定容到 50ml 容量瓶，滤纸过滤于 10ml 离心管中保存。使用 ICP（ICP-MA8300，Perkinelmer）测定植物样品中 Cd、Cu、Mn、Pb、Zn 含量。

（2）底泥重金属含量分析：称取过筛后的底泥样品 0.5g，加入 10ml 王水（3∶1 的盐酸—硝酸）浸泡过夜，放于电热板上加热消解，激烈反应冷却后，再加入 5ml 高氯酸，最后残留物消解呈白色糊状物为止，取下冷却后并定容到 50ml 容量瓶，滤纸过滤于 10ml 离心管中保存。采用 ICP（ICPMA8300，Perkinelmer）测定底泥样品中 Cd、Cu、Mn、Pb、Zn 含量。

4. 数据处理与分析

各植物器官累积的重金属含量为各器官生物量乘以该器官中金属含量的乘积。每个 1 米×1 米样方内累积的总重金属是指每个样方中所收集的所有穗、叶、茎、根、根状茎和芽的金属含量的总和。用单因素方差分析（ANOVA）中的 Tukey's 检验来检测植物器官中重金属含量和富集量是否存在显著差异（$P<0.05$）。植物重金属含量与环境参数（高程、pH 值、电导率、水分、有机质、全氮、碱解氮、全磷、有效磷、全钾）在 0.05 显著水平下进行多元线性回归分析。在分析之前，使用 Levene's 检验测试方差齐性，并且必要时对数据进行 log10 转换以减少方差的异质性。所有统计分析均使用 SPSS 17.0（SPSS Inc.，Chicago，IL，USA）软件进行。

四、研究结果与分析

（一）底泥重金属含量与环境参数特征

所调查的样地环境参数存在显著差异（见表 1）。由表 1 可知，样地高程、底泥湿度、底泥 pH 值和底泥电导率分别为 27. 3m、26. 9%、8. 0 和 250. 1μ/scm。底泥有机质含量、碱解氮、全氮、有效磷、全磷和全钾的平均含量分别为 21. 8g/kg、110. 9mg/kg、1. 4g/kg、9. 5mg/kg、0. 8g/kg 和 22. 3g/kg。底泥中的 Cd、Cu、Mn、Pb 和 Zn 的平均重金属含量分别为 0. 5mg/kg、68. 9mg/kg、536. 8mg/kg、20. 0mg/kg 和 131. 4mg/kg。在所调查的五种（Cd、Cu、Mn、Pb、Zn）底泥重金属含量中，底泥的 Cd、Cu 和 Zn 含量均高出国家底泥环境质量的一级标准。

表 1　东洞庭湖湿地重金属污染样地的环境参数分析

参数	最小值	最大值	均值	标准误
PE（m）	23. 84	31. 03	27. 26	2. 09
SM（%）	21. 15	35. 02	26. 86	4. 41
pH	7. 13	8. 2	7. 98	0. 22
SEL（μ/scm）	142. 67	717. 33	250. 09	111. 25
SOM（g/kg）	7. 9	54. 9	21. 77	12. 09
SAN（mg/kg）	50	259	110. 88	59. 95
STN（g/kg）	0. 57	3. 22	1. 38	0. 67
SAP（mg/kg）	3. 2	27	9. 48	5. 49
STP（g/kg）	0. 51	1. 11	0. 75	0. 12
STK（g/kg）	18. 6	27. 8	22. 29	2. 56
底泥 Cd 含量（mg/kg）	0. 17	1. 63	0. 53	0. 32
底泥 Cu 含量（mg/kg）	45. 67	77. 37	64. 86	7. 91
底泥 Mn 含量（mg/kg）	294. 87	777. 92	536. 82	142. 88
底泥 Pb 含量（mg/kg）	5. 96	26. 57	19. 97	5. 38
底泥 Zn 含量（mg/kg）	88. 36	202. 03	131. 36	32. 52

注：PE、SM、pH、SEL、SOM、SAN、STN、SAP、STP、STK 分别表示样地高程、底泥湿度、底泥 pH、底泥电导率、有机质含量、有效氮含量、底泥全氮含量、底泥有效磷含量、底泥全磷含量、底泥全钾含量。

（二）南荻不同器官的生物量特征

东洞庭湖湿地南荻各器官的生物量由表 2 可知，南荻各器官生物量差异明显，从高到低依次为：茎>根状茎>根>叶>芽>穗。总生物量为 2716. 79g/m^2，其中茎生物量高达 1139. 98g/m^2，占比最大；穗生物量为 14. 14g/m^2，占比最小。

表 2　东洞庭湖湿地南荻各器官的生物量分析

器官	平均值（g/m²）	最大值（g/m²）	最小值（g/m²）	标准差
穗	14.14	27.42	1.05	6.69
叶	133.94	430.58	12.93	97.62
茎	1139.98	2298.44	330.91	464.43
根	328.96	794.82	67.81	415.18
根状茎	1015.60	2695.15	168.31	439.85
芽	84.17	153.51	31.99	36.03
总生物量	2716.79	4599.30	1043.91	895.59

（三）南荻重金属含量特征

由表 3 可知，Cd 含量在穗和叶中最高，根状茎中较低，根、茎和芽中最低。相反，Cu 含量在根中最高，在穗、根状茎和芽中较低，在叶和茎中最低。Mn 含量在根中最高，叶、茎和穗中较低，根状茎和芽中最低。Pb 含量呈以下递减趋势：穗>叶>根状茎>根>芽>茎。Zn 含量在芽中最高，在穗和根中较低，在叶、茎和根状茎中最低。

表 3　南荻各器官中的重金属含量均值（平均值±标准误，mg/kg）

器官	Cd	Cu	Mn	Pb	Zn
穗	1.23±0.24c	36.21±20.54c	70.03±19.07abc	15.44±4.20e	155.15±27.39cd
叶	1.20±0.86bc	28.36±3.75ab	101.68±59.72c	10.17±2.50d	110.95±46.55ab
茎	0.71±0.10a	25.21±3.67a	92.38±49.94bc	2.56±1.10a	103.23±34.18ab
根	0.82±0.17a	42.32±20.74d	159.20±77.14d	7.20±3.75c	132.86±62.23bc
根状茎	1.01±0.23b	31.30±5.03bc	60.62±29.79a	9.25±6.45cd	86.01±39.06a
芽	0.71±0.24a	30.26±4.89bc	66.20±38.16ab	3.61±2.05b	170.09±36.81d

注：根据 Tukey's 检验，表内不同的字母表示植物各器官之间的显著差异，$p<0.05$。

根据重金属含量和植物生物量，每平方米内南荻各器官累积的重金属含量存在显著差异。即每平方米内南荻器官中重金属累积量呈以下递减趋势，Cd 含量：茎>根>根状茎>叶>芽>穗；Cu 含量：根和茎>根状茎>叶和芽>穗；Mn 含量：根>茎>根状茎>叶>芽>穗；Pb 含量：根、根状茎和茎>叶>穗；Zn 含量：茎和根>根状茎>芽和叶>穗。由结果可得茎和根是南荻从环境中吸收重金属的主要器官。

其中南荻每平方米可累积 Cd、Cu、Mn、Pb 和 Zn 重金属总量的均值分别为 2.2mg/m²、86.7mg/m²、290.3mg/m²、15.9mg/m² 和 307.8mg/m²。结合南荻在洞庭湖

湿地的分布范围，计算出南荻每年富集 Cd、Cu、Mn、Pb 和 Zn 重金属量约为 1.5×10^3kg、60.7×10^3kg、203.2×10^3kg、11.1×10^3kg 和 215.5×10^3kg；其地上器官每年累积的 Cd、Cu、Mn、Pb 和 Zn 重金属量为 0.7×10^3kg、22.9×10^3kg、77.5×10^3kg、3.1×10^3kg 和 95.9×10^3kg。

（四）环境参数对南荻重金属含量的影响

由表 4 可知，南荻植株中的 Cd 含量与环境参数之间没有显著的回归关系。南荻植株中的 Cu 含量与样地高程、底泥有机质以及底泥 Cu 含量之间呈显著正相关，与底泥湿度和电导率呈显著负相关。南荻植株中的 Mn 的含量与底泥有机质含量呈显著正相关，与底泥湿度呈显著负相关。南荻植株中的 Pb 含量与样地高程和底泥全磷含量呈显著正相关，南荻植株中的 Zn 含量则与底泥有效磷含量和全磷含量呈显著正相关。

表 4　南荻中重金属含量与环境参数的线性回归分析

环境参数	Cd 浓度		Cu 浓度		Mn 浓度		Pb 浓度		Zn 浓度	
	UC	t	UC	t	UC	t	UC	t	UC	t
常量	-0.487	-0.278	-147.093	-2.158	-954.395	-1.684	-13.775	-0.458	-221.861	-0.669
Plot elevation	0.002	0.081	2.077	4.169**	15.397	1.824	0.839	2.913**	-1.149	-0.379
SM	0.001	-0.031	-1.629	-5.029***	-8.863	-2.276**	-0.392	-1.755	1.333	0.662
pH	0.138	0.769	13.805	1.756	29.532	0.551	-2.623	-0.951	41.981	1.373
SEL	0.001	1.356	-0.041	-3.086*	-0.195	-1.232	-0.015	-1.969	-0.056	-0.695
SAN	0.003	0.516	-0.171	-1.070	-0.099	-0.056	0.012	0.122	0.175	0.171
STN	-0.191	-0.352	5.435	0.345	-94.366	-0.566	-5.372	-0.610	-60.323	-0.623
SAP	-0.002	-0.188	-0.016	-0.046	-2.873	-0.661	-0.081	-0.375	8.464	4.118***
STP	-0.712	-1.364	-15.380	-0.869	189.580	1.231	16.767	2.154**	243.731	3.111**
STK	0.019	0.621	1.633	2.053	18.472	1.880	0.745	1.437	6.182	1.121
SOM	0.008	0.601	1.527	4.297***	10.657	2.456**	0.357	1.639	1.383	0.614
底泥 Cd	-0.297	-1.526								
底泥 Cu			0.303	2.424*						
底泥 Mn					0.143	0.941				
底泥 Pb							0.089	0.986		
底泥 Zn									0.092	0.623
R^2	0.496		0.833		0.571		0.796		0.737	
P	0.514		0.007		0.266		0.010		0.034	

注：PE、SM、pH、EL、TN、AP、TP、TK、OM 分别为样地高程、底泥湿度、底泥 pH 值、底泥电导率、底泥全氮含量、底泥有效磷含量、底泥全磷含量、底泥全钾含量、有机质含量。UC 为回归系数，t 为对回归系数的显著性检验；*、**、***、分别表示 5%、1%、10%的水平上显著。

五、结论与政策建议

（一）结论

通过对东洞庭湖湿地的南荻各器官中累积的五种重金属（Cd、Cu、Mn、Pb 和 Zn）含量特征以及结合土壤理化性质进行分析，得出如下结论：

（1）东洞庭湖湿地底泥中 Cd、Cu、Mn、Pb 和 Zn 含量与国家底泥质量标准相比，其中 Cd 含量超出国家一级底泥标准的 2.5 倍，说明湖区中的 Cd 污染较为严重。

（2）南荻不同器官中累积的重金属元素各不相同，其中茎和根是南荻吸收重金属的主要器官。南荻器官中的重金属含量与样地高程、湿度、有机质含量、电导率和磷含量存在显著相关性，因此，南荻的重金属累积不仅受底泥重金属含量的影响，还与环境因子息息相关。

（3）南荻每年地上器官可累积 0.7 吨的 Cd、22.9 吨的 Cu、77.5 吨的 Mn、3.1 吨的 Pb 和 95.9 吨的 Zn，每年通过收割南荻地上部分，可从湖区提取出一定的重金属。

（二）政策建议

重金属污染具有长期性、累积性、隐蔽性、潜伏性和不可逆性等特点，治理时间长，严重威胁经济社会可持续发展。植物修复技术作为一种新兴的修复技术，相对于传统的方法有不可替代的优势。主要表现为投资少、成本低、经济盈利、对土壤环境扰动小、治理效果永久、不破坏场地结构、不引起二次污染、美化景观、重金属可再循环和部分回收、应用面积大、后期处理简易等方面，它还具有提高土壤通气效率及减少表面土壤侵蚀等间接效果。南荻自 20 世纪 60 年代在洞庭湖湿地大范围种植用于造纸以来，分布面积逐渐扩张，已成为洞庭湖湿地的优势植物群落。作为国际重要湿地、国家自然保护区和生物多样性优先保育区，洞庭湖南荻的大面积、集中收获引发了社会对生态环境的广泛关注，南荻弃收与否成为当前洞庭湖湿地生态系统管理的难题。因此，需要充分发挥南荻的生态功能，加大技术、资金、政策支持，加快南荻多途径产业化规模化开发利用进程，推动产业转型升级、保护洞庭湖水生态环境。结合上述分析结论，从政府和企业这两个角度提出相关政策建议：

（1）政府层面。针对湖区重金属底泥重金属污染问题，首先，坚持突出重点、问题导向的重金属污染防控思路和策略。重点推进有色金属冶炼、有色金属矿采选、化工、电镀、制革和铅蓄电池行业重金属污染防治，聚焦铅锌矿采选、铜矿采选以及铅锌冶炼、铜冶炼等重点涉铅、涉镉排放行业，聚焦铅、镉污染排放控制。其次，推进实施一批重金属减排工程，以重点行业治理工程项目为依托有效落实重金属减排任务。开展涉重金属重点行业企业排查清理工作，进一步查实摸清涉重金属重点行业企业数量、分布和排放情况。在此基础上，梳理企业生产工艺技术水平和污染防治水平，重点在铅锌冶炼、铜冶炼行业，实施一批重金属减排工程，通过淘汰落后产能、工艺提升改造、实行特别排放限值、清洁生产技术改造等行业治理措施，有效降低重金属排放量。依据产业结构特点和重金属环境问题，因地制宜推进制革、电镀、铅蓄电池等行业重金属治理工作，分行业提出工程和管理重点项目清单，将重点工程减排的要求落实到固定源。最后，可推进重点区域综合防控，结合重金属污染源的分布、重金属环境敏感点的分布等，有针对性地构建重点区域重金属环境质量监测体系，以其作为区域治理成效、污染状况监测预警的判别标准。

本文发现，湖区南荻对重金属元素具有耐受性，并能积累大量的重金属元素。洞庭南荻资源主要用于制浆造纸，近年来，在污染整治和结构调整的大背景下，造纸企业数量大幅减少，南荻弃收与否成为当前洞庭湖湿地生态系统管理的难题。因此，科学地开发利用洞庭湖湿地植物资源，促进造纸产业转型，创建南荻资源绿色利用新产业，实现其生态功能与经济功能的双赢，是重塑洞庭湖生态系统健康发展的迫切需求。第一，加强组织领导，强化规划引领。加强以政府为主导对南荻资源进行管理，建立主管机构并下设相应的管理机构，加强对产业发展的指导、管理，协调解决发展中的重大问题，明确各有关部门责任，加强政策指导和保障。第二，完善补偿机制，加大支持力度。加快研究出台生态补偿政策，将南荻养护活动纳入生态补偿范围，积极争取国家对湖区南荻产业发展的政策和项目支持；积极争取国家对洞庭湖区南荻规模化制燃料乙醇的财政补贴、税收优惠等；利用南荻发电也可以列入财政补贴范围，加大对利用南荻发电企业的支持力度。第三，加强要素保障，推进融合发展。加大专业高素质人才的引进力度，在工作上创造好的环境和条件，为他们创业解决后顾之忧；鼓励和引导企业大力开展自主培训，增强培训的针对性和实效性，提高技能，满足产业发展对专业人才的需要；将湖区南荻产业发展与农林产业发展、乡村振兴等相结合，推动休闲观光旅游，带动当地企业发展和吸纳农民就业。

（2）企业层面。湿地环境中重金属的来源可分为自然来源和人为来源两大类。其中，自然来源包括火山的喷发、矿物质的释放、森林火灾等。人为重金属来源与自然重金属来源相比，大量的人为活动被普遍认为是环境中重金属污染日益严重的主要原因，其中包括工农业活动、交通、生活垃圾等污染源。因此，从企业层面来看，按照国家产业政策和行业准入标准，优化产业布局，转变发展方式，建立工业废水集中处理工程，实现重金属酸性废水零排放。企业应对现有落后的生产技术和设备进行改造，加强企业环境管理，提高资源利用效率。例如，加强冶炼废水、废气深度净化处理，对现有净化工艺升级改造；加强重点行业重金属废水、废气治理，控制镉、锰、铅、汞尘（烟）排放，企业还需优先安装在线监控系统，推进多种污染物综合防控。由于造纸业的整体退出后，如何充分挖掘芦苇南荻资源潜力，寻找高效、清洁、低碳、循环和可持续发展的产业发展路径至关重要。第一，加快处置当前南荻，促进产业转型发展。科学地开发利用洞庭湖湿地植物资源，促进造纸产业转型，创建南荻资源绿色利用新产业，实现其生态功能与经济功能的双赢。首先，建筑用保温免拆模板是以改性后的南荻等轻质骨料与水泥反应，并通过微珠发泡等化学反应制成的保温免拆模板。其次，生物质气化多联产技术是指将南荻等生物质通过热解气化处理，同时得到可燃气、生物炭、生物质提取液（木焦油和木醋液）等多种产品的技术体系。最后，“芦笋”是具有洞庭湖地域特色的食品，积极引进和培育龙头企业，制定统一的行业生产标准，提升并规范生产工艺，开展“绿色有机”食品认证，扩大品牌认知度和市场影响力，推动产业集群发展。第二，加强技术研发力度，夯实产业发展基础。例如，构建数据平台。根据产业发展的实际需求，收集、监测和分析国内、国外产业发展动态与信息，以便准确预测市场需求、市场规模和市场前景，便于企业明确目标市场，进行市场定位，组合营销策略，开展市场推广活动。第三，突破核心技术。加强芦苇制燃料乙醇的预处理技术、提高酶系国产化水平、成套技术与装备研发，加快进行相应的中试试验，为规模化、产业化利用提供基础研究数据支撑；加强生物质炭在农业面源污染防治、重金属污染农田修复、中低产田改良中的技术应用；开展绿色建材应用方面的研究，开发新型实用绿色建材产品。

参考文献

[1] Adamczyk-Szabela D., Markiewicz J., Wolf W. M. Heavy Metal Uuptake by Herbs. IV. Influence of Soil pH on the Content of Heavy Metals in Valeriana Officinalis L [J]. Water Air Soil Pollution, 2015, 226 (4): 106.

[2] Antonkiewicz J., Kołodziej B., Bielińska E. Phytoextraction of Heavy Metals from Municipal Sewage Sludge by Rosa Multiflora and Sida Hermaphrodita [J]. International Journal of Phytoremediation, 2017 (19): 309-318.

[3] Arduini I., Masoni A., Ercoli L., et al. Growth and Cadmium Uptake of Miscanthus Sinensis as Affected by Cadmium [J]. Agricoltura Mediterranea, 2003, 133 (3/4): 169-178.

[4] Ashraf U., Hussain S., Akbar N., et al. Water Management Regimes Alter Pb Uptake and Translocation in Fragrant Rice [J]. Ecotoxicology and Environmental Safety, 2018 (149): 128-134.

[5] Bezinová T. D., Vymazal J. Distribution of Heavy Metals in Phragmites Australis Growing in Con-

structed Treatment Wetlands and Comparison with Natural Unpolluted Sites [J]. Ecological Engineering, 2022: 175.

[6] Bonanno G., Borg J. A., Martino V. D. Levels of Heavy Metals in Wetland and Marine Vascular Plants and Their Biomonitoring Potential: A Comparative Assessment [J]. Science of the Total Environment, 2017 (576): 796-806.

[7] Bonanno G., Giudice R. L. Heavy Metal Bioaccumulation by the Organs of Phragmites Australis (Common Reed) and Their Potential Use as Contamination Indicators [J]. Ecological Indicators, 2010 (10): 639-645.

[8] Deng F., Wang X., Cai X., et al. Analysis of the Relationship Between Inundation Frequency and Wetland Vegetation in Dongting Lake Using Remote Sensing Data [J]. Ecohydrology, 2014, 7 (2): 717-726.

[9] Fang X., Peng B., Song Z., et al. Geochemistry of Heavy Metal-contaminated Sediments from the Four River Inlets of Dongting Lake, China [J]. Environmental Science and Pollution Research, 2021 (10): 1-21.

[10] Ghimire B. K., Hwang M. H., Sacks E. J., et al. Screening of Allelochemicals in Miscanthus Sacchariflorus Extracts and Assessment of Their Effects on Germination and Seedling Growth of Common Weeds [J]. Plants (Basel, Switzerland), 2020, 9 (10): 1313.

[11] Guo H. P., Hong C. T., Xiao M. Z., et al. Real-time Kinetics of Cadmium Transport and Transcriptomic Analysis in Low Cadmium Accumulator Miscanthus Sacchariflorus [J]. Planta, 2016, 244 (6).

[12] Gupta N., Ram H., Kumar B. Mechanism of Zinc Absorption in Plants: Uptake, Transport, Translocation and Accumulation [J]. Reviews in Environmental Science and Bio-technology, 2016 (15): 89-109.

[13] Huang H., Li T., Gupta D. K., et al. Heavy Metal Phytoextraction by Sedum Alfredii is Affected by Continual Clipping and Phosphorus Fertilization Amendment [J]. Journal of Environmental Sciences, 2012 (24): 376-386.

[14] Hänsch R., Mendel R. R. Physiological Functions of Mineral Micronutrients (Cu, Zn, Mn, Fe, Ni, Mo, B, Cl) [J]. Current Opinions in Plant Biology, 2009 (12): 259-266.

[15] Kashem M. A., Singh B. R. Metal Availability in Contaminated Soils: I. Effects of Flooding and Organic Matter on Changes in Eh, pH and Solubility of Cd, Ni and Zn [J]. Nutrient Cycling in Agroecosystems, 2001 (61): 247-255.

[16] Khan A., Kiyani A., Mirza C. R., et al. Ornamental Plants for the Phytoremediation of Heavy Metals: Present Knowledge and Future Perspectives [J]. Environmental Research, 2021: 195.

[17] Kim K., Yoon S., Kwon H. A., et al. Effects of Treatment Agents during Acid Washing and pH Neutralization on the Fertility of Heavy Metal-impacted Dredged Marine Sediment as Plant-Growing Soil [J]. Environmental Pollution, 2020, 267.

[18] Liang J., Liu J., Yuan X., et al. A Method for Heavy Metal Exposure Risk Assessment to Mi-

gratory Herbivorous Birds and Identification of Priority Pollutants/areas in Wetlands [J]. Environmental Science and Pollution Research, 2016, 23 (12): 11806-11813.

[19] Liu J., Dong Y., Xu H., et al. Accumulation of Cd, Pb and Zn by 19 Wetland Plant Species in Constructed Wetland [J]. Journal of Hazardous Materials, 2007 (147): 947-953.

[20] Pinheiro C., Baeta J. P., Pereira A. M., et al. Diversity of Seed Mineral Composition of Phaseolus Vulgaris L. Germplasm [J]. Journal of Food Composition and Analysis, 2010 (23): 319-325.

[21] Prabagar S., Dharmadasa R. M., Lintha A., et al. Accumulation of Heavy Metals in Grape Fruit, Leaves, Soil and Water: A Study of Influential Factors and Evaluating Ecological Risks in Jaffna, Sri Lanka [J]. Environmental and Sustainability Indicators, 2021, 12 (9).

[22] Purdy S. J., Maddison A. L., Jones L. E., et al. Characterization of Chilling-shock Responses in Four Genotypes of Miscanthus Reveals the Superior Tolerance of M. × Giganteus Compared with M. Sinensis and M. Sacchariflorus [J]. Annals of Botany, 2013, 111 (5): 999-1013.

[23] Salam M. M. A., Kaipiainen E., Mohsin M., et al. Effects of Contaminated Soil on the Growth Performance of Young Salix (Salix schwerinii E. L. Wolf) and the Potential for Phytoremediation of Heavy Metals [J]. Journal of Environmental Management, 2016 (183): 467-477.

[24] Sall M. L., Diaw A. K. D., Gningue-Sall D., et al. Toxic Heavy Metals: Impact on the Environment and Human Health, and Treatment with Conducting organic Polymers, a Review [J]. Environmental Science and Pollution Research, 2020, 27 (13).

[25] Tauqeer H. M., Ali S., Rizwan M., et al. Phytoremediation of Heavy Metals by Alternanthera Bettzickiana: Growth and Physiological Response [J]. Ecotoxicology and Environmental Safety, 2016 (126): 138-146.

[26] Wu Y., Li X., Yu L., et al. Review of Soil Heavy Metal Pollution in China: Spatial Distribution, Primary Sources, and Remediation Alternatives [J]. Resources, Conservation and Recycling, 2022: 181.

[27] Xia P., Ma L., Sun R., et al. Evaluation of Potential Ecological Risk, Possible Sources and Controlling Factors of Heavy Metals in Surface Sediment of Caohai Wetland, China [J]. Science of the Total Environment, 2020 (740): 14023.

[28] Xu W. M., Xiang P., Liu X., et al. Closely-related Species of Hyperaccumulating Plants and Their Ability in Accumulation of As, Cd, Cu, Mn, Ni, Pb and Zn [J]. Chemosphere, 2020, 260.

[29] Yang T. Y., Tang G. T., Li L., Ma L. C., Zhao Y. Y., Guo Z. H. Interactions between Bacteria and Eukaryotic Microorganisms and Their Response to Soil Properties and Heavy Metal Exchangeability Nearby a Coal-fired Power Plant [J]. Chemosphere, 2022, 302.

[30] Yao X., Ma F., Li Y., et al. Effect of Water Cadmium Concentration and Water Level on the Growth Performance of Salix Triandroides Cuttings [J]. Environmental Science and Pollution Research, 2018 (25): 8002-8011.

[31] Zeng F., Ali S., Zhang H., et al. The Influence of pH and Organic Matter Content in Paddy Soil on Heavy Metal Availability and Their Uptake by Rice Plants [J]. Environmental Pollution, 2011 (159): 84-91.

[32] Zhao K., Liu X., Xu J., et al. Heavy Metal Contaminations in a Soil-rice System: Identification of Spatial Dependence in Relation to Soil Properties of Paddy Fields [J]. Journal of Hazardous Materials, 2010 (181): 778-787.

[33] Zou Y. A., Zhang P. Y., Zhang S. Q., et al. Crucial Sites and Environmental Variables for Wintering Migratory Waterbird Population Distributions in the Natural Wetlands in East Dongting Lake, China [J]. The Science of the Total Environment, 2018, 655 (2019): 147-157.

[34] 文高辉，胡冉再琪，唐璇，等．洞庭湖区耕地利用碳排放与生态效率时空特征 [J]．生态经济，2022，38 (7)：132-138.

[35] 薛帅，易自力，黄红梅，等．洞庭湖“芦苇”产业发展面临的困境及对策分析 [J]．环境生态学，2022，4 (4)：33-38.

[36] 张晓斌，石佳，欧明武，等．基于 Landsat 8 遥感数据的东洞庭湖湿地变化监测与分析 [J]．上海国土资源，2021，42 (1)：24-28.

[37] 赵媛媛，汤楠，李智慧，等．洞庭湖南荻腐解对水质的影响 [J]．湖泊科学，2021，33 (4)：1188-1195.

后 记

湖南财政经济学院工程管理学院围绕“应用型管理人才”的办学定位，培养财经特色鲜明的经管类应用型一流本科人才。学院现有工程管理、工程造价、房地产开发与管理、土地资源管理、人文地理与城乡规划五个本科专业，其中土地资源管理、房地产开发与管理为省级一流本科专业建设点，土地管理学、建筑与装饰工程估价实训、房地产估价、工程项目管理为省级一流本科课程。2019 年经湖南省人民政府研究决定将湖南省经济地理研究所团队和平台整体引入湖南财政经济学院，与工程管理学院联合进行教学科研工作。湖南省经济地理所（以下简称“研究所”）立足湖南，面向全国，主要围绕区域经济、资源与环境、空间规划、区域可持续、地理信息科学等领域的重点、热点、难点问题开展科学研究；发挥地理学科的地域性与综合性的优势，为经济社会可持续发展提供决策咨询服务。

学院和研究所联合建有省级“工程管理类专业 BIM 创新创业教育中心”“工程管理类专业创新创业教育中心”“房地产经营与管理专业创新创业教育基地”及校级“工程经济与管理研究中心”各 1 个。建有 BIM 创新实研中心、测量实验室、建筑模型模拟实验室及房地产估价实验室，搭建了“课程实验+基地实习+综合实训+学科竞赛”一体化实践教学体系。另下设《经济地理》杂志社、人文地理与空间规划研究室、自然地理与生态环境研究室、地理信息与大数据应用中心、湖南省国际科技创新合作基地，挂靠有湖南省自然资源学会、中国自然资源学会资源工程专业委员会。单位现有教师 65 人，其中教授 10 人、副教授 16 人、博士 24 人，有省级青年骨干教师 3 人，省级新世纪“121 人才工程”人选 3 人，享受国务院政府特殊津贴专家 1 人，湖南省“芙蓉学者计划”讲座教授 1 人，“湖湘青年英才”支持计划 1 人。

近年来，学院和研究所共同承担了国家社科基金重大项目、国家社科基金重点项目、国家社科基金一般项目、国家社科基金青年项目、国家自科基金面上项目、国家自科基金青年项目、湖南省科技重点研发项目等国家级和省部级项目数十余项；在《管理世界》、《世界经济文汇》、《南方经济》、《社会科学》、《经济地理》、*Safety Science*、*Environmental and Resource Economics*、*Journal of Cleaner Production* 等国内外权威期刊发表论文数百篇，多个研究成果获湖南省社科成果奖和湖南省科技进步奖，多项决策咨询获得了省部级主要领导肯定性批示并被政府部门采纳。

《绿色可持续发展》一书集中了学院和研究所全体科研人员的智慧结晶，经过多轮集体研讨和反复修改最终定稿。本书撰写过程中得到了多家单位领导和专家的指导和帮助，在此表示诚挚的谢意！

全书由彭文斌撰写大纲并负责定稿，全书分为“绿色发展篇”和“可持续利用篇”，共八篇内容。具体分工如下：第一篇，彭文斌、邝嫦娥；第二篇，李勇辉、曹笑天、尹勇；第三篇，郑晶晶；第四篇，汤洋；第五篇，欧阳宁相；第六篇，陈四云；第七篇，许骏；第八篇，姚欣。此外，本书在写作过程中得到了刘长庚老师的指导，李文意、苏欣怡、刘丹、谢晓琪、周毓、徐寰宇等研究生在书稿讨论、资料收集、数据处理、文字核对等方面做出了贡献。最后，诚挚感谢为本书撰写提供宝贵基础和方法支撑的国内外参考文献的作者。

面对绿色可持续发展这一宏大而又复杂的命题，编者自知不能面面俱到，且因本书为合著，每篇的写作风格很难统一，尽管我们努力追求完美，但是由于水平有限，书中的错误和疏忽仍难以避免，敬请各位读者批评指正！